Réserve

470

EUVRES
POETIQVES DE
IAQVES PELETIER DV MANS,
Intituléz Louanges.

Aveq quelques autres Ecriz du méme Auteur, ancores non publiéz.

Le contenu et an la Page suivante.

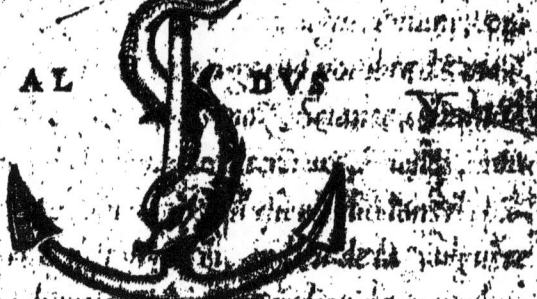

A PARIS,

Chez Robert Coulombel, rue S. Ian de Latran, à l'Anseigne d'Alde.

1581.

Aveq Privilege du Roę.

POESIES

POITIQVES DE
IAQVES DE LETIER DV MANS

Dediées à Louange

Cinq Louanges.

La Parole,
Les troes Graces,
L'Honneur,
Le Fourmi,
La Sciance.

Descripcion de deus Planetes,
Iupiter, e Saturne.

Aucuns passages traduiz de Virgile.

A PARIS,

Chez Robert Coulombel, ruë S. Iande
Latran, à L'Anseigne d'Alde.

1581.

Avec Privilege du Roy.

Avęrtiçęmant aus Leçteurs.

IL nous à sanblé bon vous aviſer, Lecteur, qu'an çete impreſſion nous avons ſuįvi tout de pręs la copie de l'Auteur, ecrite à ſa mode e intancion, qui ęt de raporter l'Ecriture a la pronončiačion, çertein e preſque unique moyen de fęre paſſer notre langue aus nacions lointeines. Le ſommere de ſes reſons, ęt qu'il aporte troęs ſortes d'e : le premier, ęt l'e pur des Latins, qui ęt ē : le ſecond, un e cler, qui ęt ę : le tiers, un e ſourd, que de tout tams on à apelé feminin, e an l'Jmprimerie ſe barre : qui ęt e. Lęquez tous troęs ſe connoęſſet an ces moz, honnętęte, fęrmete, defęre : qu'on ecrit vulguerçmant, honneſteté, fermeté, defaire. Puis an un grand nombre de moz, il męt, ā, au lieu d'ē : comme an ces moz, Sciance, commancemant, tams : au lieu de la commune ecriture, Science, commencement, temps. Au contrere, an pluſieurs diccions il change l'ā an ē, pour fęre la diftongue ei, au lieu de la vulguere āi, an ces moz, mein, humein, pleindre : au lieu de main, humain, plaindre. Il retranche les lętres ſuperflues, e qui ne vienet point an la prolacion : comme de ces moz, eſcripture, alloient, donnent, forętz, habits, ſubtils, il fęt, ecriture, aloęt, donnet, forez, habiz, ſubtiz. Par męme reſon, il eface l'une des letres doubles, des moz auquęz ne ſ'an connoęt qu'une an parlant : comme an ces moz, aler, baler, devaler : au lieu de aller, baller, devaller : e an ieunęce, parece, mariçon, pour

a ij

pour ieuneſſe, pareſſe, marriſſon: puis an ceus ci, abatre, adicion, afeccion, agrandir, apeler: au lieu de abbatre, addition, aſſection, aggrādir, appeller: pourautant que les lętres doubles ne ſe font point ouir an la prononciacion Frāççeſe: qui de ſoę ęt un peu molęte, ou, comme lon dira, delicate: fors la double r r, qui ſe fęt antandre an ces moz, Barre, Tęrre, irriſion, corrompre. An ceus ou la lętre, l, s'ecrit vulgueremant double avęq, i, precedant, il à oté l'i, e y à lęſſe la double, ll, pour randre le ſon qui ęt es langues vulgueres. Aucuns de notre tams l'ont miſe ſimple, la nommans l' molę, comme an ces moz, baller, taller, keullir, boullir: au lieu de bailler, tailler, cueillir, bouillir: donnant le mème ęr a la double ll, que donne l'Eſpagnol a ces moz, alla, aquellos, llenos, llamàr, ecrivans maravilla: l'Italien par gli, meraviglia: le Prouvançal, par lh, mervelha: le vulguere Françoęs, merveille: E n'ut etè qu'an ces moz, ville, e fille, le commun fęt mème ecriture an diverſe prolaciõ, l'Auteur aſſez voluntiers ut retenù la vulguere, comme amì qu'il ęt de la conſtance, non pas de la nouveaute. Audemeurant, il à mis des tręz, que vulgueremant, męs improprèmant, on nomme Accęs, ſur les Verbes: pour fęre diſtinccion des ſilabes lōgues e breves: comme an ces ſingulieres perſonnes, il aloęt, il donnoęt: e an ces plurieres, iz aloęt, iz donnoęt: itèm an ces Verbes, croęt, qui ęt de croęre: e croęt, qui ęt de croętre: e aus autres ſamblables. Le reſte de ce qu'il y à de particulier an cete Ecriture, ſera ęſe a remęrquer an liſant, ſans an donner ici autre avis: atàdu mème que l'Auteur an à pleinemant declerè ſes reſons au Dialogue de l'Ortografe e Prononciacion Françoeſe, par lui ecrit e publie deſavant trante ans, e plus. Atant nous paſſerons à la matiere.

Louange de la Parole.

A Monsieur Debilli, Abe de Seint Michel an l'Er.

J'Ecrì ici, Debilli, docte e sage,
De la Parole un vertueus usage:
Non pas un Art exquis, que doèt garder
Un harangueur, qui veùt persuader:
E qui pretand par une orèson feinte
Mouvoèr les keurs des Ecoutans, à creinte,
A pleurs, a joee, a merveille, a pitie,
Puis a regret, ou a inimitie.
Je n'ecrì pas un Demostene grave,
Subtil Lisie, Isocrate suave,
Uif Hiperide, Eschine resonnant,
E chacun d'eus an beaus moz foèsorinant.
Je parle ici aus plus netes oreilles,
Pour aveq moe contampler les merveilles
Du grand Ouvrier, qui cet homme mortel
A sù orner d'un benefice tel,
Ou a l'anvi combatet, comme il samble,
Le Naturel e l'Artifice ansamble.

a iij

Commant se fèt qu'un don si precieus
Ęt si utile, e si pęrnicieus:
Pourquoę Mansongę ęt si legere a dire,
E devęrs soy tant d'oreilles atire:
Pourquoę se voęd que les plus grans diseurs
Sont de vęrtu les plus petiz feseurs:
E que tant plus ęt le Parler facile,
E moins ęt l'homme au vrei parler docile:
Que plus d'etude il aplique a parler,
Moins sèt ses fęz a son dire egaler.
 Męme ie crein que ce que j'an raconte,
De mon dessein le devoęr ne surmonte:
E que ie n'ęe ecrit trop amplemant
Cè qui se doęt usiter simplemant.
La Verite grans propos ne demande,
E sa simplęce assez la recommande:
E se doęt on de l'homme defier,
Qui veùt par moz les fęz amplifier.
 Tout l'Artifice ou mon propos regarde,
C'ęt d'avęrtir un chacun qu'il se garde
De l'Art subtil duquel usèt les fins
An leur parler, pour ateindre a leurs fins.
De moę, j'ecrì tousiours quelque Poęme,
An premier lieu pour m'instruire moęmęme
A parler peu, a ouir l'argemant,
A conseiller, e croęre sagemant,
D'un homme antięr savoęr jouer le role,
Savoęr promętre, e tenir sa parole.

Puis l'autre fruit que j'an veû rekeullir,
C'ét de garder ma Muse de viellir :
Car je n'è rien qui plus me face vivre,
Tranquilemant, e de chagrin delivre,
Que les ecriz ou les Muses m'ont mis,
E l'exercice ou ie me suis soumis.
　　Mes toe, qui sez ce qui plus ét utile,
Sõet a la vie, au parler, ou au stile,
Pourras juger de toe meme les droez
Apartenans a un chacun des troes.

Louange de la Parole.

Muſe, qui ès de chanter toute prete,
Quand d'implorer ton eide je m'aprete,
Aſſiſte moę, pour chanter ancor mieus,
Si mieus tu peus, an l'un des plus beaus lieus
Ou j'antrè onq, e ſans lequel je n'uſſe
Dont te nommer, ou invoquer je ſuſſe:
C'ęt la Parole, ouvriere d'anſeigner
Tout cę qu'an ſoę l'homme peut deſſeigner:
Qui dedans l'ame a conçęvoęr ancline,
Fęt par l'ouye antrer la Diſcipline,
Ambeliçant, comme un luiſant flambeau,
Cela qui ęt an l'homme le plus beau,
L'homme ęle fęt, tel qu'il ęt apparętre,
Les fęz Divins e Naturęz connoętre:
Męme un Demon du Parler d'eùt jouir,
Pour ſes avis à l'homme ferę ouir.

    De cę trezor la vive Amę ęt Princeſſe,
Par qui la langue ou ſ'avance, ou bien ceſſe,
D'ęle la charge e devoęr recevant,
Aus tams, aus lieus, aus perſonnes ſervant,
Pour avertir, requerir e induire,
Pour otroyer, ou bien pour econduire:
Brief, pour ſervir au vouloęr abondant
D'elle e du keur, qui lui vont commandant.

de la Parole.

Ce Microcosme, etant du premier nêtre
Apareillé pour antandre son être,
Eme a parler, ou bien a ecouter,
Selon qu'il peût ou savoèr, ou douter.
Dans le Cerveau s'incorpore e reside
Un Prince haut, qui aus cinq Sans preside:
Lequez il tient pour ses cinq messagers,
A decouvrir habiles e legers.
Par leur raport il avise e discerne,
E des objez exterieurs decerne.
De tous les cinq l'ofice ét bien requis:
Mes an l'Oreille ét tout le plus exquis:
La force an l'Euil samble plus terrienne,
E de l'Oreille ét plus aërienne:
L'Euil seulemant voéd la couleur des cors,
L'Oreille an prand les espris e acors:
L'Euil pour mieus voèr, deça dela se gete,
L'Oreille n'ét a tant de tours sugete:
L'Euil ne voéd rien, si la clerte ne luit,
L'obscurite a l'Oreille ne nuit.
Que si un son trop grief l'Oreille etonne,
Trop grand' clerte a l'Euil balustre donne:
E si l'Oreille abhorrit les discors,
L'Euil ne peût voèr ansamble tant de cors.
L'homme qui ét aveugle de nessance,
Peût de doctrine aquerir connoessance:
Mes s'il ét né de l'Ouye perclus,
Et de Sciance e ses resons exclus.
Bref, la vertu de l'Euil ét actuele,
E de l'Oreille ét plus spirituele:

B

Louange.

E bien souvant tant d'objeZ, a les voęr,
Gardet d'antrer an l'Esprit le savoęr.
  Męs y à il parole, qui exprime,
Ni soę ni l'er, auquel ęle s'imprime?
Qui arrivant aussi tôt qu'ęle part,
An tant de lieus, e si loin se depart:
L'Er qui la voęe a tous mouyans eclere,
Seul moyenneur de cete vue clere:
Seul pour l'aleine aus viyans inspirer,
Le respirans, pour soudein l'atirer:
Er qui contient les reyons e les erres,
D'ici aus Cieus, e des Cieus an ces Terres:
Des Vans batiZ le porteur destiné,
E de tous sons receptacle assiné:
Dedans lequel la Parole gravee,
Trouve l'Oreille an coquille cavee,
Ou soęt les treZ file a file anferméZ,
Si tôt qu'iz sont tout a l'antour forméZ.
L'antree an cuve, ouvre la voęe antorse,
A fin qu'un froęd, que le vant pousse a force,
Vn cri agu, ou trop fort resonnant,
Trop vite e droęt ne le vase etonnant:
Propre façon, tant pour servir d'obstacle
Aus rudes sons, qu'a tous de receptacle.
Tel ęt l'Etuy vide du Limaçon,
Auquel s'antand un murmure de son:
Einsi dedans la marine crouZille,
Vn bruit auprès de l'Oreille gresille:
Einsi dedans le Roc antrevouse,
Le haut reson reflexe ęt ecouté:

de la Parole. 6

Non comme an l'Eull, dont la ronde prunele,
Tout droetemant l'objet reçoèt an ele,
Par deus reyons, dont le vertical coin
Et dedans ele, e la baſe la loin:
   Ce Naturant, dont l'homme ſage honore,
Ce qu'il an ſèt, e ce qu'il an ignore,
Donne un Savoèr a l'homme couvoeteus,
Mes c'èt toujours pour le randre douteus:
Quand des eſez, e choſes plus ouvertes,
Il an à fèt les cauſes ſi couvertes.
On voèd commant tout l'Homme ſe ſoutient,
On voèd ſon cors, e cela qu'il contient:
On voèd ancor, qu'a chacune partie
Sa faculté à etè departie:
On antand bien la Langue l'er fraper,
E les clers ſons de la bouche echaper:
E qu'ele fèt ces pleins moz, qui tant peuvet,
Par le moyen d'huit Muſcles qui la meuvet;
Chacun dequez' à ſon ofice apart,
Que promtemant au beſoin lui depart:
E qu'ele etant du panſemant guidee,
Des quatre Dans e deus Levres eidee.
Ores an haut le palès ele bàt,
Ores du long platemant ſe rabàt:
Ores ſamblable, e ores inegale,
Selon que c'èt ou Conſone ou Vocale:
Einſi ſans ceſſe a tant e tant de pliz,
Sont tous ſes trez coup a coup acompliz:
Mes de leur cauſe, e leur formele eſſance,
C'èt celui ſeul qui an à connoeſſance.

B ij

Louange

Comme se fęt cete aspiracion,
Comme se fęt cete expiration:
Quel ęr batù si cleremant resonne,
Quęz sont les Sans, par qui l'homme resonne:
Par quel pouvoęr, ou avęq quel compas
Se fęt vn son agu, moyen, ou bas,
Si tót conduit au long de son organe,
Passant si tót les coches de la cane,
Commant les tręz sont si tót dispanséz,
E mis dehors aussi tót que pansęz:
Que cete Langue an la voute articule,
Sans qu'il s'an perde aucune particule:
Sortant du çantre, e dont rien ne se romt,
Qu'egalemant ne soęt ouï an rond.
C'ęt un grand cas des Flutes antonnees,
Ou les Chansons d'un męme vant sonnees,
Randet les tons diversemant batúz,
Selon les doęz hausséz ou abatúz:
Męs qu'ętce au pris de la parlante Bouche?
Ou il n'y à qu'une piece qui touche?
E ou les moz tant divers degorgéz,
Sont si distincts e si exprés forgéz?
Bien abondante ęt l'Ame qui l'anvbęę,
Bien ęt apoint disposee la vóęe,
Bien ęt commode, e propre a prononcer
Cęle qui sęt ce message anoncer.
Que s'ęle faut, e s'il eschęt amande,
La faute vient de cęle qui çommande:
Si on counoęt les façons e les meurs
Se composer au gre des quatre humeurs.

de la Parole.

Que dirons nous de çele simphonie
De la Musique, e de son armonie?
Qui de set Voęs compose autant d'acors,
Que font d'aspęcz les set Celestes Cors?
Qui sans cesser variet leur rancontre,
Soęt a cote, ansamble, ou a l'ancontre?
Qui ont vertu de randre les espriz
D'ardeur, de joęe, ou de tristęce epris?
Nature à mis plus qu'an autre partię,
Antre les Tons, d'acord e simpatię:
Męme la Corde ęt ebranlęe au son
De çelela qui ęt an unisson.

    Donq ęle ayant cete Amę ansemancęe
De tous desseins qui meuvet la pansęe,
Les Instrumans tous propres ęl' à fęz,
Cachant la cause, e montrant les efęz.
Puis l'hommę ayant la promesse e le gage
Qui le randit capable de langage,
Ut le pouvoęr de ses sans deceler,
E ce qu'il sût, a point de l'apeler
Par certeins noms. Lors peu de moz sufiret,
Pour peu d'avis e desirs qui se firet:
Iusques à tant que les Sans, e les meins
Donneret voęe aus negoces humeins:
E peu a peu des efęz e des causes,
S'acrût le nombre e des moz e des clauses.

    Lors les Espriz s'augmantans de resons,
Donneret forme e sans-aus Oresons:
E ceus de tous qui mieus fęre le suręt,
Autorité par sus les autres uręt,

B iij

Louange

An gouvernant par leur commandemant
Ceus qui etoęt de moindre antandemant.
D'un animal brutif l'Homme difere
Par la Parole, e les moz qu'il profere:
Męs les bons moz de bon sans proferer,
Les hommes fęt des hommes diferer.

　　Iz decleroęt les secrez e miracles
De la Nature, expoſoęt les Oracles:
Des opreſſéz la cauſe defandoęt,
E aus douteus leur conseil iz randoęt:
Iz diſputoęt l'ętre immortęl de l'Amę:
Louoęt les bons, aus mauvęs donnoęt blame:
E au beſoin d'un jugemant acort,
Des Citoyens apeſoęt le diſcord.

　　Les biendiſans einſi leur place tindret,
E peu a peu le credit iz obtindret
Tant loin que pręs, par ſus les Nacions,
Par tant d'anvoęz e de legacions.
D'autres a part plus ſe ſubtilieret,
E l'Oręſon d'artifice lieret,
Pour a l'amblee es Ames penetrer,
E leur demande eſemant impetrer:
Juſques a tant, que croęſſant an la vie,
L'ambicion, l'avarice e l'anvie,
Vint du Parler plus ſongneus apareill,
Chacun taſchant a veincre ſon pareill.

　　Lors ce beau don, e bienfęt ſi utile
Fut manię d'une Ecole ſubtile,
Qui anſeigna les articles ruſez,
Pour ſoutenir tous hommes acuſez:

de la Parole. 8

E mémemant d'efrenée liçançe,
Par calomnie oprimer l'innoçance :
Tant qu'au moyen de tele indignite,
Fùt fęt chemin a toute impunite.
C'ét la façon des hommes coutumiere,
Neceſſite vient tousjours la premiere,
E puis de peu, l'abondançe a ſuccęs,
An fin le tout convęrtìt an excęs.

Queles vęrtus au Parler devoęt ętre ?
Qui les eſęz ſi contreres fęt nętre ;
Le beau Parler les grans Viles bátit :
Męs le trop beau an fin les abatìt.
On ſèt aſſęz, qu'a peine à eté vue
Quelque Cite de grans diſeurs pourvue,
Que les mechans an credit on n'i vit,
E que la fin de l'Etat n'anſuivìt :
Le plus ſouvant la bouche ambicieuſe
De l'Orateur, lui fùt pęrnicieuſe :
Grache eloquant, le Peuple mutina,
E par ſa langue an fin ſe ruina :
Craſſe e Antoine, hommes qui ſi bien diręt,
Par leur bien dire à la fin ſe pęrdiręt.
E de ces deus qui veinquiręt, vivans,
Chacun chez ſoę, les paſſęz e ſuivans,
L'un an mourùt exilè de ſa tęrre,
L'autre anflammant le Senat a la guęrre,
Perdìt du tout par ſes criz e ecriz,
Lui e les ſiens, e les Perés Conſcriz.

Comme on connoęt un homme par ſa Langue,
Einſi par l'homme on peſe la harangue,

Louange

Les keurs s'etans randúz malins e feins,
Ont fęt tenir leurs diz legers e veins:
Į: à l'on crù par les esfęz frivoles,
Qu'un grand diseur, n'à rien que des Paroles.
Męs l'homme fort ęt tousjours ramparè,
Pour resister au langage parè:
D'un raporteur il connoęt l'antreprise,
E d'un manteur la malice e surprise:
D'un Parasite e impudant flateur,
Se donne garde: E puis au delateur
Ayant au long une oreille pretee,
Au defandeur il tient l'autre aprętee.
   Un seul Parler, e tout de męme son,
Se fęt antandre an diverse façon:
L'un le croęra trop bas, l'autre trop grave:
L'un plus courtoęs, e quelque autre, plus brave:
L'un amiable, e l'autre injurieus:
L'un ridicule, e l'autre serieus.
Qui fęt cela? les façons depravees,
Les passions es Ames angravees:
Les faus samblans, les manteurs, les moqueurs,
Ont angandrè les changemans es keurs.
   Tant il y à de malęse e d'afęre
A acorder le dire aveq le fęre:
Celui qui fęt, de dire n'à besoin:
Celui qui dit, de fęre n'à le soin.
Qui l'artifice eloquant se propose,
Il y ęt tout, e ne quiert autre chose:
Celui qui ęt studieus du bienfęt,
S'il n'y parvient, il n'ęt point satifęt:

                                  Einsi

de la Parole.

Einsi n'etant a james cete vie,
De desirer soule ni assouvie,
Le vertueus parle peu, e fet bien,
Le beau Parleur dit prou, e n'an fet rien.
Méme celui qui à l'ame eblouye,
S'acoutumant a pętre son ouye
De moz exquis, an fin se lęsse aler,
Cęsse de fere, e s'amuse au Parler:
E ce pandant qu'a son dire il s'amuse,
Un autre vient, qui de dire l'abuse.
C'ęt bien reson, qu'un afeté vandeur,
Trouve de méme un afeté randeur.

  Nature ancor s'ęt montree admirable
An tant d'Humeins de comte innumerable,
Fesant des Sons e des Voęs les discors,
Aussi divers que les humeurs des Cors.
L'homme nourri d'autre e autre pâture,
D'une heure a autre, acoutume Nature
A varier, an prononçant, les sons,
Comme les sans, les humeurs e façons.
L'er du Sanguin, ęt plus dous e alegre:
Du Bilieus, plus soudein e plus ęgre:
Du Phlegme il sort grele, e moins violant:
De l'humeur Noęre, ęt plus obscur e lant:
E puis ancor des quatre la mélange,
Infinimant les varie e les change.

  Tu fęz, Nature, a ce que tu ne veuz
Bien acorder cela que tu ne peuz:
Tu ne veuz pas que plusieurs voęs tu faces,
S'antresambler, non plus que plusieurs faces:

C

Car le voulant, tu te feroęs etrange
Le varier, ou gît ta grand' beauté.
    Einſi la Voęs an l'Homme, ſę conforme,
Comme ſ'ęl' fût la forme de la forme:
Même les Moz, ou propres ou naïz,
Sont repondans à l'ęr de leur païs:
Comme la G'ant ęt promıſe, ou plus remiſe,
Plus trafiqueuſe, ou de moins d'antremiſe.
Pareillemant ſont les communs diſcours
Proms, ou tardiz, e les tęz lons, ou cours,
E ęt la Langue ou mâle, ou plus virile,
Polie, ou rude, abondante, ou ſterile.
Somme, le change ęt es prolacions,
Tel qu'on le voęd es mœurs e accions.
    Un Mont, un Fleuve, e tant peu de traverſe,
Font aus voęſins Langue toute diverſe,
Ni du Parler, ni du mot coutumier.
On ne ſęt point qui ęſt l'Auteur premier.
E n'ont ęté par toutes les Contrees,
Les Diccions premieremant montrees,
Qui auroęt ſû tant de Noms impoſer,
E puis par Cas e Tams les compoſer,
E qui croęra la Parole impoſee,
Par reſon propre avoęr ęté cauſee:
Dequoę etoęt cet Impoſeur ſavant,
Sans qu'on l'an ut inſtruit au paravant?
E qu'aus Parleurs il ut u conferance
Des Noms premiers, e de leur diferance?
Commant ut il, pour venir, ou aler,
An tant de lieus etabli le Parler?

de la Parole.

Les Imposeurs, pour certein, n'auroęt guere
D'autorite, si n'etoęt le Vulguere;
Qui ne peut pas, an conversant, chommer
De moz fętiz, pour les choses nommer:
Lequez aveq leur sourçe casuele,
Aus derivez donnet forme usuęle.
Ou la Reson, quoę qu'ęle ęt ses vreiz buz,
Le plus souvant ne peut rompre l'abus:
Cete Coutume ęt ouvriere secrete,
An fęz e moz bien souvant induserete:
E an voulant son ouvrage avanser,
An fęt un Art, comme sans y panser.
Seroęt ce point que l'Er, ou tout s'informe,
Nourrit ancor' des Paroles la forme
Dedans son sein? ou tant de moz difus,
Montans an haut, e an un bloc confus,
Y sont refęz, par les Vans qui y spiret,
E nouveaus sons leur donnet e inspiret?
E comme un Tams, des vieus tams procedant,
N'ęt james tel que fut le precedant,
Einsi les Moz, qui des vieus Moz provienet,
James d'iceus les mêmes trez ne tienet.
Nature porte an son giron parfond
Tous les desseins qui se disęt, e font,
Euvres de Cors, d'Esprit, de Bouche, e Plume,
Tout ęt batu sur sa forge e anclume,
L'homme artizan, trouve, tesse, e tient.
Męs c'ęt Nature a qui tout apartient:
De tous les dons qu'au Monde ęle administre
L'Esprit humein n'an ęt que le ministre.

C ij

Que ſi tout l'Homme ęt tiſſû de ſa mein,
A qui ęt dû tout l'artifice humein,
Sinon a ęle? ayant la hautę Dame
Pouvoęr divin de donner cors e Ame
Aus fęz, aus diz, comme il lui ęt pleſant,
De chacun Euvre, un chacun refeſant.
    Puis vient l'Uſage adoptif de Nature,
Auquel ęt dû l'arbitrage e facture
De tout Parler, e qui ne reçoęt rien
An ſon monceau, ſinon qu'il ſoęt du ſien.
Il veût garder tout franc ſon caractere,
Sans que ſa forme ou couleur ſ'un altere.
Je ne dirè Marius, ni Varro,
Ni Publius, ni Cneus, ni Marc:
Car qui defand de dire Puble e Tule,
Ne plus ne moins que Quinte, Marc, ou Jule?
E ne faut point qu'on lui balle par prèt
Ce que chez lui il trouve de ſont prèt,
Il faut garder an l'Oreſon ecritę,
Ou prononceę, aus moz juſte meritę.
Non qu'il ne ſoęt de toute loęs permis
Que nouveaus moz aus nouveaus fęz ſoęt mis,
Comme de l'Arbre on ante ſur les branches,
Pour an avoęr des pommes auſſi franches:
E ſont an fleur les vocables recens,
Einſi que ſont jeunes adoleſcens,
Dont l'abondance a pleſir fructifie,
E d'an an an croęt e ſe fortifie.
Męs il ne faut ętre trop grand vanteur
An cete part, pour ſe dire invanteur:

Les Moz nouveaus ſont perilleus a feindre,
Comme au Nocher ét un Eskeull a creindre.
C'ét peu de nom, que nouveaus noms trouver,
Qui n'ét certein de ſe ſere aprouver.
Chiche e ſubtil, faut les Moz introduire,
E d'une ſource ouverte les deduire.
Le Mot qui n'ét propremant invanté,
Et abortif, auſſi tót qu'anfanté.
 Les Langues ſont pour les Choſes aprandre:
Docte ét celui, qui les cauſes ſet randre:
C'ét le Suget, qui donne tout le poés:
Les Moz ne ſont que l'ecorce du boés.
Mieus vaut ſavoér, fút an langue Gotique,
L'Architecture, Algoritme, ou Optique,
Que tous les Moz des Latins e des Grez,
Sans avoér, fét es Ars autres progrés.
 Donques ſur tout faut choéſir la matiere,
Pour la deduire an l'Oreſon antiere:
Dont la Vertu premiere, ét l'Accion,
Qui donne vie a la prolacion.
L'un an diſant, vehemant les keurs touche
D'eull e de mein, auſſi bien que de boche:
L'autre ét plus coé, e an ſimplicité
Fondé e remét toute ſa dignité.
L'homme d'état, ét plus grave e modeſte:
Le Marcial, brave an parole e geſte:
Le dous convient à l'humble demandeur,
E le hautein, au hardi commandeur.
L'homme puiſſant, qui de ſoé s'autoriẓe,
E ſon pouvoér lui méme favoriẓe,

Lbuangé

D'autant qu'il ét ou grand, ou souverein,
Plus il se montre acceptable e serein:
Car sa parole, avęques doușșeur grave,
Aus keurs des siens creinte e amour angrave:
Męs le courrous, e regard sourcilleus,
Rand son etat creintif e perilleus.
Pour abreger, einsi que l'artifice
De l'Architecte, anrichit l'Edifice,
Le mouvemant, e grace du Parleur,
A ses propos donne pris e valeur.

Ici sur tout, je n'antan qu'on repute
Pour biendisant celuila qui dispute
De chaque part, einsi comme savant,
Quelque suget, qu'on lui męte an avant:
Ni un Pledeur, qui de sa Langue double
Le droęt, le tort, le faus e le vrei trouble:
Qui aujourdhui prand une cause an mein,
Dont la contrere il soutiendra demein.
Qu'ét il plus vil, qu'a tous sa Langue vandre,
Pour nuire aus bons, e les mechans defandre?
Car cil qui sęt les mauvęs aprouver,
Pareillemant sęt les bons reprouver.
O cas honteus! souz la Iurisprudance
Qu'un pledereau couvre son impudance!
Que celuila qui ét mieus deguisant
La verite, soęt pris pour mieus disant!
E qu'au raport d'une Langue importune,
Se doęve perdre honneur, vie, e fortune.

O l'Orateur, qui le fore Rommein
Tenoęs jadis, comme Roę, souz ta mein,

Que feſoés tu, quand de tes diz celebrés
Metoés aus yeus des Juges les tenebres?
Quel deshonneur, de metre à l'abandon
Un ſi divin e ſi excelant don?
Nè pour inſtruire une tourbe imbecile,
Pour anſeigner la Jeuneçe docile,
Pour avoèr place, e an l'ame étre infus
Les grans ſecrez an Nature difus:
Pour aus Vertuz montrer la vrée adrèce,
Pour conſoler ceus qui ſont an detrèce,
E pour donner remontrance a propos
Pour le publiq, ou le privé repos.
Si tu metoés ta Langue an telz ofices,
Pourquoę ancor la pretoés tu aus vices?
Que te diroèt les Fabes, les Metelz,
E les Catons, les Fabrices, e telz,
S'iz revivoèt? qui parloèt d'abondance
De keur e ſans, guidéz de la prudance?
La verite, ou rien iz n'ajoutoèt,
Feſoèt la preuve a cela qu'iz comtoèt:
Leur Oreſon etoèt plus decoree,
Qui n'etoèt point d'ornemans coloree.
Comme iz diſoèt de leurs fammes de bien,
Lors ſantir bon, qu'èles ne ſantoèt rien.
　　　Le Maternel florit, dure, ou expire,
Einſi que fęt l'Etat, Ręne, ou Ampire:
Peuples e Roęs, puiſſans e beliqueus,
L'ęr d'alantour atiret aveq eus:
Qui pour leurs loęs e façons fęre antandre,
Veulet leur Langue aveq leur Ręne etandre.

Louange

Einsi ala des Rommeins le Latin,
Jusqu'au Soleill du soer e du matin.
Mes quand sur eus les Barbares salliret,
Ampire e Langue ansamble defalliret:
Comme avoęt fęt les Etaz precedans,
E feront ceus des ages succedans.
Or que le Tams an à fęt le partage
An plusieurs loz, comme d'un heritage,
Selon qu'iz sont ou moyens, ou menuz,
S'ęt abęssè l'honneur des revenuz:
Chacun travalle, e sa terre defriche,
Taschant tousjours a fęre sa part riche:
Mes plus y à de pars, e moins an vaut
Le tout ansamble, e tousjours plus s'an faut.
Or la Toscane avance la Galique:
Or la Galique ampiete l'Italique:
On voęd meint Livre an Castillan inscrit:
Le grand Euclide an Angloes ęt ecrit:
Les Alemans ont an męme etandue
Leur renommee e leur Langue epandue:
La Loę qui fut commandee de Djeu,
Meintient la Lāgue aveq le peuple Hebrieu.
Ce Soliman, qui nous ęt si barbare,
Des Citoyens, e des Terres s'ampare:
E ampietant du Monde tant de pars,
Y rand par tout ses langages epars.
 Je ne di rien de ces Roęs devers l'Ourse,
Uers l'Inde e Perse, e si pręs de la source
Du Nil fameus, y à Peuple vivant,
Sa region e Langue cultivant.

E neant-

de la Parole.

E neantmoins toutes ces g'ans ne tandet
Aus tams lointeins: seulemant iz etandet
Leur Langue e Rene, a force de combaz,
Lessans Minerve, e les Muses au bas.

  Dieu souverein des Teres e Langages,
A qui veús tu randre, ou ôter les gages
De ces debaz ? e qui veús tu mander,
Pour dessouz toe aus Peuples commander ?
N'etant possible a ces Langues perverses,
De vivre plus an erreurs si diverses,
De Loes e meurs, sans qu'es meilleurs androez
Ne soet suiviz les chemins les plus droez.
Ou si tu veús einsi lesser les Renes,
Fe que tout Prince, ayant an mein les renes,
Veulle a Justice, e Vertu favorir:
Einsi pourront meintes Langues florir.

  Si quelque foes, par une guetre emue,
De lieu an autre un Peuple se remue,
E par victoere, ou hostiles moyens
Il rand a soy sugez les Citoyens:
Alors einsi que meurs e Loes se rompet,
Les trez natiz du païs se corrompet:
Einsi les Goz, d'un Barbare lien
E du Rommein, firet l'Italien:
Einsi l'Ampire, amporté a Bizance,
Mêla la Greque e la Rommeine nfance:
E parapres l'Arabe s'elevant,
Randit par tout Barbare le Levant:
Einsi par tams les Coulongues deduites,
Des Habitans les Langues ont traduites:

      D

Męs par sus tout, ont les Religions
Changé la Langue, e loęs des Regions.
Garde toy bien, ô, męs je me retire:
Car an disant, il ne faut pas tout dire:
Les deus hauteins, qui se rancontreront,
An peu de tams assez an montreront.

  Antre presans le Parler se demeine,
Pour policer toute la vie humeine:
E nonobstant an tout l'etat Mondein,
Il n'i à rien qui passe si soudein:
C'ęt comme un er, qui du vant participe,
E qui an l'er retourne, e se dissipe:
Qui aussi tôt defaut comme il apęrt,
E de silabe, an silabe se perd:
Si ce n'etoęt la vertu retantive,
Qui le reçoęt par l'oreille atantive.
Męs il à û pour son eide, un second,
Sortant de lui, durable, ample, e fecond.
Je dì l'Ecrit, par lequel on devise
Aveq l'absant, de tout ce qu'on avise:
Qui fęt les Mots hautemant resonner,
E aus Vivans privémant resonner.
Par les cantons du Monde ęt son passage,
Aveq la Fame il porte son messages,
A tout un Monde il parle a son loęsir,
L'un apręs l'autre, ansamble, e a plęsir.
Chacun pourtant qui lecture lui prete,
Qui bien, qui mal, le sans an interprete:
Si le Sugęt ęt gravę, e bien deduit,
Soudein il ęt commanté, ou traduit:

de la Parole.

E quoę qu'au sans du Parler se conforme,
Il ęt pourtant d'u nautre nombre, e forme.
E ne se fet, qu'onques homme se vit,
Qui bien parlát, e qui bien écrivit.
Donq d'au tant plus qu'il se prise, e prefere
Aus Oręsons que la bouche profere:
E par les tams il ęt lû è relû,
Tant plus doęt il être mêur e élû.

O qu'il faut bien qu'un bon Genie alume
Notre chaleur, e nous tienę la plume
Pour l'animer d'une vigueur e bruit,
Contre l'efort du Tams, qui tout detruit:
E puis que tant doęt être mesuręe
Une Parole, ayant peu de duręe,
Combien seront les Ecriz mieus songéz,
Qui a touſjours doęvęt être alongéz?

Nul ne s'atande, an lisant cete Feulle,
Que les vertus des Ecriz je rekeulle,
Ici mon but je n'è pas arręte,
Qui plus exprès am'è alleurs treté.
Męs je di bien, si la Parole ęt fole,
Qu'auſſi souvant l'Ecritture ęt frivole,
L'Ecrit mauvęs nuit a pluſieurs miliers,
Mauvęs Parler nuit ous plus familiers:
A leur Auteur tous deus bien souvant nuiset,
Vn grand Etat tous deus souvant detruiset:
Vn beau diseur peut les kęurs pervertir
A fęre mal, e du bien divertir,
E les Ecriz, ou les hommes se fondet,
D'opinions e erreurs les confondet.

D ij

Louange

Brief, sont deus biens, antre tous, excelans:
E sont deus maus, antre tous pestilans:
Tant il n'ęt rien si bon, ne si licite,
Dont lon n'abuse, e qui a mal n'incite.
Męs la blancheur auprès du noęr reluit,
Comme l'utile auprès de ce qui nuit.
Quele trafique ęt an la Libręrie?
Quel artifice ęt an l'Imprimerie?
La ou se voędrant de papier assoęr,
E tant ecrire au un matin e soęr,
Qu'an trante jours l'Homme ne sauroęt dire
Autant de moz qu'on y tire e retire:
E męmemant, qui de plume ecriroęt,
Autant de tams çant foęs, n'i sufiroęt.
Somme, il n'y a industrie si promte,
Qui de son moins, le plus de jours surmonte.
E ce pandant, cete facilite
Les Ecriteurs a mis a vilite;
Car etant fęt le metier si publique,
Le vrei, le faus, le tort, le droęt, l'oblique,
Tout y ęt mis: voęre e tout se leçoęt
De quelques uns, pour bien ou mal qu'il soęt.
Que si on dit, que lors des plus vieus vges,
Se sont trouvęz par tout ces faus usages,
Il ęt bien vrei, męs cet Art invanté,
De pis an pis le mal a augmanté.
E y a plus: car ayant tant a lire,
On perd an fin le jugemant d'elire.
L'estoumac plein, mal chit, ou mal contient:
Le grand Lecteur, n'antand, ou mal retient.

de la Parole.

Sage ęt celui, qui à un Art s'adonne,
Que pour sa part le Genie lui donne;
Car c ęt un don, rare antre les Humeins,
D'avoęr tout seul, ce qui sufit à meinz.
    Il reste ici une eficace exquise,
Qu'on donne aus Moz, soęt infuse, ou aquise,
Soęt un desir, ou forte intancion
De la personne, ou aprehansion
De foę creintive, ou soęt autres misteres,
Meléz parmi, d'herbes, neuz, caracteres.
Męs quoy? peut on, pour Chęrmes proferer,
Le mal, le bien hâter ou diferer?
Ou evoquer par des voęs murmurees,
Espriz, Demons, ou Ames conjurees?
Qui donne efet aus consecracions?
Ou, pour mieus dire, aus execracions?
Quel son an l'homme, ou quele confiance,
Peut animer cete sinifiance?
Qui fęt le mot, si c'ęt la foę qu'il à?
Ou cetuici, plus tot que cetuila?
Si c'ęt le son, d'ou vient que telz fantómes
Sont de tous Tams, e an tous Idiomes?
Le Nombre exquis, par Nature posé,
An si bęl ordre, e d'ęle composé,
Aveq reson, an justes particules,
Au pris des Moz bien souvant ridicules,
E mal forgéz, devroęt bien ętre fęt,
Pour an Magie avoęr plus grand'efęt.
Tandis ces Noms, que tout chacun fęt feindre,
Pourront guerir, blecer, lier, contreindre?

D iij

Louange

É ſi touſjours iz trouvet leurs fauteurs,
Qui fermemant aleguet leurs auteurs?
Un Art vaut il a cil qui ſ'y delecte,
An l'exerçant, autant qu'il le reſpecte?
E an peùt il plus ou moins operer,
Comme il an ſet plus ou moins eſperer?
Vn cas eſt il auſſi vrei que voyable?
Ou auſſi faus comme il ét peu croyable?
Nous conféſſons, nous doutons, nous pions
Les veritez, par noz opinions.
Eureus celui, qui ecoute e regarde,
Avant que croere, e ſe tient ſur ſa garde.
Le caut Vliſſe, ùt l'eſprit ferme e fort
Ancontre Circe, e tout ſon cherme e ſort.
Soèt l'homme Vliſſe, èt l'eſpoir fort e ferme,
Il combatra Circe, e ſon ſort, e cherme.
L'homme ét deçù tout voulonteremant,
Alors qu'il doute, ou croèt legeremant.
Vn foèble Eſprit, que l'Amour paſſionne,
La peur, l'eſpoer, e ſi afeccionne,
Par faute d'être an ſoè ſeur e armé,
Se rand diſpos, e prèt d'être chermé.
E quelque foès ſans force plus mechante,
Qui ſoèt d'alleurs, de luimême ſ'anchante.
Aviſons bien commant l'homme ét ſurpris
D'un beau Parler, dont l'autre mieus apris,
Ne fèt nul cas. Celui qui bien ſe mire
An la Vertu, celui qui point n'admire
Ce qui peùt être, e ce qui peùt fallir,
Il à dequoè defandre, e aſſallir.

Donq la Parole, iſſant d'une panſee
Grave e conſtante, e a tams diſpanſee,
Et celela, qui à an ſoę vigueur
D'avoęr les keurs par amour ou rigueur:
Le ſage tient pour rien cęlę qui blęce
Tant ſeulemant les hommes de foęblęce.
 Le plus commun e inſigne defaut,
C'ęt de parler plus ou moins qu'il ne faut:
Car qui dira toutes choſes qui duiſet?
E qui tera toutes choſes qui nuiſet?
Moins nuiſible ęt, pourtant, ce qu'on omęt,
Que n'ęt l'exces qu'an parlant on commęt:
Car il avient qu'une Parole tue,
Puiſſe a ſon point ętre alleurs ramantue:
Le mot ſorti un coup hors de ſon clos,
Ne peùt jamęs dedans ętre ranclos.
Comme bien dire ęt de grand conſequance,
Se ſavoęr tęre, ęt bien grande eloquance.
Celui qui veùt ſes propos alonger,
Se fęt nommer faſcheus, ou manſonger:
Vn Manteur ęt autant vil e ſordide,
Qu'un Veritable ęt honnęte e candide:
L'homme de bien, parle einſi comme il ſant:
Car ſa panſee a ſon dire conſant:
Le Manſonger, qui avęq ſoę diſcorde,
Veùt ce pandant, qu'un chacun lui acorde:
Qui par coutume ęt apris à mantir,
Alors qu'il mant, ne le peùt plus ſantir:
Bien ęt puni l'homme d'etrange ſorte,
Qui ne connoęt, ni ſant le mal qu'il porte:

D iiij

Louange

Le Manteur, à de soę tant merité,
Qu'il n'ęt pas crû, lors qu'il dit verité.
  Qui un Ami an son absance acuse,
Qui, quand il ęt acuse, ne l'excuse,
Qui par risee aus hommes aplaudit,
Qui antre g'ans d'un chacun se gaudit,
Qui de ses feZ an vein se glorifie,
Qui ne pęut tęre un secręt qu'on lui fie,
Qui les moqueurs s'acoutume a hanter,
E an tous lieus nouvęles invanter,
Qui trop s'anquiert de ce qui ne lui touche,
Garde t'an bien, il à mauvęse bouche :
Tous les propos qu'il reçoęt, il les męt
An l'estoumac, comme páte an la Męt,
Qui de levein se fęt anflee e large :
Si qu'an peu d'heure il faut qu'il se decharge :
E crevera, si avant que dormir,
Ne trouve lieu pour tout le revomir.
  O quel annui, e quęle disgrace ęt ce,
Tomber es meins d'un, qui jamęs ne cęsse
De caqueter ? il n'ęt plus grand maleur,
Que celuila, fors un autre Parleur :
Soęt qu'il raporte, ou qu'il se veulle anquęrre
De ce qu'on dit de la Pęs, de la Guęrre,
Soęt a la Cour, a la Vile, ou aus chams,
Du Tams, du Roę, des Banquiers, des Marchans,
Je suis perdù : ce fascheus, ce folátre,
Me poursuivra jusques au fons de l'atre :
J'è beau gemir, e regarder les Cieus :
Las, dije an moę, e qu'è je fęt aus Dieus ?

Je

de la Parole.

Je soé jugè de plus douſſe ſantance,
E condannè a autre pénitance.
Non, c'ęt ici qu'il me faudra mourir,
S'un Apolon ne me vient ſecourir.

Fin de la Parole.

Aus Dames des Roches,
Mere e Fille.

Je nz sauroé, selon ma voulonte,
  Bien acomplir ce Dessein que je trace:
  Car an voulant aus Graces donner grace,
  Qui ne seroèt du Suget surmontè?
Mes je me fie an cete grand' bonte,
  E dous akeull, qui se lit an leur face,
  Que mon vouloer, combien que peu il face,
  D'eles sera pour un devoer comte.
Quànt a vous deus, qu'eles avez ampreintes
  Dedans vos keurs, e an vos yeus d'epeintes,
  E par ecrit exprime leurs douseurs,
J'espere avoer, vu que la Mere prise
  Ce que tient cher la Fille bien aprise,
  De Mere e Fille, autant que de troes Seurs.

Louange des troes Graces.

Aus Dames des Roches.

DEDANS le Nombre, ou la seule Unité,
Tient e conduit l'ordre d'Infinité,
Et le Ternere an propre dignité:
　　Mes d'icelui l'un des plus beaus merites,
Et au Troupeau uni des troes Carites:
Nues jadis depeintes e decrites.
　　Car quel habit ût on fet, pour le mieus,
A ces Beautez? qui au vouloer des Dieus,
Devoet changer, ça bas meurs, tams e lieus?
On les aquiert, e si sont Natureles:
Tienet leur lieu, e ne sont corporeles:
Vivet sans fin, e si sont tamporeles.
　　An eles ét, tout ce qui plus ét cher,
E ce qui peut l'Homme plus ampescher
De les avoer, c'ét de trop les chercher.
Vne Beauté, qui an soe se delecte,
Vne Parole, un meintien, qui s'afecte,
Forcet la Grace, e la randet suspecte.
　　Leur grand faveur s'etand si largemant,
Qu'an toutes pars, leur divers changemant,
Donne plesir a l'humein jugemant,
Cete Beauté sied bien an cete face,

E ij

Louange

Cetęci mieus, męs cete autre l'eface:
Somme, il n'ęt rien, qui tant de juges face.
   Un Euĺl gallard a cetuici mieus plęt:
D'un dous regard un autre se repęt,
Comme a chacun le peu, ou le trop ęt.
L'Humein desir, etant insaciable,
Ęt an soęmęme, e par tout variable,
An ce qu'il croęt plus ou moins amiable.
   Jadis Nature an soę se recrea,
A donner grace a ce qu'ęle crea,
E ce grand Tout d'ętre tel s'agrea.
Il avint bien a ces Sustances quatre,
De se hausser, se męler, se rabatre,
E d'un discord uni s'antrecombatre.
   Au Tams qui coule, aveques ses sęsons,
An ce long Ordre, e fermes lięsons,
An l'infini de si riches foęsons,
An la rondeur du haut Ciel spacieuse,
An la clęrte des Astres radieuse,
Fùt a son gre Nature gracieuse.
   E acroęssant sa benine dousseur,
Fit le Soleiĺl liberal á sa Seur,
Pour de la Nuit eclęrcir l'epęsseur.
Puis pour orner la lumiere par l'ombre,
Acompagna la Lune d'un grand nombre
D'Astres luisans, au long de la Nuit sombre.
   Bien fùt tout un, le fere e le pouvoęr,
De tant de Cors diversemant mouvoęr,
E an l'instant, pour james, y pourvoęr.
Des droęz reyons, que ces Flambeaus randirent,

E que les uns aus autres etandiret,
Par l'Univers les Beautez s'epandiret.
 Certeins motiz adonq furet infus
A ce qui fùt par le Monde difus,
D'autant plus beau, qu'il samble plus confus.
Einsi a tous fùt la forme assuree,
La faculte, la montre, la duree.
E d'apetit la bourne mesuree:
 E ayant mis aus Choses certeins buz,
Né leur requit ne devoers, ne tribuz,
Autres que ceus, qu'el' leur avoèt imbúz.
Le Fort ùt grace auprès du plus debile,
E le Mouvant aveques l'Immobile,
E le plus promt aveq le moins habile.
 A l'Homme seul, aveq la Reson nè,
Fùt un avis, e pouvoer ordonnè,
D'ètre a divers apetiz adonnè:
Il ùt delors une formele essance,
Ou fùt anclos son instinct de nessance,
Dont il n'avoèt qu'obscure counoessance.
 Cet Animal, qui devoèt tant oser,
E par ses loes an Terre disposer
Ce que Nature y avoèt sù poser,
N'etoèt pas mieus qu'antre betes sauvages,
Prenant repos, e repas, e bruvages,
Au long des boes, montagnes, e rivages.
 Bien voyoèt il au Ciel le journel cours,
Du beau Soleill, e des Astres les tours,
Qui echang'oèt les Nuiz aveq les Jours:
Il contàmploèt, par foes, a la surprise:

E iij

Louange

E d'une voés maléſée, e repriſe,
Il expoſoęt chaque choſe compriſe.
    Męs ce n'etoęt qu'ombrageus ſantimans,
Deſſous lequeZ etoęt les rudimans
D'autres ſecręz, e d'autres manimans:
Car ce pandant, la Divine Nature
Apareilloęt a cete Creature
Les Gracieus efęz de ſa facture.
    Mercure adonq an cors Humein reduit,
Comme le Tams, qui tout porte e conduit,
Reçoęt an ſoę ce que le Ciel produit,
Lui ag'anſa la Voęs, du keur extręte,
E au moyen d'une plus douſſe atręte,
Es Murs batiz lui fit prandre retręte.
    Il reprima les fieres voulontéZ
Des keurs Humeins, e leur randit domtéZ
Tous ces pleſirs Brutaus e ehontéZ:
Car la Beauté ancores n'etant qu'une,
Ceſſa pour ęle, e debat, e rancune,
Quand un chacun ſe print a ſa chacune.
    Lui, eſtimant chaque choſe a ſon pris,
E ſe voyant an deus ſexes compris,
D'une Beauté pareille fut epris.
Einſi un tams cete Amitié jumęle,
Demeura franche: e emoęt la Femęle,
Einſi que l'Homme, e lui einſi comme ęle.
    Lors ſeveilla des EſpriZ la chaleur,
E les Demons de Divin' valeur,
L'Humeine force emuręt par la leur:
Comme le Feu, quand la çandre le couvre,

Incontinant que son er on lui ouvre,
Gete alantour la splandeur qu'il recouvre.
    Lors fût counu le mal d'aveq le bien:
Les droez reçuz, montreret tien e mien:
Chacun ut soin de defandre le sien.
Les Hommes muz a divers artifices,
Firet antr'eus mutuez benefices,
E Amitiéz, e tous g'anres d'ofices.
    Adonq le Ciel, ami du g'anre Humein,
Lui anvoya ce Ternere germein,
Par un acord, se tenant par la mein.
Que ferme Amour an rond sût bien conjoindre:
Si qu'an Beaute, l'une a l'autre n'ét moindre,
Pour loyaumant les keurs ansamble epoindre.
    Tout ce qu'on voęd, tout ce qu'on dit, e fęt,
D'Euill, Langue, ou Mein, beau, facond, e parfęt,
Tient de ces Troes son nom, e son efet:
Ce sont troes Seurs, qui n'ont autre origine,
Quoę qu'a son gre chacun les imagine,
Qu'aveq le cours de la ronde Machine.
    An Aglaïe, ét dine honnęteté,
An Eufrosine, humble joyeusete,
E an Talie, ét verde gayete:
Une Beauté nue e simple eles tienet:
Leur jeune face a tout jamęs meintienet:
E a leurs diz, leurs joyeus fęz convienet.
    Ce sont les Keurs de benine Amitie,
Qui n'ont soupson, ni fard, ni mauvetie,
E sont anciers, departiz par moetie:
Proms e dispos, pour plęsir s'antrefęre:

Louange

Le bon vouloer an cet eureus afere,
Et reputé egal au satifere.
    Leur rond an danse ét einsi ordonné,
Qu'ança les deus leur visage ont tourné:
L'autre, le sien d'eles tient detourné.
Double plesir les deus Amis perçoevet:
Tout a un coup deus donnet e reçoevet,
E le bon gre tous deus iz s'antredoevet.
    Il fet bon voer deus keurs frans e antiers,
Bien s'antr'emer: e n'i faut point de tiers,
Fors quand il ét apelé voulontiers:
Qui bien souvant d'une sage antremise,
L'intancion des deus a chef à mise:
Méme à refet leur amour intermise.
    An leur circuit viret habilemant:
Car un plesir, qu'on fet facilemant,
Et estimé comme fet doublemant,
Mes an donnant, la voulonte mal promte,
Pour le bon gre, ne merite que honte:
Quand le preneur a peu de pris la comte.
    Quelque plesir, qui a regret ét fet,
N'à merité qu'on le nomme bienfet,
Ancores moins, qu'on an soèt satifet.
Les vrez bienfez a nul pris ne se vandet,
Les franches loes des Graces le defandet:
E de pur gre se donnet, e se randet.
    A l'Amitie ne vouloer s'apliquer,
Que pour profit, e guein y pratiquer,
C'ét au marché a pris fet, trafiquer:
Comme un Banquier, qui ses deniers du cofre.

Tantôt

Tantôt retire, e tantôt les r'ancofre,
Pour les baller a cil qui plus an ofre.
   Ce plesant bien, qui des Graces provient,
Et tout apart, e an rien ne convient
A celuila, qui de Fortune vient.
L'homme qui rand la somme qui ęt due,
Il ne l'à plus : męs la Grace randue,
On l'à toujjours, e tant moins ęt perdue.
   Ceus qui ont mis des Graces tous les dons
Pręs de Venus, e de ses Cupidons,
Ont abusé d'ęles e leurs guerdons:
Car tez plesirs aveq l'age pericet:
Męs les bienfęz aueq l'age floricet,
E de leur fruit la Vieillęce nourricet.
   L'age rassis, qui à vû, e ouï
Tant d'autres biens, dequęz il à jouï,
Les à toujjours, e s'an tient rejouï.
Au tams qu'Orphee, e Amphion régneret,
Desja tous meurs, les Graces anseigneret,
E les Vertuz, aus Hommes qu'iz gagneret.
   L'Ordre an Nature ut eté mal instruit,
Si lon perdoęt des Graces le bon bruit,
Lors qu'il ęt tams d'an rekeulhir le fruit.
Ces plesans dons, pour la fin se reservet,
Comme les fleurs an l'Arbre se conservet,
Dont les dous fruiz, au tams d'yver an servet.
   Que dirons nous des favorables droęz,
Des frans acors e des liens ętroęz,
Qu'ont les Neuf Seurs, uniz aveq les Troęs?
Leur Amitie loyale e debonnere,

F

Louange

Temoignet bien, que du nombre Ternere
Et procreë le Nombre Novenere.
 Vierge jeunęce ęles ont, e auront:
Leur aliance an nul tams ne se romt,
Soęt leur assiete an quarre, ou an rond.
Tous leurs desseins ansamble ęles recordet:
Leurs Chans, leurs Sons par armonie acordet,
Soęt que le Lut, ou que la Lire ancordet.
 E Apolon, qui à le souvenir
Du tams passé, e du tams à venir,
Se veùt diZieme aveq ęles tenir:
Ęles, qui sont les Filles de Memoęre,
Vont soutenant l'Honneur, la Grace, e gloęre
De ceus, auqueZ leurs eaus ęles fǫnt boęre.
 On te pęrmęt, Venus, tes beaus banqueZ,
Tes vins, tes jeus, tes danses, tes bouqueZ,
Tes paremans, tes menuZ afiqueZ:
Il n'i à homme, a tęs Graces qui nie
Une Musique, une dousse armonie,
De cleres voęs, e acors bien fournie.
 Qui aus Humeins veùt oter les desirs,
E aus Amans, les Gracieus loęsirs,
Les beaus atręZ, les derobéZ plesirs,
Qu'il ote ancor aus Astres leur lumiere,
Des Elemans la mistion premiere,
E aus Ruisseaus la source coutumiere.
 Tu as bien vù jadis boęre Caton,
Raller Socrate, e apręs lui, Platon:
Tu as donné Proserpine a Pluton:
Souz Volupte, la grand Machine plie,

De Volupté, la Nature ét ramplie:
Nule accion n'ét, sans ęle, acomplie.
　Męs les plęsirs, qui ne sont qu'amoureus,
Par le dessus, sont dous e savoureus:
Puis a la fin, amers e doloreus,
Lors que la Grace, a Fortune ét sugęte,
Ou que l'Amour, son impareill regęte,
Ou que l'un d'eus trop cherema̋t l'achęte.
　Tièn donq, Venus, tes Graces pręs de toę,
Fę̀ leur caręce, a ton ęse, a recoę:
Phebus aura les Muses avęq soę.
Des tiennes troęs, la joyęuse aparance,
Des siennes neuf, l'honnęte preferance
Ont leurs plęsirs, selon leur diferance.
　Les diz, les fęz, soęt gueiz, ou somptueus,
Ou soęt letręz, graves, ou vęrtueus,
Honnętemant sont tous voluptueus:
Męs la Vęrtu, par chere successive,
Regle l'ardeur de la joęe excessive,
E la durté de l'ame trop pansive.
　Des Voluptęz, ce liberal donneur
A otroyé a l'Homme cé bon eür,
D'an retirer le delectable honneur.
Vęrtu fęt l'Homme an vigueur tousjours vivre,
E a tout age, un antandemant livre,
De pansemans mal gracieus delivre.
　Moyens plęsirs, qu'on prand es jeunes ans,
Randet les jours de Vięillęce plęsans,
Quand on mesure aus passęz les presans.
Ęle a tousjours joyeusete pareille,

Louange

Soèt qu'au profit du publiq ęlę veille,
Ou qu'au besoin la Jeunęce conseille.
　An jouiçant de ses biens amasséz,
E fęsant part de ce qu'eḷ à assez,
Rand ses plęsirs samblables aus passéz.
De la Vęrtu avoęr montrè la trace
Aus etrangers, e a ceus de sa race,
Ęt un soulas d'incomparable grace.
　Voęla commant ceus qui jadis vivoęt,
Par la Vęrtu, les Graces ansuivoęt,
Qui de leurs dons jamęs ne les privoęt.
C'etoęt alors, que la grand' multitude
Des vices, néz de l'orde Ingratitude,
Ne les tenoęt an vilę servitude.
　Męs parapręs l'Homme, qui desaprint,
Contre les loęs des Graces antreprint,
Quand ses plęsirs hors de mesure print:
Si qu'a la fin les Keurs, qui se changeret,
Loin d'avęq eus, ces troęs Seurs etrangeret,
Qui an bien peu d'autres Keurs se rangeret.
　Amour se mit an un Keur couvoęteus,
An un Keur feint, e an un Keur douteus:
An un hardi, e puis an un honteus.
Les frans soulas adonq s'evanouiret,
Les yeus ęrrans des Amans s'eblouiret:
E tous jalous, a grand' peine jouiret.
　L'alme Venus retira dici bas
Dedans son Ciel, ses Gracieus ebaz,
Lęssant l'Amour plein d'annuiz e debaz:
L'aveugle Anfant, de ses fleches antame

des troęs Graces.

A ses sugęz le keur, le cors, e l'ame.
E plus il fuit cil qui plus le reclame.

    Il n'ęt plus tel, qu'il etoęt aus tams vieus,
Etant la Terre emee lors des Cieus :
Il etoęt nu, męs il avoęt des yeus :
Il n'avoęt point ces ęles, dont il vole
Deça dela, d'une legerte fole,
E d'une foę inconstance e frivole.

    Siecles eureus ! auquęz la loyaute
Santoęt partout sa dine Royaute,
Par la Vertu, jointe a Grace e Beaute.
Avęq leurs jours finiçoęt leur anvie,
Eureusemant contante e assouvie,
De tous bienfęz ayans orné leur vie.

    Au tams presant le plesanteur servil,
Plus le devoęr des troęs Graces fęt vil,
Plus il ęt pris pour honnęte e civil.
Il n'y à plus an ces Tęrres de Tample,
Ou leur honneur e Beaute se contample,
D'ęles par tout n'y à qu'un faus example.

    Cil qui sęt mieus mantir, an complęsant,
Sa joęe e deull a gre contrefęsant,
Le mal d'autrui męrquer, an se tęsant,
Qui sęt virer a tous vans son visage,
Sa fausse foę tourner a son usage,
Il ęt tenu an grace, pour bien sage.

    Des plus mechans on veut la grace avoęr :
D'eus tout ęt beau à ouïr, e à voęr,
Leur bravete, leur dite, leur savoęr.
Cruaute, ęt grandeur Signeuriale,

F iij

Loüanges

E pillerie, ét valeur Marciale.
Le faus samblant, ét Grace speciale.
  O grand' longueur an ce Dieu Naturant,
E (s'il pouvoęt andurer) andurant,
L'Homme a faus poęs les Vertus mesurant:
Le bien, le mal a ses moz acommode:
Rien n'ęt apoint, s'il n'ęt tout à sa mode:
Rien Gracieus, s'il ne lui ęt commode.
  Dieu pour sa gloere, à ce grand Tout parfęt,
L'Homme à pansé étre, pour autre efet,
E juge seul du droęt e tort s'ęt fęt.
Graces, Vertuz, a son gre il surnomme:
Le Tams ęt bon, e mauvęs, einsi comme
Il à pù plere, ou deplere a cet Homme.
  Tant qu'on ne peut de Nature esperer,
Fors qu'ęle veuille un autre ordre operer,
Pour de nouveau se fęre prosperer.
Einsi viendra la Pęs de grande Guęrre,
La Liberte, du grand jou, qui la sęrre,
E le bon-eur, des maleurs de la Tęrre.
  Si se voęrra combien ęt plus deçant
L'etat refęt d'un Monde tout reçant,
Que cetuici, qui ja tant vieill se sant.
Ou les Humeins, abusans de leur forces,
Ont si long tams par erreurs e detorses,
Les loęs d'Amour, e de Nature antorses.
  L'alme Beauté ęt au souverein Bien,
Qui de caduq, e de mortel n'à rien:
Tout autre Beau, prand nęssance du sien.
Ęle ęt Divine, ęle ęt Universęle,

De vrẹe Amour nourrisant l'estincẹlẹ,
Dedans le Ciel, le gardien d'icẹlẹ.

E! à ses rẹz, tout au large etanduz,
An l'Univers par Nature epanduz,
Au nombre, an l'ordre, aus lieus, e aus tams duz.

A ses Amans ẹl' ẹt toujjours presantẹ,
De passions, e de rigueurs examtẹ,
Toujjours durablẹ, infinimant plẹsantẹ.

Le grand Moteur des Ames e des Cors,
Bonte, Beaute meintient an leurs açors,
Aveq la Grace, e Amour, leurs recors.

L'eureus Esprit, s'elevant de la Tẹrre,
Par tout le Ciel agreablemant ẹrre,
Pour a plẹsir toutes les quatre y quẹrre.

E lui etant par son instinct atrẹt
An ce haut lieu, du quel il ẹt extrẹt,
De ce grand Tout admire le protrẹt.

Quẹ peùt il mieus, pour avoẹr la vang'ance
De cete ingrate e deshonnẹte ang'ance,
Que d'implorer la Celeste alẹyance?

Il voẹd ce Beau, de Dieu tout sepuisant,
Es grans Demons an sa dex tabuisant,
E de resons, les Ames instruisant,
Toute Matiere, an Forme sienne mée,
Toute Sustance, an propre lieu bournee,
E juste regle aus Mouvemans donnee.

An ce Beau Tout se va incorporant,
Du grand Esprit les beautez adorant,
E de ces dons a plein se decorant.

Afin qu'ayant an Tẹrre fẹt desçantẹ,

Louange

E revenû dedans son cors, il sante
Des memes dons la memoere reçante.
  Dieu, de toûs biens, e de Graces auteur,
Dieu, qui es plein d'eternele hauteur,
De l'Univers universel moteur,
Otroée Grâce aus Graces, que je voûe
A ta Grandeur, e le los an avoûe,
Car les louant, c'êt toę seul que je loûe.

Fin des troęs Graces.

Louange de l'Honneur.

Au Signeur Scevole de Seintemarte.

Onore moe, Muse de valeur grande,
De tes seins dons, afin que je les rande
Dessus l'autel de cęle, a qui je doę
Ce qui ęt mien, e ce qui vient de toę.
Li cet Ecrit, Scevole, ami des Muses,
Qui de leurs dons, e de leurs graces uses:
Einsi ton keur, par vertu s'eforçant,
Alle toujours a Honneur te haussant:
Je di l'Honneur, plein de mageste sacre,
Qui a Vertu se donne e se consacre:
Honneur, qui męt tous desirs a refus,
S'iz ne lui sont par la Vertu infus:
Honneur, qui fuit des faveurs la rancontre,
Sinon qu'a point la Vertu les lui montre.
C'ęt le beau Rond, la vie anvironnant,
C'ęt le Rameau les beaus fęz couronnant,
De l'Arbre droęt, qui a son fęs resiste,
Dû a celui, qui andure e persiste.
L'Honneur, qui ęt ami de Verite,
Suit seulemant ceus qui l'ont merite:
Plus abondant, d'autant qu'il ęt plus rare,
Plus ample, autant qu'a soę seul se compare.

G

Louange

C'ét cele riche, e perdurable part,
Que l'Homme amporte aveq soę, quand il part:
Cét celuila, qui a bien fęre incite
L'Homme remis, e le keur lui excite:
E sans lequel, onq ne fût antrepris
Acte, qui fût de louange e de pris.
An un seul fęt, son merite il ne pose,
De bien an mieus toussjours il se dispose:
Il aquiert force, alant par mons e vaus,
De grand' ardeur, oubliant ses travaus:
Il ne tient rien de la Fame legere,
Qui a mantir, e controuver s'ingere:
Il la resserre, e la tient an compas:
Il lui modere, e mesure ses pas:
Il ne creint rien les yeus, dont ęle veille,
Eins pour mieus voęr, souvant il la reveille:
E s'ęle faut, il le luy fęt santir,
De son ęrreur la fesant repantir:
Tant de couleurs, e plumes bigarrees,
Tant de moz feinz, e de voęs egarees,
Il les reforme, e si bien les reteint,
Qu'il leur fęt prandre autre ęr, e autre teint:
Sa tęte haute anfermee an la Nue,
Il la decouvre, e fęt voęr toute nue:
E de la Gloęre a cler mèt la hauteur,
Fesant par tout counoętre son Auteur.
Que si par foęs ęle se dissimule,
Il la chatie, e sans fin la stimule:
Tant qu'au moyen, e mętrise du Tams,
Les fęz e diz de l'Homme sont patans.

Il se tient loin de la tourbe publique:
Il ne và point par une voee oblique:
Mes avisant son haut signal drecé,
Il y tient l'euil fermemant adrecé.
　An lieu oeseus james il ne sejourne:
Il n'ét danger, qui a part le detourne:
Ses contandans, plus sont impetueus,
Plus se rand fort, plus se rand vertueus.
Il ét contant que tous ceus-la, qui tienet
Méme chemin, a méme but parvienet:
C'ét ce qui plus lui alume le keur,
A se montrer ou egal, ou veinqueur.
Comme au Miroer, la face se contample,
Einsi Vertu se mire dans l'Example:
Il n'y à rien, qui an toute accion
Incite plus, que l'emulacion.
Le courageus Tesee, voulùt suivre
Le preus Hercule, e ses valeurs ansuivre:
E Temistocle, aus fez se conforma
De Milciade, e les siens reforma.
Les pris d'Honneur ne font point defallance,
Pour couronner d'un chacun la vallance:
Ce Rameau d'or, s'il ét pris de quelquun,
Tousjours renét, bien qu'il n'y an ét qu'un.
　Le Vertueus se bàtit sa Fortune,
D'une an fet çant, e de çant an fet une:
S'ele s'an fuit, il ne court point aprés:
Mes de sa garde il se tient tousjours prés:
Si ele donne, ou ote a l'impourvuë,
Tout lui ét un: ou quele soèt sans vuë,

Louange

Chauve derriere, ou chevelue au front,
Tenant le pie deſſus un billot rond.
Du bon Pilote il anſuit la ſciance,
Qui par ſon art, e longue experiance,
Contre les Vans ſon navire regit,
Si bien, qu'an fin a bon port il ſurgit.
Prenéz Vertu, comme un cors Hexaedre,
Ou la prenéz, comme le Tetraedre,
Qui an tous ſans, qu'il ſoèt mis, ou geté,
Ne peut tomber, que ſur ſa fermeté.
   Le Soleill fèt a tous voèr ſa lumiere,
Le Feu, ſantir ſa chaleur coutumiere:
E la Vertu, tire confeſſion
De tous humeins, pour ſa perfeccion.
D'ęle, mętreſſe a nule comparable,
L'Honneur touſjours ſe trouve inſeparable:
Aus bons, ſe fèt emer e deſirer,
E aus mauvęs, ſe creindre e admirer.
   Il fèt ancor, par etude ſongneuſe,
Crever de deüll l'Anvie dedeigneuſe,
Vieille nourrie es tenebreus manoęrs,
Le teint plombé, les yeus hideus e noęrs,
Grinſant les dans, pręte a pleurer, ou rire
Du mal ou bien, qu'ęl' voęd ou antand dire:
Au keur ſe ronge, e ſes Serpans maſchant,
V'à ſon venin de rancune crachant.
   An ſerre il tient la depiteuſe Lice,
Lui combatant ſa heineuſe malice:
Aus douleurs d'ęle, einſi ſe compleſant,
Comme dans ſoę ſe plęt, an bien feſant.

de l'Honneur.

Il ét bien vrei, qu' an cete ardue voę,
Le vant par foęs l'arréte, e le r'anvoę:
Mes ce haut pris, qui vient a le ravir,
Le fét vouloęr jusqu'au fęte gravir.
E lors que plus dessus lui on regarde,
Tant plus se doęt tenir dessus sa garde:
Car les bienfęz, qui n'à keur e avis,
Sont d'une ofanse anlevéz, e raviz:
E comme un Lęt, rien tant soęt peu, n'andure
D'egre, d'amer, de noęrceur, ni d'ordure,
Einsi l'Honneur, creintif d'étre antamé,
Ęt eśemant d'un forfęt difamé.
La Chaste honte, une foęs ecoulee,
E une Foę, rompue, ou violee,
E le Soudart, fui par laschete,
Portet par tout leur deshonnętete.
  L'un des dangers, qui porte plus de heine,
E aveq soę plus de maleurs ancheine,
Tout a l'amblee, e brief dont le seul nom
Donne a panser a l'homme de renom,
Ç'ét la treitresse, e caute Calonnie,
De faus temoins, autour de soę fournie,
Courrous, Rancune, Anvie, Inimitie:
Dont tant plus grieve an ét la mauvętie,
Que plus an ét la surprise latante.
Par faus visage e parole, ęle tante
L'homme innoçant, pour sayęr son dessein,
Qu'ęle récuit, e deguise an son sein:
E puis ayant sa poęson bien mélee,
An aguisant sa langue amięlee,

G iij

Louange

Vient abruver l'ecoutant a couvert,
Qui tout oeseus, tient l'oreille a l'ouvert.
Acompagné de Croyance legere,
E d'Ignorance: a qui cete Megere
Soudein imprime un soupson fans e vein,
Qui fęt anfler, einsi comme un Levein,
La pate an mèt, dans le keur qu'el' anflamme
D'un dous apát, melé de froęd e flamme :
E peu a peu, le maltalant reçû,
De bouche an bouche anviellit, au deſſû
De celuila, qui n'à qu'an son abſance,
Antre soutien, que sa pure innoçance ;
Qui s'aſſurant dedans soę, e de soę,
Et reculee, eins que savoęr de quoę.
   Męs a la fin, la fęrme Paciance,
Cloſe au dedans du mur de Conſciance,
Obtient du Ciel, ou el' à son recours,
La Verite, a son eide e secours.
Verite pure, a qui la voęę droęte,
Seule conduit, souvant longue e etroęte,
Męs qui au bout fęt trouver les sejours
Clęrs e pleſans, e qui durę̀t tousjours.
La Fauſſete, à des chemins sans nombre,
Męs conduiſans dedans les lieus d'ancombre,
Tous epineus, obſcurs, pleins de detours,
N'ayans repos, aſſiete, ni retours.
   Sur toute choſe, il faut que l'Homme aviſe,
Quel degre tient cet Honneur, ou il viſe,
Il n'i à rien, qui ęt plus grand besoin
De jugemant, aveq labeur e soin.

de l'Honneur.

Il ne faut point que son apui il fiche,
Sur être beau, sur être fort, ou riche.
De lui ne soęt les moyens eprouvez,
Qui sont ancor es vicieus trouvez.
Assez Vertu ęt riche, forte, e bęle,
Sans que d'alleurs un secours ęl' apęle.
Ęl' à des dons, qui ne sont corporez :
Ęl' à des biens, qui ne sont tamporez.
Urei ęt, s'il à ces graces favorables,
Que plus an sont ses actes honorables :
Pourvù qu'il ęt ce desir qui l'epoint,
Comme il auroęt, s'il ne les avoęt point.
Souvant Beauté, souvant Richęce, e Force,
Ont folémant de l'Honneur ses divorces :
E peu a peu alans a l'abandon,
Se sont aquis deshonneur, pour guerdon.
   Souvant ancor' par un forfęt se blęce
Cela qu'il tient an gage de Noblęce,
Quand lui etant au cours, pour se hausser,
D'un fęt honteus vient son honneur fausser.
La Renommee adonq son cours devire,
Qui va suivant la Bise pour Zéfire :
E lęssant choęr tout le fęs amassé,
Charge une honte, au lieu du los passé.
O quele angoęsse ! a qui s'ira il randre,
Pour du chemin son adręce repranre ?
Autour de soę, mile santiers il voęd,
Tous detournez de celui qu'il suivoęt.
Il à perdù, pour de nuit se conduire,
Le cler Flambeau qui lui souloęt reluire.

Louange

O qu'il aura de chemins a r'antrer,
Eins que le sien il puisse rancontrer?
O qu'il à bien, par un tret de sa vie,
Donné grand' joee a la maline Anvie?
Quel grand annui, e chagrin il à mis
Dedans les keurs de ses plus urez amis?
Son bon Esprit, son Genie propice,
L'à delesse, comme an un precipice:
Toujjours lui ét, an cet etat douteus,
Tard le mourir, e le vivre honteus.
Quel deshonneur, de retourner arriere?
Lui qui etoèt des premiers an carriere:
Ou par le cours des roues s'echaufant,
Se prometoèt de se voer trionfant.
Une vergongne a desespoer l'irrite,
Quand lui souvient de son grand demerite.
Mieus lui seroèt, n'avoèr rien antrepris:
Le los perdù, augmante le mepris.
Tout eploré, tout desolé, il erre
Par les detours d'une deserte terre,
Il n'ose plus a l'er se retirer,
Devant les yeus, qui souloèt l'admirer.

E toutefoes, si Nature metresse
L'à ancliné, par une cureuse adresse,
A se connoètre, e se racoutumer,
Il pourra lors sa vigueur r'alumer:
Car c'ét adonq, que la force naïve
A fèt rantrer au keur la chaleur vive,
Soèt que l'Ami lui soèt un preceptent,
L'Example, ou Tams, des erreurs correcteurs.

Dont

de l'Honneur.

Dont la Vertu, pouſſee par la honte,
Et deſormęs plus vigoureuſe e promte:
Comme a l'Oęſeau la plume, qui renęt,
Fęt que plus guęy, e plus l'eger an ęt.
E comme au tams froędureus, la Couleuvre
Dedans ſon creus, mal-nourrie, ſe kęuvre,
Puis ayant mis ſa vieillęce dehors,
Au chaud Soleill, toute jeune de cors,
Se drece haute, e ſon col antortille,
E de ſa langue a troęs pointes fretille:
Tout einſi l'Homme, an keur ſe rele vant,
Se montre au jour, fęrme comme devant:
Le long panſer, e vigilance caute
L'ont exercé a connoętre ſa faute,
E au dedans lui ont le feu remis,
Pour fęre tęte a tous ſes annęmis.
  Or quant a ceus, qui ſous titre de race,
Leur force font egale a leur audace,
Comme l'Honneur iz ont abandonné,
Einſi l'Honneur, conge leur a donné:
L'Homme qui ęt de race e lieu inſine,
S'il fęt un cas, de ſa Noblęce indine,
Soęt d'un keur laſche, ou de temerite,
Dine ſe rand d'être desheriteé.
Les Nobles neZ, ſ'iz n'ont an eus vallance,
Honnętete, douſſeur, e bien veullance,
Doęvęt a ceus, qui ont teles vęrtuZ,
Quiter l'habit, dont iz ſont revętuZ.
Męs ceus qui n'ont ni adrece, ni trace
Au but d'Honneur, ſ'iz tombęt an diſgrace,

H

Iz ont assez de peine devant eus,
Qu'an leur grand' honte, iz ne sont point honteus.
Le Dieu qui fęt aus Hommes sa largece,
Bien raremant à parti la Sagece,
E le Savoęr, conjoint avęq Bontę,
Vreiz instrumans de sa grand' voulonte.
L'homme qui veùt, e qui peùt bien counoętre
Les dons d'Honneur, pour les garder e croętre,
Se peùt bien dire ętre du Ciel songnę,
Se connoęssant du Vulguere elongnę.
    E antre tous, sont dines que l'on prise,
Ceus qui font bien de leur propre antreprise,
E que Vęrtu à pourvù de valeurs,
Pour le chemin ouvrir eus mémè aus leurs:
Dine Vęrtu, qui de sa clęrtę bęle,
Tous ses suivans ilustre, e les apęle
A aquerir un plus noble renom,
Que ne portoęt de leurs majeurs le nom.
    Ici seroęt e long é dificile,
A recourir les ouvrages, que file
Le Tams sans fin, e a dire commant
Les Races vont de momant an momant,
Vienet au jour, s'avancet, e s'achevet,
E an leur tour, se bęsset, e se levet:
O combien sont les courages eureus,
Quand le cler nom se commance par eus!
E combien loin de l'Honneur se bannicet,
Ceus la, par qui leurs beaus titres finicet,
E bien souvant il ne s'an trouve qu'un,
Qui an sa race ęt ù renom aucun.

Si quelquefoęs la Jeunęce ęt ancore
Au pie du Mont, qu'erig' à Pitagore,
Ęl' à beſoin d'un expęrt adręcęur,
Qui des deus buz lui montre le plus ſeur,
Bien cureuſe ęt l'Indolę qui doęt croętre,
Trouvant celui, qui la facę paroętre,
An lui feſant, quand bien ęl' ne voudroęt,
Prandre le trein, qui lui ęt le plus droęt.

    L'Honneur que l'Homme eſpere de la Guęrre,
N'ęt le plus haut, pourtant, qu'il puiſſe aquęrre,
Bien ęt ſugęt le merite à rigueur,
Qui cęſſe au tams que Guęrre n'à vigueur.
Faſcheus Honneur, qui tant d'Honneurs dechacę,
Qu'au tams de Pęs l'homme de bien pourchacę:
Qui aus Vęrtuz fęt pęrdre le vrei lieu,
Qui fęt cęſſer celui qu'on doęt à Dieu:
Ou plus ſouvant la paſſion commande,
Qui la vang'ance, à tort ou droęt, demande.
E qui plus ęt, de la Vęrtu de çant,
Un homme ſeul l'Honneur è titrę an ſanti
De tant de mil, que menoęt Alexandre,
La Rénommée ęt couvęrte an la çandre:
E de tous ceus par qui Céſar vainquit,
Nul, fors que lui, la gloęre n'an aquit.

    E toutefoęs, ſi les longues Hiſtoęres,
Ont leur matiere an Guęrres è Victoęres,
Si les Sugęz des Poëtes ſinguliers,
Sont les combaz des vallans Chevaliers,
E ſi au tams de la Guęrre on evite
Tant d'autres mauz, ou la parece invite,

H ij

Louange

S'ęlę secout du jou la grand durté,
S'ęlę meintient la Patrię an surté,
Si les bontez an la Tęrre reluiset,
Les oposant aus contręres qui nuiset,
E s'il n'y à que le Dieu tout sachant,
Qui juge au vrei le bon e le mechant,
Brief, si la Pęs a Mars ouvre la porte,
E si Mars męme a la fin la raporte,
Etant chacun, de l'autre moyenneur :
Lęssons ancor aus Armes leur honneur,
Non pas au moins, a ces Civiles guęrres,
Ire du Ciel, e misere des Tęrres :
Qui ont les Roęs, e les Etaz defęx,
Par la grandeur, pliant dęssouz son fęs,
Qui le pouvoęr d'Atenęs terminęret,
Qui la Cité de Tebes ruinęret,
Lacedemonę, e autres Peuples meins,
E a la fin, les trionfans Rommeins.
    C'ęt bien le fęt d'une fureur terrible,
De chercher bruit par voęę si horrible :
Que de n'avoęr d'honneur plus grans moyens,
Qu'an la ruine, e mort des Citayens,
Ou ce Rommein, veincu par sa Victoęre,
S'osa donner d'Eureus le nom e gloęrę,
O faus Honneur, e mal interpreté,
Aus tams futurs pour difame apręté,
Mémę aus proscriz la Sorte fut meilleure,
Qu'au Proscripteur, apres la dernięrę heure;
Car d'eus, au fort, le monde avoęt pitię,
A lui, chacun porta inimitié,

E fût trop plus ſa fin calamiteuſe,
Que de ceus la, dont la mort fût piteuſe :
Son cors ſans fin ſoęmęme ſe mang'ant,
Qui s'ang'androęt ſon ſuplice vang'ant.
  Ceſar veinqueur des puiſſances Galiques,
Qui deploya tant d'anſeignes beliques,
Ayant veincù ſon Peuple deſuni,
Du ſang Civil, an ſon ſang fût puni.
  An ces diſcors, tout ſe fęt par ſurpriſe,
E le plus treitre, ęt cil que plus on priſe :
De ce qu'on fęt, e les jours, e les nuiz,
On à touſjours les vangeurs a ſon huis :
Dans męmes murs s'antrefont les alarmes,
Les combatans de męme nom, e d'armes :
E peu a peu periçans les plus fors,
Lęſſet les leurs, proęe a ceus de dehors.
  Qu'il garde bien auſſi, que l'inſolance
A ſa vertu ne face violance :
Il n'ęt rien plus a l'Honneur perilleus,
Qu'an ſon bon-eur devenir orgueilleus :
E comme on voęd un Etang qui abonde,
Se deborder, qui ne lęve la bonde :
Einſi trop d'eur, l'Homme vient aveugler,
Qui ne le ſet moderemant regler.
  Alors qu'Hector, egarè an ſa gloęre,
De ſon ami l'avis ne voulant croęre,
Ancontre Achile antrer an camp oſa,
Ruine aus ſiens, a ſoę la mort cauſa.
  Ce Roę Perſan, aveq toute ſa ſuite,
Fût hors d'Aſie, a honte, mis an fuite :

H iij

Louange

Lui qui couvroèt les pleines e les chams,
De ses Soudars, an bataille marchans.
Chacun se deût, que de ce grand Pompee,
La confiance a la fin fut trompee.
E Pausanie, elevé an son eur,
Tard repantant, perdit vie e Honneur.

    E sans que trop aus vieus tams je m'elongne,
Cil qui florit n'aguere an sa Bourgougne,
E qui aus Roès long tams pareill se fit,
Par trop de gloere, a coup fut deconfit:
Charles Gantoes, tant celebre an notr'age,
Fit sur sa fin a sa Fortune outrage:
Quand de ses fèz les beaus titres passéz
Par les derniers furet presque esacéz.

    Bien faut panser an l'Honorable afere,
Ce qu'on à fèt, e ce que lon doèt fere:
L'Homme doèt bien avoèr l'esprit acort,
Pour du passè au presant fere acord.
A bien garder son eureuse conquête,
Ne faut moins d'eur, qu'alors qu'on fèt la quête.
De la vallance an tams meurit le bruit,
Ne plus ne moins qu'an un Arbre le fruit.
E qui par trop la Fortune provoque,
Ele, qui joue, e qui de tout se moque,
Prand sur Vertu, a qui bon euïl n'i tient,
Plus grande part, qu'il ne lui apartient:
Mieus vaut lèsser les exploèz a Jeunece,
Que de vouloèr rajeunir sa prouèce:
Car le Soleill, qui ét Oriental,
Et adorè, plus que l'Occidantal.

de l'Honneur.

Aus survenans l'homme sage fęt place,
Alors qu'il sant amoindrir son espace.
Que s'iz font bien, comme lui sont fameus:
E s'iz font mal, il n'à pas fęt comm' eus.

Voęla pourquoę cet Honneur ęt si tandre,
Voęla commant la fin se fęt atandre:
Laquele samble au bon Juge eprouvè,
Qui rand le droęt, einsi qu'il l'à trouvè:
Aus fęz Humeins, chaque jour qui succede,
Ęt repondant de celui qui precede:
Męs celuila, qui de tous dernier ęt,
V à decidant de tous, par son arręt.

Il n'ęt pourtant, vigilance si caute,
Qui puisse voęr, ou fuir toute faute:
Le Ciel a l'Homme un si grand don n'à fęt,
D'avoęr son los de tous ses poins parfęt:
Les fors Rommeins, dedans leur Italie,
Furet rompùz a Cannes, e Alię:
Presque Cesar a Dirrache perdit
Anvęrs Fortune, es Armes son credit.
E Temistocle, avęques sa prudance,
Aus tams presans, aus futurs providance,
Fùt, non-ostant, an tel desastre vù,
Qu'il n'ùt etè, s'il ùt bien tout prevù.
Le vertueus Sęrtoęrę, n'ùt puissance
De prevenir des treitres la nuisance.
Charles traï, an un jour maleureus,
Perdit Roland, e ses plus valeureus.

Si ęt il bon quelque foęs, qu'il aviene
Un antredeus, qui Fortune soutiene,

Louange

Fortune, an mal, ou an prosperite,
Ne tenant rien de mediocrite:
Sans que Vertu, qui n'à rien qui excede,
Pour la guider, sagemant la precede.
C'ét la Vertu, qui au tams de rigueur,
Plus vivemant eprouve sa vigueur:
C'ét celela, que l'Homme se propose,
Sans que profit, ou puissance l'impose,
L'Homme bien nè, se montre tamperant,
Sans autre bien qu'il an soèt esperant:
A devenir tranquile e unanime,
A se montrer constant e magnanime,
E n'avoèr peur de mort, ni de danger,
La Vertu seule, ét pour nous y ranger.
L'Homme se plét à être Charitable,
Ami des bons, fidele, e veritable:
Y apliquant sa franche voulonte,
Pour le regard de la seule bonte.
  E n'ét assez, qu'a tuer il ne songe,
N'être larron, ou ne dire mansonge:
Il faut plus fere, il faut executer,
Pour Vertueus se fere reputer.
Qui n'ét mechant, ni des mechans complice,
Il ét payè, evitant le suplice.
Qui par feintise, ou par creinte fèt bien,
N'à merité los, ni grace, ni rien.
  Pire ét celui, qui croèt, quand il devise
De la Vertu, que cela lui sufise.
Se montrer promt, plus fere, e moins parler,
C'ét ce qui fèt au but d'Honneur aler.

Par

de l'Honneur.

Par ce moyen, le Tams, qui tout avere,
Fèt être tel, celui qui persevere,
Qui fuit le mal, e mèt tout son soulas
A fère bien, e james n'an èt las.

Einsi le camp a la Vertu demeure,
Conter l'Anvie, atant que l'Homme meure :
Alors ce Monstre, an keur se dessirant,
D'ire e depit, le mort va desirant.
Èl' le regrete, e le souhète an vie,
Ce samble, afin qu'ancor el' le r'anvie :
Tant ele veut les defuns estimer,
Pour toujours plus les vivans deprimer.

Mès la Vertu, qui an soę prand adonques
Certein pouvoęr, plus grand, qu'ele n'ùt onques,
Erige au sien sur un sacrè Autel,
An lieu de tombe, un Trofee immortel :
Duquel resort une constante Fame,
Qui par le Monde au large le proclame :
E au milieu de l'Univers etant,
Par le grand tour ses lignes el' etand.

Sortez, mes Vers, par la fameuse porte,
Portant au loin cet Honneur qui vous porte,
A fin que plus vous soiéz decorez,
Par celuila, que tant vous honorez.

Fin de l'Honneur.

Loüange du Fourmi.

Au Signeur Françoes Delacoudree,
de Pontivi an Bretagne.

Vs, il convient, Muse, que tu detreuyrès
De la Nature un des plus beaus Che-deuvrès:
C'ét le Fourmi, songneuse providant,
Ou el'à mis un soin tout evidant:
Car n'ayant fèt an la petite bête
Gueres plus grand tout le cors que la tête,
El'à voulù, hors e dans la meson,
Qu'il fût example a l'Homme de reson.
    Toute sa cure, e labeur il aplique,
Non point pour soę, męs pour la Republique:
Il ęt si promt, si actif, e vallant,
Qu'un demi an, ne vit qu'an travallant:
E a le voęr, il samble que l'Annee
Ne soęt pour lui, qu'une seule Journee:
Dont tout l'Ete, fęt un Solere jour,
E tout l'Yver, une nuit de sejour.
Comme a ceusla, qui vivet sous l'Arctique
(Si quelque g'ant an ces Glaces pratique)
Sus l'Horizon sis Sines le Jour font:
Les autres sis, sous terre toujours vont.

du Fourmi.

Mémε de nuit, etant pleine la Lune,
Et au labeur, e cęſſe a l'Interlune.
Bien doęt il être annemi de repos,
Quand jour e nuit au travall ęt diſpos:
E la Nature, an lui la dilig'ance,
A meſurée au pris de l'indig'ance:
Car an prenant un ſoin continuel,
Se tient contant du profit annuel:
Il ne lui Ehaut, qu'aveques l'An finiçe
Le bien qu'il à, pourvû qu'il y fourniçe:
Fourmi bien né, qui tant du Soleill tient,
Qu'au cours de lui, e reçours ſe meintient.

De quel labeur, durant la Nuit ſereine,
La troupe fęt ſa loge ſouterrene?
Dont au matin on voęd les monçeaus rons,
Qu'iz ont tiréz aveq leurs bequerons:
Ores a part, ores an bande il erre,
Par les païs eloŋnéz de ſa terre,
E an errant, des ſiens il lui ſouvient,
E plus expert au païs il ſe vient.

Sans ſe laſſer, ces Pietons tant cheminet,
Que les herbis, e les pierres iz minet:
Les lons ſantiers traçans, e retraçans,
Tant qu'iz an font leurs grans chemins paſſans.
Tout ſ'acomplit, tant ſoęt la choſe ardue,
Par force non, mes par peine aſſidue:
Einſi que l'eau, goute a goute lavant
Le dur callou, an fin le vient cavant.

Les uns, tandis que leurs compeins beſongnet
A la meſon, aus chams les vivres ſongnet:

F ij

Louange

Par les chemins les autres se tenans,
Pour rancontrer ceus de loin revenans.
De leur voiage ansamble se guermantet,
De leur amploęte an fuęre iz parlementęt,
Pour menager, e an ordre tenir
Le Magazin de tout l'an a venir.
An leur travall s'antredonnęt courage,
E le plus fręs son compagnon soulage.

Qui n'an prandra merveulle, étant retors
De si grand force an un si petit cors?
Qui bien souvant tele charge se donne,
Qu'ęl monte plus troęs foęs, que sa personne?
Que si le fęs ét trop fort pour l'un d'eus,
Iz ont l'avis de s'y amployer deus:
L'un tire a soę, l'autre an poussant s'eforce,
Tant qu'a la fin, iz an gagnęt de force.
L'un le fardeau de l'epaule soutient,
Tandis que l'autre, an mordans ferme tient.

On jugeroęt, que cete Creature
Ut quelque angin, plus que de la Nature,
E un esprit a doctrine incité,
Par un instinct de la Necessité:
Car quand iz sont de vers la feson haute,
Que le Grenier s'ampire, ou leur fęt faute,
E qu'au Soleill, le tuyau jaunisant,
Porte le grein an l'epi meurisant,
Un jour choęsi, soudein que vient paroętre
L'Aube, qui fęt les Astres decounoętre,
Le Peuple etant toujjours an accion,
Ses g'ans de pię anvoęę an faccion.

Lors par les chams marche la noere troupe,
Qui antreprand d'aler ferè la coupe
De la Foręt : e avise à loęsir
Les plus beaus pięz, qu'il lui convient choęsir:
Vous la voęrriéz au tour ambesongnee,
Aveq le bęc, qui lui sert de congnee,
Mordre e ronger : e qui ne cęsse pas,
Qu'ęle n'ęt mis ces hauz Arbres a-bas.
Comme lon voęd la bande païsane,
Qui sur le Mont aveq haches ahane
A detrancher le Chęne, dont le haut,
E le branchage, a qui le pie defaut,
Tramble ebranle : e son fęs, qui l'amporte,
Aveques soę, aval sa chute aporte.
   Adonq au large iz batet les santiers,
Portans au bęc les beaus greins tous antiers:
E ce pandant, jamęs ne les etuyet,
Qu'au beau Soleill premier ne les essuyet.
Puis iz les vont bien briséz anfermer,
Pour les garder souz terre de germer.
   Or an voyant cete bande Civile,
Comme ęle vit aus chams, e a la Vile,
Malęsemant peūt ętre discęrnę
L'Etat d'antr' eus, comme il ęt gouverné.
On counoęt bien, qu'il n'ęt pas magnifique,
On voęd ancor' comme il ęt pacifique:
Męs on ne sęt, s'il ęt Democratiq,
S'il ęt Royal, ou Aristocratiq:
On n'y voęd point, qu'une haute pęrsonne:
Plus dinemant se brave, ou se façonne,

F iij

Louange

Ni que la g'ant d'alet ou de retour,
An respecte un, ou se tiene alantour:
On ne voęd point que charges il leur balle,
Ou que souz lui iz marchet an bataille,
Pourquoę aussi? cès Animaus g'antiz,
James ne sont a discorde antantiz:
On ne les voęd ni ansamble avoęr guęrre,
Ni contre ceus qui sont près de leur tęrre.
 Qu'an ęt il donq? que leur frugalité
Face qu'iz soęt tous en equalité?
Non: leur ctat, si providammant libre,
Ne pęrmęt point qu'iz soęt tous d'un calibre:
Nature veut les uns fęre exceler,
E les menuz aveq les grans mêler:
Les uns d'antre eus sus les portes se tienet,
Pour recevoęr le fęs de ceus qui vienet:
Les autres sont aus ęles, sans porter,
Ayans le soin de chacun anhorter:
Une partie, a la męson gouverne
Les alimans sęrrez dans la caverne.
 Ce sont les Loęs, auqueles ęt soumis
L'Etat publiq des vigilans Fourmiz:
Soęt que le seul naturel les induise,
Ou qu'un motif, par quelque art les conduise.
 Que s'il n'y à Chef, ni Principauté
Pour les regir, que la Communauté,
C'ęt un grand cas, qu'an multitude egale,
Se voęe un ordre, e vie si Legale.
L'Homme tandis, qui le tout aperçoęt,
De honte plus, que d'example an reçoęt:

Cete Reson, dont l'Homme tant s'eleve,
Et celela souvant, qui plus le greve:
Il n'à jamęs a un but aspirè,
Tant fut il bon, qu'il ne l'ęt ampirè:
Le franc Parler à mis a manterie,
De la Sciance, an à fęt vanterie,
L'Honneur à mis a veine ambicion,
La Piete, a supersticion.
Brief, toute grace, ou donnee, ou aquise,
Il l'à voulù pervertir a sa guise:
Il à l'Esprit, qui penetre des yeus
Toute la Terre, e monte jusqu'aus Cieus:
Męs bien souvant tant de choses qu'il brace,
Lui font lęsser tout le fęs qu'il ambrace:
Plus de resons il cuide être pourvù,
Plus à besoin de ce qu'il n'à point vù.
Ses grans discours, lui montrèt a se pleindre,
A soupsonner, a couvoęter, a creindre:
E ce pandant, les Brutiz animaus
Ne sont sugęz a ce grand tas de maus:
Iz n'ont besoin, e a rien ne se meuvęt,
Fors a cela que leurs Natures pęuvęt:
Ce qui leur duit, tousjours leur an souvient,
Ne veulęt rien, que ce qui leur convient:
L'instinct suffit, pour au bien les atrere:
Sufit ancor, pour du mal les distrere.
Męs l'Homme aveugle an sa grande clęrte,
E prisonnier an sa grand' liberte,
Par sa Reson, ęt tout deresonnable,
E an son droęt, il se rand condamnable:

Louange.

Quand ce qui ęt mechant, c'ęt ce qu'il fuìt:
E ce qui ęt meilleur, c'ęt ce qu'il fuit,
Si tu ne veùz, Homme, dedans toę prandre
Ce qui te pèut contant e eureus randre,
Ueulles au moins regir ton apetit,
Par ce Fourmi, si fręle e si petit,
Ce Bestion, au tams d'Ete amaſſe,
L'Yvęr peſible an jouïçance il paſſę:
Tousjours l'Avare, ęt comme il à etè,
Printams, Yvęr, e Autonne, e Eté.
Il meurt de soin: e tout ce qu'il aſſamble,
An le cachant, lui męme a soę il l'amble:
E ce qu'il à, lui ęt auſſi a point,
Comme ęt cela, que du tout il n'à point.
   Or ces Fourmiz, comme iz vienęt an age,
Croeſſet d'etat, de famille, e menage:
Ayant le Peuple un plus grand manimant,
Requiert auſſi un plus grand batimant:
Iz vont creuſant an paſſages obliques,
Leurs carrefours, e aleés publiques,
De ce qui ſort de leur terrier parfond,
Un grand relief par deſſus tęrre an font:
Le garniçant de buſches, pour defanſes,
Ancontre l'Er, e toutes ſes ofanſes.
   Que troęs cartiers la bàs tienęt batíz,
Qui soęt pour troęs ſervices departíz,
L'un, pour celui ou iz vivęt anſamble:
Puis le ſecond, ou leur Grenier s'aſſamble:
Le tiers, ou ſont les cors mors inhuméz,
Je ne les croę si mal acoùtuméz,

du Fourmi.

Que les vivans auprès des mors demeuret:
Męs que dehors iz portet ceus qui meuret,
Pour nętoyer toute leur region
De puanteur, e de contagion.
Or quoę que soęt, tout ce qu'iz font, doęt plere
A l'Homme nè, e seruir d'examplere.
 Quand le Soleill doęt fęre un jour serein,
Des le matin, a l'ęr tiret le grein,
Pour dessecher la moęte fourniture,
Qui autremant iroęt a pourriture.
C'ęt un grand cas, que ce Fourmi presant,
Le tams e l'ęr, qui lui ęt plus deçant.
Souvant leurs euz moętes des creuz iz sortet,
E au Soleill, pour sécher, les aportet:
Puis tôt aprés, au changemant de tams,
Qu'iz ont prevù, les retournet dedans.
 Le Fourmi, ęt des Arbres la ruine,
Pire, que n'ęt la gelee, ou bruine:
S'il y à fleur, la vigueur an tarit:
S'il y à fruit, la saveur an perit:
E de venin sa morsure confite,
Fęt qu'a la fin l'Arbre plus ne profite.
Bien doęt il ętre aus Arbrisseaus nuisant,
Quand les pięrriz il và amenuisant.
Il n'y à chose au monde, qui tant plese,
Qu'aveques soę n'aporte son malese:
Męs quoę qu'il ęt de nuire le pouvoęr,
L'Homme à aussi le moyen d'i pourvoęr:
La Chau, la croęe, e çandre amonçelee,
E l'hęrbe ancor' du Soleill apelee,

E toute amere, ou huileuſe onccion,
Fourmi piquant, ſont ta deſtruccion.
    Non ſans miracle, à mis Nature ſage
Si grande force an ſi petit corſage:
Quand d'un filęt ſi gręlę e delię,
Et tout le cors a la tęte lię:
Sa force gít au ſerrer, e au mordre:
De chaque flanc, il à troęs pięʒ an ordrę,
Deus cornichons droęʒ an long élevant,
Pour ſe garder du heurt, ſur le devant:
Il và e vient, e traverſe ſans peine,
Auſſi diſpos contremont, qu'an la pleine:
Par les chemins raboteus, e malfęʒ,
Etant chargè, n'abandonne ſon fęs.
    Ces Animaus, qui ſamblęt ridiculęs,
Ont neantmoins leurs juſtes particules:
Anatomie ouverte au ſeul ſavoęr
De cęlęla, qui nous les balle à voęr:
La grande ouvriere, an ces bętes inciſes,
Ou leur à ęl' tant de vertuz aſſiſes?
Quel à ęl' fęt ce mordant piqueron,
Creus e pointu dedans le Mouſcheron?
Quel mouvemant à ces ęles lięes?
Queʒ pliʒ noueus aus jambes delięes?
An la Cigale, un ſon ęgre-bruyant?
E au Taon, le betall efrayant?
Ou ęt la dant du Ver rong'ant la poutre?
D'ou ſort le fil, qu'an l'ęr l'Aragnę acoutrę?
De quoę ſe fęt la ſoęę, qui provient
Du vermiçon, qui Papillon devient?

Cęſſe, ma Plume, ou prandras tu tes ęrres
Par l'Infini, an tant de Mers e Tęrres?
Des Animaus, auquez, ſans reſpirer,
La grand' Métręſſe à ſû vie inſpirer?
Sans nęrs, ſans os, ſans veine, ou cartilage,
Qui le pouvoęr du mouvemant ſoulage?
Qui les à ſû de ſantimant pourvoęr,
Pour odorer, pour gouter, e pour voęr:
E qui à ſû ſe montrer ſi antiere,
A fęre tant, an ſi peu de matiere:
Qui n'à produit plus miraculeus fęz,
Qu'an ceus, qui plus ſamblet étre imparfęz,
On voęd a cler au promt Cheval la courſe,
La force au Beuf, an l'Elefant, an l'Ourſe:
Puis au Lion, la prouęce e fierte,
Au cruel Tigre, une grand' legerte:
Męs a chacun le muſle, ou corne, ou pate,
Lui ęt apoint, quand il faut qu'il combate:
Les nęrs, le ſang, les viſceres du cors,
Donnet vigueur aus mambres de dehors:
Męs aus Incis, tout l'efort qui peut étre,
On ne voęd point de quel lieu il peut nętre.
Ce ſont efęz an miracle poſéz:
Les autres ſont d'evidance cauſéz.

   Ici, ma Muſe, il faut que ta t'arrętes,
Juſques a tant qu'a chanter tu t'aprętes
Les meurs, les Roęs e combaz vigoureus
Du Peuple, ouvrier du Miel liquoureus.

K ij

EPILOGVE.

Sage ét celui, Françoes, dont l'industrie
Utilite de chaque chose trie:
E bien eureus cil qui an ses desseins
Se peùt eider des obgez les plus seins,
Soęt an Vertu, ou Plęsir, ou Fortune.
Męs il n'y à chose plus oportune,
Ni par laquele un Esprit andormi,
Soęt eveillé, mieus que par le Fourmi.
Y à il rien plus dine de merveille,
Qu'un animal si petit tousjours veille?
Plus il ét foęble, e moins prand de repos:
Plus il travalle, e plus il ét dispos.
Cete grand' Dame, emant tous ses ouvrages,
Donne l'Yver a ces ardans courages,
Pour des Etez les peines revanger,
E leurs travauz an rassiete changer.
   Tout an ce point faut que l'Homme travalle,
An atandant que son labeur lui valle:
Einsi doęt il sa jeunęce amployer,
Pour an avoęr le desiré loyer,
Chaçant au loin la boullante Avarice,
Qui ét de soę, e de tous maus nourrice:
E qui tant plus sur la fin và tirant,
Tant plus s'echaufe, e và an ampirant.
Maleureuse ét Vieillęce, qui satise
Un feu mourant de froęde convoętise:
E qui, tant moins lui reste avoiager,
Plus ęle vèut de vivres se charger.

du Fourmi.

Du seul Savoęr, l'avarice ęt honnęte,
Qui jusqu'au Ciel ęmporte sa conquęte:
Einsi qu'on voęd les Fourmiz terriens,
Prandre leur vol aus chams acriens:
E diroęt on, que par example double,
An un Fourmi la Nature redouble
Aus keurs Humeins le desir, e l'avis,
Pour de la Tęrre, au Ciel ętre raviz.

Fin de la Louange du Fourmi.

A Messeigneurs du Faur.

Q
V and on lira de ce Suget le titre,
E le cler nom du Faur an cete Epitre,
On dira bien, que le meilleur deṡṡein,
Que pût avoèr l'Auteur, e le plus ṡein,
Fût quand il print le conseill' e courage.
De preṡanter a vous deus cet Ouvrage,
Dont l'Argumant, e tout ce qu'il contient,
Mieus a vous deus, qu'a tous autres convient:
Qui de chez vous les grandeurs toutes quiſes
Aurichicéz aveques les aquiſes,
Par la Vertu, vous feṡant les aprez,
Que le bon-eur acompagne de prꝫ.
Ni plus ni moins que d'un Fleuve la courſe,
Qui vient de loin, e d'une clere ſource,
Touſjours plus forte, e plus large ſe rand,
Par les Ruiceaus, e Fontenes qu'ele praṅt.
Que ſi il n'y à de ſacré ſciance,
S'ele n'èt jointe aveq l'Experiance,
Vous, de jeuneçe ayans par ordre apris
Les Ars, qui ſont dines des bons eſpriz,
An avéz ſu extrere l'induſtrie,
Pour l'apliquer au bien de la Patrie:
Qui vous retient auprꝫ de voz deus Roꝭ,
Pour conſerver an police leurs droꝭ.

Mes c'èt parlé d'une chose trop clere:
Pour ce, creignant, qu'au Soleill je n'eclere,
Je m'an tere, an lessant le credit
Au grand Renom, qui mieus que moę, le dit.

Louange de la Sciance.

Sprit d'Eternité, qui tout sez, e tout voez,
Qui souz toę tant d'Espriz de Sciance pourvoez,
Einsi que tu l'antans: Si tu m'as voulu randre
Desireus de tes dons, e capable d'uprandre,
Eclerci mon Esprit, pour souvenance avoęr
Des probables resons que l'Homme peùt savoęr.
Fę moę de ta Nature, ô Grandeur eternęle,
Les euvres contampler, pour te chercher an ęle,
Conduit de ta clerté, si bien, qu'an t'honorant,
An mon propre savoęr je ne soę ignorant.
   Imprime dedans moę les causes assurées
Des Nombres ordonnez, des Formes mesurées,
Donne moę de tes Sons antandre les acors,
E voęr les mouvemans de tes Celestes Cors,
Autant que par le soin, qui au labeur s'acorde,
An pourra conceuoęr l'Esprit, qui les racorde.
E me donne moyen d'an fere souvenir
Par mes anseignemans, les Hommes à venir.

Louange

Ce pandant je counoé, qu'an la Nature mienne,
Le plus de ma sciance, ét le moins de la tienne,
Qui és tout infini, e rien n'ét que toé, Dieu,
Le prémier, le dernier, sans nombre, tams, ni lieu:
Cela que tu n'és point, ét voyable e sansible,
Panser ce que tu és, ét du tout impossible.
Je sé, tel que je suis, qu'ancor' je ne suis point,
N'etoét la part de toé, qui dedans moé m'epoint:
Einçoés sa l'Infini, n'à nule particule,
Que se je si je suis de toé quelque igniculé?
E si presque de moé rien savoér, je ne peu,
Que saurè-je de toé, duquel je suis si peu?
Qui aveq ta grandeur, è moins de conferance,
Que n'à le point fortuit à la Circonferance?
Car combien peùt monter cete humble Humanité
Qui ne fét que passer, pres de l'Eternités.
E si par tant de tams, e d'infinie suite,
L'Humeine nacion n'ét que bien peu instruite,
Des euvres qui se font an Terre, tant e tant,
Que pourrons nous savoér de toé, supreme Etant,
Vù que les plus savans ont toussjours controversé,
Des fez les plus abstrus an Nature universe:
Sans cesse proposans doutes, e questions,
Du nombre d'Elemans, e de leurs mistions.
A l'Homme c'ét beaucoup, qu'il veille, e qu'il contample,
Tousjours conjecturant, par cause e par example:
Ce qu'il panse savoér, s'an repose ancroyant,
Ce qu'il veùt, e ne peùt, l'admire an le voyant.

    Qui à counù au vrei les fondemans e sources
Des Fonteines e Lacs? des Fleuves e leurs courses?

                                      Ayans

Ayans an leurs douſſeurs, eſęt ſi diferant
De l'Ocean ſalé, qui les prand e les rand?
Ocean, qui par tams de longue aperce vance,
Les Tęrres decouvrant, ſur les autres ſ'avance.
Qui à bien ſù pourquoę de la Lune le cours,
Lui fęt deus foęs le jour, ſes tours e ſes retours?
E qu'an proporcion, l'ordre e tams ſ'an refere
Aus quatre coins qu'ęl'à an chacun Hemiſphere?

Qui à ſù les reſons du ſoudein tramblemant
De la Tęrreſtre maſſe, an un lieu ſeulemant?
Ę qu'an tele groſſeur une part ęt emue,
Sans que des an virons nule autre ſ'an remue?

Qui à de tant de Vans, voyant leurs accions,
Antandù l'origine, e leurs mutacions?
Qui à au vręi, de l'Ęr les cauſes ſù reſoudre?
Des Pluyes, Neige, Gręle, ou de l'horrible Foudre?
E tou cela etant ſi prochein de noz yeus,
Comme un rien, au regard de ce que ſont les Çieus,
Nous, qui touſjours doutons, y feſans tant de fautes,
Que pourrons nous avoęr des counoęſſances hautes?
E męme juſqu'ici à eté crù des Vieus,
La Tęrre ętre immobile, e ſe mouvoęr les Çieus:
Opinion, qui ęt d'autant moins ſoutenable,
Que dedans la Nature il n'ęt pas convenable,
Qu'un Ęr tout tranſparant, porte les cors maſſiz
Des grans Aſtres, au tour de leurs çantres aſſis.
Ęle, eins toę, as voulù, qu'an eus męmes ſe muſſet,
Par les Eſpriz infus, qui la conduite an uſſet?
Pęrpetuans leurs cours, haus, bas, ſoudeins, ou lans,
Qu'a tous tu as donnéz, rien mains que violans:

L

Louange

Qui ont pour s'elargir, dans le Ciel leurs espaces,
Einsi qu'à tous mouvans as assiné leurs places.
Einsi voèd-on par l'Er voleter les Oeseaus,
E aler e vénir les Poessons par les Eaus:
Mes alleurs s'an diront les resons, e les modes,
Selon l'Esprit humein propres, ou incommodes.

  E ce pandant, o Dieu, qui tout seul les antans,
Tu nous veús exercer, selon les lieus e tams:
Nous montrant, qu'an toe seul la verite n'ét qu'úne,
E qu'an l'Homme, hors toe, il n'y an à aucune:
Mes selon qu'il assure, ou qu'il mèt an avant
Probables argumans, nous l'estimons savant.

  L'un pose que ce Monde ét sans fin, e sans nétre,
E que de tout james aveq toe tient son ètre,
Toe l'Ame, e lui le Cors: Les autres croeet mieus,
Que tu fúz, eins tu és, avant Terre ne Cieus:
L'un le Feu, l'autre l'Er, l'autre l'Eau, pour principe,
L'autre mèt quatre Cors, dont le tout participe:
Un autre mèt les Poinz par leur rancontre uníz,
Déquez sont tous les Cors amassez e muníz:
L'autre des Anciens les Ecoles reforme
D'une Privacion, aveq Matiere e Forme:
L'autre dit que tu úz les Idees au sein,
Lors que tu progetas du Monde le dessein:
Mes pour a ces debaz plus au vrei satisfere,
Tu n'úz besoin de rien, pour toutes choses fere.

  Donq par dedans ce Tout, demeurét infinz
Esez particuliers, a l'Homme indefiniz:
Dont les Causes lui sont ocultes, e latantes,
A toe, an ta Nature, ouvertes e patantes.

Cet Emant tire-fer, qui l'un des Poles ſuit,
Droęt an ſa ligne mis, d'autre cote le fuit:
La Torpille, etonnant le bras de cil qui peſche:
Le Poęſſon, qui le cours de la Navire ampeſche:
Le Souſſi, qui ſe vire au Soleill ſe virant,
Le Geyęt, les fetuz e les palles tirant,
Ne ſont que rudimans d'autres innumerables,
Tous preſans davant toę, a nous plus qu'admirables,
Des Plantes, des Metaus, des Animaus, an eus
Ayans leur propre efęt, ſalubre ou veneneus:
Qui a nous ſe produit, ſans que la cauſe apere,
Pour t'honorer, louvrier de Nature proſpere:
Qui ayant notre Eſprit au labeur incitè,
Lui donnes exercice an la diverſité:
Toę qui peúz tous les tams, e les infiniz ages
Infinimant nourrir an leurs cours e uſages.
Celui qui toutefoęs des Cauſes plus antand,
Antre nous, à dequoę ſe tenir plus contant:
Cauſes que lon counut par les fęz qui ſe virét,
Dont les Ars peu a peu, e rudemant ſe firét.
La Reſon par les ſans, fit l'Homme emerveiller:
Puis la Merveille fit le Deſir eveiller:
L'ardant Deſir emùt l'Etude e Diligance:
Le diligant Labeur, ouvrit l'Inteligance.

    Einſi de tams an tams, einſi de mein an mein,
Fùt poli, e acrù l'antandemant Humein:
Lequel ne counoęſſant les richęces fecondes
De toę premiere cauſe, aviſa les ſecondes.
L'Homme ſe voyant nu, les froędures ſoufrir,
Vid commant, e dequoę il ſe faloęt couvrir.

L ij

Louange

E sans cause chercher de chaleur, ni froędure,
De Pluye, de Frimas, Gręle, ni Glace dure,
Il se bâtit des toęz. Depuis il vid sortant
La bluęte de feu des callouz, an frotant,
Les feulles e la mouce, an leur matiere seche,
Donner nourricemant a la vive flammeche.
Apręs, dedans les creuz, e aus las anvetit
Les animaus veluz, e du cuir se vetit.
Puis voyant le Soleill, or lointein, e or proche,
Les Astres tournoyans, la Lune ronde ou croche,
Se lever e coucher, il fit un rudimant
De leurs cours e leurs tams. Puis tanta hardimant,
Aveques trons cavéz, les coulantes Rivieres :
Apręs, de grans vesseaus passa les ondes fieres
Du bruyant Ocean. Il vid an quatre poinz
L'Annee se muer, selon les quatre coins
Que le Soleill prenoęt : e sans plus an counoętre,
Seulemant remarquoęt ce qu'il voyoęt paroętre :
Lę nom a quelques Vans, e Etoęles metant,
Toujjours a ceus d'apręs le surplus trammetant.
    Les autres ce pandant, edifioęt les Viles,
Ag'ansoęt le Parler, les Meurs, les Loęs Civiles :
Eidans a tout cela tant de varietez
De negoces Humeins, e de societez :
Si qu'impossible etoęt, que l'Humeine frequance
N'anrichit son langage aveq plus d'eloquance :
Puis, qu'ęle n'apetât, pour ses fęz trafiquer,
Par les dimansions les Nombres pratiquer :
Pour toujjours augmanter l'invancion premiere,
Par l'emulacion, aus hommes coutumiere :

E einsi an pansant, la Sciancé on bâtit
De counoêtre les Cieus, qu'an Cerclés on partit,
Reglant les mouvemans, que les Etoeles tienet,
Par le certein calcul, que les Nombres contienet.

Puis Nature mêla, aveques le desir
D'antreprandre e parfere, alegrece e plesir,
Antre autres, le Chanter, qui telemant agree,
Que toute g'ant, tout age, e sexe s'an recree.
Par lui l'Homme captif adoussit ses annuiz,
La famme filandriere apetice les nuiz,
Le Pieton se delasse, e son chemin abrege,
L'Amant passionné, ses durs travaus alege,
Le Manouvrier actif, suporte son labeur,
L'anfant seulet, de nuit s'assure de la peur,
Par lui les mouvemans s'exercet dedans l'ame,
Par lui l'eide du Ciel s'implore e se reclame.

Ce Chant simple e tout nu, s'antandit a la voes,
Puis se fit un acord de plusieurs a la foes,
Dont toujours peu a peu les causes se counuret,
E les dous Instrumans, leur aree façon uret.
Mémé s'atribuà par g'ans ingenieus,
Aus mouvemans d'anhaut un son armonieus.
De Cors si bien reglez, de vitece infinie,
Qu'an peut il ressallir plus beau, qu'une Armonie?

Donq l'Homme ne pouvant rien savoer tout acoup,
De filet an filet il ourdit son beaucoup,
(Si beaucoup de savoer se peut trouver an l'Homme)
Que par Principes mis, la Reson mit an somme,
Calculant longuemant : ou souvant se prenoet
Les argumans confus, einsi comme iz venoet,

Louange

Les Causes se formant des choses aperçues:
Les efez, au rebours, par les causes conçues.
A la fin, an suivant l'Ordre e Nombre au plus pres,
Mit les Simples devant, les Composez apres:
E vid que pour les poins plus dificiles soudre,
Il etoèt de besoin composer e resoudre.
E einsi peu a peu furet les Ars construiz,
E les Espriz anclins, par long usage instruiz.

   Partant, il ne faut point que quelque certein homme,
Pour premier invanteur des Sciances on nomme:
Non plus que du Parler, qui ne fut pas montré
An un jour, ni d'un Homme, eins du Tams acoutré,
Par l'Usage commun: Tout einsi la Sciace,
Suget, qui fet un cors aveq l'Experiance,
Ne se doèt assiner à quelque invanteur sien:
Des le commancemant, celui qui fet tout bien,
A l'Homme fit avoèr la forme, e simmetrie,
Capable de vertu, de discours, d'industrie:
Lui donnant l'Intelect, si bien ansemancè,
Qu'ayant par son instinct un progèt commancè,
Par les objez ouvers, qui meuvet la puissance,
Tire de son pouvoèr an fin la jouissance.

   Méme ne faut chercher, si ce fut l'Accion,
Qui dèlors preceda la Speculacion:
Toutes deus dedans soe la Reson les assamble,
Comme jumeles Seurs, qui conspiret ansamble:
Si bien, que sans la Cause, un Esprit n'èt contant,
E la Cause conduit au savoèr ou il tand:
Le manimant du Cors, an l'instant suit l'adrece
A tout tel mouvemant, que le Cerveau lui drece.

de la Sciance. 44

E quoę que l'Homme panſe ou cela, ou ceci,
Il faut que quelque efet il imagine auſſi:
De pluſieurs Accions, les Cauſes on dekeuvre,
E des Cauſes, on mèt toutes choſes an euvre:
Einſi toutes les deus Nature antremela:
Mes l'Eſprit ſtudieus, par art les demela.

 Tout premier, l'Oreſon aveq ſans ſe compoſe,
Qui les fez e diſcours aus ecoutans expoſe:
Afin qu'an conferant ce qui ét vrei, ou faus,
Le Jugemant an puiſſe aviſer les defaus:
E ayant aſſamblé les cauſes diferantes,
D'une e une autre part, ſures, ou aparantes,
Fèt qu'an l'antandemant une Sciance an vient,
Ou une Opinion: E voulontiers avient,
Que l'Eſprit emé mieus cele part, qui contample,
Qui ét ſpirituele, e plus libre, e plus ample,
Que non pas l'Accion, ſon adrece tenant
A la commodité humeine apartenant.
E puis quand le devoér du conſeill l'amonnęte,
De cela qui ét juſte, equitable e honnęte,
Il forme la Prudance. Ou quand il mèt le ſoin
A l'euvre manuel, pour l'uſage e beſoin,
C'ét par la faculté qu'Artizane lon nomme,
E de tous ces moyens, la Voulonté de l'homme:
Fèt une Eleccion. E d'autant que l'Ag'ant,
Et moins ſpirituel que n'ét l'Inteligant,
Autant ét il plus cher ſes choſes Natureles,
Savoèr bien ſeparer des groſſeurs Corporeles,
Par la ſpirituele, e pure nacion,
La Forme ſpeciale, exquiſe porcion,

Louange

Qui ęt hors de besongne, e dont l'Ame garnie,
N'à nul metier du braz, qui l'instrumant manie,
Neantmoins, ce que fęt l'Intelig'ance apart,
An Ag'ant e Passible ancores se depart:
Car an aprehandant une e une autre Forme,
Comme d'une Matiere, ęnfin ęl'an informe
Une plus accomplie. E ce qu'ęle einsi fęt,
Ęt des formes la forme: e ęt tout le parfęt,
Qui ęt an l'accion de l'essance Mantale,
Immortęle, impassible, an sa Forme totale:
Mise divinemant an nous, pour admirer,
La Nature, e ses fęz, e Sciance an tirer,
Par cęle faculté dedans ęle informee,
Delors qu'aveq le Cors ęle fut conformee.
 Il ne faut pas nier, la Grece avoęr eté
Cęle qui tout l'anclos des Ars a mieus treté,
Tant ceys-la qui etoęt de la manufacture,
Que tous les plus exquis secrez de la Nature,
Des Meurs, de la Police, e des sęt Liberaus,
An preceptes e moz, propres ou generaus:
Męs antre le defaut, qu'on voęd an tout l'afęre,
Qu'iz ont plus ù de soin, de dire, que de fęre,
Iz ont ancor eté sur toutes g'ans vanteurs,
E usurpé le nom de premiers Invanteurs,
Tęsans la nacion, peut ętre, Egipcienne,
Qui pourtant avoęt pris d'autre plus ancienne,
N'ayant ù le vouloęr de departir ses biens,
Ni, possible, l'avis, a nuz autres qu'aus siens,
Ou les ayans lessęz, la Grece, par anvie,
Suprima leurs labeurs, e leurs noms, e leur vie

Joint

Joint, que ce Tams glouton, fęt les destruccions
De tout ce qui ęt nè, par revolucions:
Les Eaus, qui neyet tout, les Feuz, qui tout ambrasęt,
Les ouvrages Humeins an fin perdet e rasęt:
Si qu'il n'ęt plus memoęre a ceus des tams suivans,
Qu'eus, ni autres premiers eyet ete vivans:
Einsi les Siecles vont: e se haussęt, e bessęt
D'ęles męme a leur fin, toutes choses qui nęssęt.
Qu'ęt ce qu'un Peuple à dit, ses Annales tenir
Des meins de ses Ayeus, passans le souvenir
De tous Siecles passez? tant loin iz se reculęt
De ceus, qui l'origine au premier tams calculęt?

    Einsi an contamplant, e an Chęyere oęseus,
Ces Philosophes Gręz, ele veret chez eus
Ecoles a l'anvi, qu'an Sectes departiret,
E des plus grans Sugęz, ansamble debatiret,
Du Monde, de Nature, e de l'Infinite:
Des Principes, de l'Ame, e de l'Eternite:
Puis du souverein Bien, du Bon e equitable,
De ce qui ęt Plęsant, Honnęte, ou Profitable:
Brief, de toute la vie: é des exquis moyens,
Pour regler les etaz antre les Citoyens:
Męs iz dissimuloęt ce qu'iz pouvoęt aprandre,
Le prenans du publiq, pour au publiq le randre:
Tandis, an delęssant les hommes qui fęsoęt,
A rien, qu'a invanter du tout ne se plęsoęt:
Si avant s'arrętans a la Speculative,
Qu'iz oteret le nom de Sciance a l'Active.
Qui du Contamplatif ęt ardammant epris,
Męt l'euvre Mecanique e sęmant a mepris:

M

Louange.

E lui samble, la part qui ęt spirituęle,
Ętre aprochante a Dieu, plus que n'ęt l'actuęle.
Non sans un grand debat de contreres resons;
Car qui posposera les vives Oresons,
Qui aus bons acuséz, aprętęt leurs defanses,
E font des criminęz chatier les ofanses,
Aus nuz anseignemans d'un Retoricien?
D'un mętre de Grammere? ou d'un Logicien?
Qui n'ont rien que des moz, e qui toujjours disputęt?
E rien n'executans, pour doctes se reputęt?
De quoę sert an tous sans la langue manier,
Prouvant tout ce qu'on veut afermer ou nier?
E par feins argumans, l'un e puis l'autre exclure,
D'une sutilite, qui ne sęt rien conclure?
Qui voudra estimer un discoureur verbal
De l'Art de guęrroyer, devant un Annibal?
Qui voudra preferer le Reteur Isocrate,
Au disęrt Demostene? ou mémęs un Socrate
A un preus Temistocle? e brief tous disputeurs,
Aus expers Citoyens, vallans, executeurs?
Pourquoę nommera lon sayant an Medecine,
Celui qui sęt du mal e la cause e le sinę?
Qui à l'Anatomie, e Simples au cerveau,
E quand vient a guerir, il y ęt tout nouveau?
   Qui à la Teorique an ses causes prouvęe,
Qu'apręs l'experiance, an operant trouvęe?
Qui à cause des Loęs les constitucions,
Que les evenemans des execucions?
D'ou se fut informè cęt Art de Perspective,
Si l'Eull n'ut fęt l'avis a l'Ame intelective?

Qui ût de la Musique apointè les acors,
Si l'Oreille n'an ût l'Esprit randù recors?
Celui qui antandra des Sciances la norme,
Il y voerra dedans, la Matiere e la Forme:
Car a qui peùt on mieus qu'a ces deus, raporter
Ce que l'Euvre e l'Avis nous peuvet denoter?
Tout l'Art de mesurer, ęt męle de Problęmes,
Qui sont operatiz, antre les Teoręmes:
Par Teoręmes, ęt le Problęme construit,
Par Problęmes ancor le Teoręme instruit.
 L'Oracle d'Apolon, an la peste publique,
Commanda de doubler l'Autel, qui fût Cubique:
Amonnętant par la, l'homme speculatif,
De voęr tandre a un but, qui soęt operatif.
Einsi fût disposè cet Art Geometrique,
Apręs plusieurs esseiz: einsi l'Aritmetique:
Einsi se fît la regle aus Astres, e leurs cours,
Du coucher, du lever, e des jours lons e cours.
Il etoęt de besoin au Monde Elemantere,
Les mesures trouver, par l'eide instrumantere,
A tant de Cors distans. Qui ût randù certeins
Des sęt Astres Ęrrans les mouvemans hauteins,
L'un de l'autre elongnéz de tant e tant de miles,
Sans le Báton Rectangle, e les sures Armiles?
Que sert des Quantitez les resons recorder,
Sinon pour aus Grandeurs l'euvre an acommoder?
Pour quoę à mis Nature an tel ordre le Nombre,
Que pour le raporter aus choses qu'il denombre?
Ęle à donnè l'Oreille a l'Homme, pour ouir
Des Choses les resons : e l'Eull, pour an jouir.

M ij

Louange

Pourquoę fùt ęle aus poęs, e meſures ſi ſage,
Que pour inciter l'Homme a les mętre an uſage:
Afin qu'il antandìt, qu'an l'Egal, e au Droęt,
Toute dimanſion a ſon point ſe prandroęt.
Donq ſi l'Art, de l'Uſage ęt le Fiz legitime,
Qui pourra ſeparer cete aliance intime?
C'ęt l'Uſage, qui l'Art ang'andre e antretient:
C'ęt l'Art, qui ſon Uſage anrichìt, e meintient.

 Que dire-je de plus? puis que cete Princeſſe
Reluìt an ſon ouvrage, e que d'agir ne ceſſe,
Devons nous l'Accion an rien moins eſtimèr,
Par qui Nature an tout, ſ'ęt voulù exprimer?
La Pratique, ęt l'efęt, qui la panſee erige,
Pour venir a la fin, ou la cauſe dirige:
Ęl' ęt toute cęrteine, e ſes cauſes ęl' a,
Comme la Teorique, etant priſe de la.
E quand l'une des deus pour excęlante on louę,
Il faut que l'autre ancor pour tele lon ayoue.
On ſuìt ce qui ęt vrei, par Contamplacion,
On ſuìt ce qui ęt bon, moyennant l'Accion:
Męs qui ſeparera le Bon e Profitable,
De cela qu'on counoęt cęrtein e Veritable?
La Verite n'ęt point, ſinon de quelque fęt:
E ne vient nul profit, ſinon de quelque efęt.

 Les Doctes Ecriteurs, ſeroęt juns e ſteriles,
Sans des Hommes vallans les prouęces viriles:
Des Choſes de Nature, e des Ars mieus ornęz
L'Etude n'ùt etè, ſi les Eſpriz bien nęz,
Aviſans les façons, e les meurs, e les vies,
N'uſſet a tout cela leurs Plumes aſſęrvies.

De quoę ut pù Pindare animer les liqueurs
De ſes Vęrs, ſans les fęz des iluſtręs veinqueurs?
An quoę pouvoęt Homere exęrcer ſon Genie,
Mieus, que par une Troęę, e cęlę Progenie
De hardiz combatans? anrichiçant ſes lieus
Des cartiers de la Tęrre, e des actes des Dieus?
De quoę ęt-ce que tant un Maron ſe renomme,
Que ſ'etant propoſé ſon Auguſte, e ſa Romme,
Par Enee l'eſtoc: car ęt dit vrei, ou non,
Il faloęt pour Sugęt amprunter quelque nom.

    Que ſi ſans les Ecriz, e monumans celebres,
Les geſtes valeureus demeuręt an tenebres,
Au moins ſe counoęt il, comme e combien iz ont
L'un de l'autre beſoin, pour ętre ce qu'iz ſont.
Homme, tant ſoęt ravi, e tant fort imaginę
La Nature, e le cours de toute la Machine,
Si faut il, nonobſtant, a un urg'ant beſoin,
Qu'au bien de ſa Patrię il detourne le ſoin.

    On ne doęt pas pourtant la Sciance futile
Seulemant eſtimer, autant qu'el' ęt utile:
On ſe paſſe trop mieus d'un Açord ſingulier,
Ou d'un rare Tableau, que d'un Toęt, ou Soulier:
Męs non pas qu'un Maçon plus excęlant ſ'apęle,
Ni un Cordouannier, qu'un Orphee ou Apęlę.
Partant, ne ſe doęt pas ſelon l'utilitę,
Męs au poęs de l'Eſprit, regler la qualitę.

    De fęt, an aviſant la part negocieuſe,
Combien ęlę nous ęt penible, e ſoucieuſe,
E combien il deplęt a un homme bien nę,
De fęre un exęrcice a l'arg'ant adonnę,

M iiij

Louange

E combien peu contante un ouvrage Ampirique,
Qui n'à nule metode, e nule Téorique,
Quand le materiel, suget a changemant,
Aveq l'erreur du sans, deçoèt le jugemant:
On se tient du cote, qui sans faute, e sans feinte,
Se fèt aus ecoutans aprouver par contreinte.
Einsi le libre Esprit, retient l'interieur,
Pour son ese; e le Cors, an prand l'exterieur,
L'un l'autre suportans: Car si tous vouloèt vivre
An cete vie oeseuse, e d'aferes delivre,
An bref tams les bienfez des Hommes s'an iroèt,
E sans eide de vie, eus mémes finiroèt.

   Mes quand nous panserons an cete Providance,
Que Nature an tous tams montre par evidance,
N'ayant rien voulù fere egal an l'Univers,
Eins tous fez e obgez, contreres, ou divers,
Par la variete, ça e la si spectable,
Se randant aus Humeins si bele e delectable,
Montrant qu'à l'Homme ne tout exercice èt dù,
Afin qu'il n'y èt rien au Monde de perdù:
Nous saurons pourquoé sont les voulontez anclines
Plus tôt aus manimans, plus tôt aus Disciplines,
E que tant de chemins, au large s'etandans,
Guidet a tant de buz, les hommes pretandans.

   James n'i aura faute, einçoes infiniz restes,
De choses a savoèr, plus que de manifestes,
Que Nature procree, e reserve an ses meins,
Pour exercer le tams, e l'esprit des Humeins.
Mes tousjours presque avient, que ceus qui s'apariet
An quelque méme etude, antr' eus se contrariet,

Debatans meintefoés opiniatrémant,
Ancores bien sachans, qu'il an ét autremant:
E parmi les Letrez, n'i a reproche aucune,
Plus grieve à excuser, que l'Anvie e rancune.
O qu'il faut de Nature un bon dispositif,
Pour savoer bien user de cet aquisitif!
Grand honte aus anseigneurs, qui la Jeunece aprenet,
Quand iz ont dedans eus les vices qu'iz reprenet:
E n'ayans rien apris des Livres qu'iz ont luz,
A devenir plus meurs, posez, e resoluz,
Iz ont plus de fierte, e plus d'impaciance,
Que ceus qu'iz vont disant, n'avoer point de sciance.
Vous diriez qu'iz font mal, pour s'an fere excuser,
E pour mieus s'an couvrir, s'on les veut acuser:
E ne counoesset pas, que toute incontinance,
An l'homme signalé, à plus grande eminance:
E que de tant plus d'yeus il se fet regarder,
Tant plus il ét chargé, pour son honneur garder.
Meme si sa nessance à mauveties l'oblige,
Il faut que sa doctrine an bonte la corrige:
E que sera ce donq des hommes erudiz,
Si de toute Sciance, iz n'ont rien que les diz?
Tandis qu'un homme l'ça set bien fere, e bien vivre,
Dont iz ne savet rien, ni ne fons que par livre.
 Celui qui veut s'eider du nom de studieus,
Se garde du savoer aus hommes odieus,
Tel qu'on voéd d'un Pédant, qui jamęs ne se lasse
De Latiner a tous, comme s'il fut an classe.
Męs cil qui set les meurs aus Letres adrecer,
E la tandre nature a son vrei pli drecer,

Louange

Eureus, il rand eureus l'Anfant qui le rancontre,
E lui digne d'honneur, qui le trein d'honneur montre:
Pourvu qu'il ne se lesse an ce metier vieillir,
E alle an plus grand fons semer, pour rekeullir:
Anseigner la Jeunece, et un bien grand merite,
Vù que par la Sciance, un si grand bien s'herite:
Mes panse a toe, Docteur, e plus haut lieu construi,
Apres t'être amployè a bâtir pour autrui.

 Qui veut au but d'Honneur parvenir de vitece,
E obtenir le pris, il faut de petitece
Qu'il se soèt au labeur studieus meintenù,
Que du Jeu, e du Vin, il se soèt abstenù,
E du dormir oeseus, qui donne apât aus vices,
E de la Volupté, contrere aus bons ofices:
Les Muses chacet ceus, de leur societé,
Qui n'emet paciance, aveq sobrieté.

 L'Esprit qui èt bien né, tousjours an soè progete
Quelque nouveau dessein, e arriere regete
Les negoces abgez, e les plesirs ombreus,
An se tenant a part de ce Peuple nombreus.
Du Ciel les Peres vieus bien emez on doèt croere,
Qui ont vù ou gisoèt les vrez poinz de la gloere,
E que le seul Labeur, par assiduité,
Et le vrei conducteur a l'Immortalité.

 Sciance, einsi qu'on dit, fèt l'Homme plus sansible,
E rand le deull plus grief, e plus aprehansible:
Les Hommes ignorans, qui ont les sans plus durs,
N'aviset les efez, soèt presans, ou futurs:
Souvant l'Homme lètré, aveq ses circonstances,
Et pansif, soupsonneus, e tout plein d'inconstances:

Car

Car tandis qu'il discourt, ses argumans feignant,
Il ne se resout point, le pis toussjours creignant.
Que lui serviront donq les santances elues,
Qu'il à an aprenant, ecoutees, ou lues,
Pour lui être un soulas an son adversite?
E lui être ornemant an sa felicite?
Paciance e dousseur font les Letres eureuses,
Pour apeser l'annui des choses douloureuses:
Lui serve la Reson, pour le tams abreger,
Le Tams, dont la longueur peut tous maus aleger:
Soèt recors, qu'il n'y à Fortune an nul afere,
Sinon cele que l'Homme a soeméme peut fere:
E si d'autre il an ét, son pouvoer ele perd
Sur l'homme de vertu, courageus, e expert.
Les yeus el' à bandez, les piez sur une boule:
Son bienfet hazardeus, legeremant s'ecoule:
Ele ne voed point ceus, qu'ele chace ou reçoèt,
E anvie sur soe souvant ele conçoèt,
D'avoer einsi bien fèt: e la voed on ebatre
A hausser ses supoz, pour apres les abatre.
Des cheveus à devant, derriere n'an à point:
Soudein il la faut prandre, e retenir a point.
Aveq ses favoriz einsi qu'ele se joue,
Par derriere ou devant, chacun la blame ou loue.

 Mercure clervoyant sur le Cube ont fèt soèr,
Qui ne sauroèt verser, ne varier, ne choèr:
Les siens l'emet, sans peur, que d'eus se divertice,
Ni que sa faveur franche anvers eus apetice:
Son trezor, qui abonde, aveq usure croèt,
E toussjours quelque bien il s'aquiert de surcroèt:

Ses guerdons, sont honneurs, qui jamęs ne se meuret:
E ses presans donnez, a leurs donneurs demeuret:
E toujjours augmantans d'eus mémes leur grandeur,
Ne sauroęt rancontrer assez digne randeur.
  Voęla les richès dons, qui des Lętres procedet,
Vrei los, e juste pris de ceus qui les possedet:
Ce sont ceus-la, qui font a leur homme suport,
E le font an tous tams arriver a bon port.
Męs celui qui n'a pas bien fermé la poętrine,
Pour balancer le poęs de la vręe Doctrine,
Il flote sans cesser, e se gete an mepris,
Par sa foęble sciance, anvęrs les bons Espriz.
Ancor par grand savoęr, c'ęt beaucoup, qu'an sa vie,
On puisse repousser la depiteuse Anvie:
Qui toujjours persecute, irrite, pique, e mord,
Ne lęssant l'homme an pęs, jusques apręs la mort.
Pour ce, que cil qui ęt plus genereus e libre,
Plus docte, ou plus expęrt, qu'autres de son calibre,
Brule par sa splandeur les moindres Artizans,
A leurs competiteurs toujjours contredisans.
Einsi voulut Nature, afin que tous tandisset
Au plus haut des degrez, e los an atandisset:
Ancor metant par tout cete inequalité,
Fęt un seul exceler an une qualité:
Voęre e qui ęt premier, son second il devance
De plus, que le second sur le dernier n'avance:
Tant a ęle voulu ses singularitez
Luire antre les Humeins, par leurs grans raritez:
E combien qu'ęle veulle a tous ętre communę,
An sa communité, lui plęt qu'on la nomme une.

de la Sciance. 47

E an cete unite, qui se voęd an tous lieus,
Ęle s'ęt reservè a fęre tousjours mieus.
   Des Ars avantageus, que lon tient pour plausibles,
E qui sont a la vie estiméz plus duisibles,
Ęt la Jurisprudance, aus honneurs elevant,
E avęq les honneurs, pareill guein perce vant:
Conseillant au publiq, e d'autorite pleine:
Jugant des Humeins fęz le loyer, e la peine,
Pour au devoęr d'honneur les bons keurs inviter,
E pour fęre aus mauvęs les vices eviter.
Męs cete ambicion, conjointe a l'avarice,
Chacune de tous maus, e injures nourrice,
Ont mis a l'abandon, par leur indignite,
Tout le publiq etat, Foę, Justice, Equite.
   Ancor ęt cęlela bien digne e naturęle,
Qui à an manimant la sante Corporęle,
E à pour sa matiere, e s'exęrce anviron
Les obgęz, que contient Nature an son giron;
Voęre autant par sus l'autre exquise e oportune,
Que plus ęt la sante, que les biens de Fortune.
Męs la męme Avarice, e anvieuse ardeur,
Lui ont mis a l'obscur sa lumiere e splandeur.
   La tierce, ęt cęlela, qui plus haute se nomme,
Ayant des troęs Sugęz, le plus digne de l'Homme,
La piete de l'Ame anvęrs le Dieu des Dieus:
E qui presche aus vivans l'heritage des Cieus.
Digne profession, ô, s'ęle etoęt sans feinte,
E, comme ęle promęt, religieuse e seinte:
E qu'exante ęle fût męme d'ambicion,
De scismes, d'avarice, e supersticion.

N ij

Louange

Ces troęs Ars, aus Humeins le soin d'etude livre,
Pour servir au conseill, e aus moyens de vivre:
Męs le nom de Sciance ęt tant seulemant dû
Aus quatre, dont le sans ęt par Cause antandu:
Deus, qui ont pour Suget la quantite Discręte,
Ou des Nombres, e Sons la mesure se tręte:
E deus du Continu, qui prenęt pour discours,
Lignes, Ęres, e Cors, e des Astres le cours:
Qui sont quatre protręz de cete grand Fabrique,
E de tout l'Univers comme une Teorique.

Fin du premier Tręte de la Sciance.

La Suite de la Sciance.

Dieu, qui fęz noz Espriz volager par les Cieus,
Pour an fęre raport an ces Tęrrestręs lieus:
E qui par ton pouvoęr les atręz, e r'anvoęes,
Pour les randre exercéz an tes plus droętes voęes,
Einsi que le Soleill, par sa vive splandeur,
Des sis autres Errans le Roę e commandeur,
Qui leur tenant le frein par la ronde carriere,
Les fęt marcher avant, e re venir arriere:
Puis que tu me pęrmęz, par foęs me detourner,
Fę moę toujjours vers toę vigoureus retourner,
E mes premiers labeurs eureusemant reprandre,
Pour sus ton seint autel eureusemant les randre:
E toę m'ayant au cours du haut chemin admis,
Fę que de ton Soleill, par ses reyons amis,
Je puisse rekeullir un aspęct benevole,
Pour ne me devoyer an cet ęr, ou je vole.
Fę moę vivant choęsir tant parmi les Discręz,
Que par les Continuz, leurs plantureus secręz,
E savoęr comparer aus fęz innumerables
De Nature e de toę, leurs rapors mesurables.
Fę que dedans ce Cors, organe des Espriz,
Je soę par ton instinct divinémant epris,
An l'ęr de tes Acors, e d'une simpatie
Vivemant animé, a chanter ma partie.

N iij

Louange

Puis si vers toę mes veuz ne se peuvet lasser,
Fę moę le dęrnier tams de ma vie passer
An touſjours exerçant la divine Sciance
Des Celeſtes Flambeaus, ou luit ta Preſciance.

E vous, Eſpriz g'antiz, qui ętes des mięus néz,
E aus meilleurs labeurs d'etude deſtinéz,
Prenéz de ces beaus dons le courage e l'anvie
D'anrichir le Printams, e cours de votre vie:
Que les plus dous Zefirs, avoęle e avirons,
Vous facet naviguer par les grans anvirons
De la Mer, ou ses ręs ce luiſant Soleill trampe,
Voyans par l'Univers ſa haute e clere Lampe,
Qui vous montre la rade, e le cours evidant,
Soęt du Nort, ou du Su, de l'Eſt, ou Occidant:
E quand vous vous viendréz autour du Çantre metre,
Que vous alléz a cler, par chaque Diametre,
Juſqu'aus quatre angles droęz: puis par tous les cotéz,
Soyéz d'un port a autre, a l'eſe tranſportéz,
Pour dedans le grand Rond contampler les miracles,
Qui vous ſont propoſéz des Celeſtes Oracles.

Ici je ne ſemón ces Avaricieus,
Rampliz e afaméz: ni ces Ambicieus,
Yvres avęq leur ſoęf: arriere de ces lices
Tous ces Voluptueus, ſales an leurs delices.
O que le tams ęt pres, que leurs mondanitéz,
Verifiront le nom de pures vanitéz!
Dont ſ'anſuyvront les deus, qui vont par depandance,
Dure punicion, e tarde repantance:
Quand l'horrible Tormante, an Mer les ſurprandra,
E leurs veſſeaus flotans es ondes epandra:

Tandis que les expers Mariniers, e plus sages,
Seront au port, sauvéz des perilleus passages.
    Sciance adrece l'homme a counoêtre les fez
De la Divinité, par causes e efez :
Antrant par la Reson, dedans l'Esprit reside,
Le conjoignant a Dieu, qui aus Espriz preside :
Mise an son reglemant, inspirant celui Dieu,
Qui et de tout Savoer, fin, principe, e milieu.
Ęle tient an mesure, e suite les Sustances,
Les Voes an armonie, an nombres e distances.
De loes e justes meurs, les Etaz policant,
D'ordre e d'anseignemans, tous les Ars policant.
L'Ame subtiliant, au Ciel ęle l'invite,
Afin que les grosseurs de la Terre ęl evite.
    An ęle ęt la Beauté, acte pur e luisant,
De l'abime profond de tous biens s'epuisant :
Qui Dieu, ce grand Esprit, d'eternité decore,
E toute Intęligance, après lui, fęt ancore
Feconde de Resons : puis les Ames ornant
De discours bien suiviz : aus Especes donnant
Semances a plante : les Matieres informes
Sans cęsse ambęlicant d'innumerables Formes.
    Les Nombres ordonnéz, an leurs infiniz gęz,
Font le premier calcul des Naturęz obgęz :
E plus simples iz sont, plus l'ordre s'an admire,
Ordre, par qui Nature an ses euvres se mire :
Ou toujours se mêlant la mouvante Unite,
Soęmême son principe, e son infinite,
Rand Nombres infiniz, a sa seule rancontre
Leur chang'ant la valeur, la puissance, e la montre :

Louange

Du nombre per, nomper, d'un an un, ele fęt,
D'un Premier, un Quarré, un Cubique, un Parfęt:
E samble qu'a aucuns autres droęz ne s'otroęet,
Que de servir d'apui, a ceus qui les cotoęet:
Einsi ét l'Océan des gros Rochers bourné,
E le Champ plantureus de heyes antourné:
Einsi au Monde sont tant de choses sutiles,
Qui prenęt leur soutien des choses moins utiles:
Einsi sont les Humeins ansamble se mélans,
Ou sont les plus abgęz, ombre aus plus excelans:
E autant de Beautęz an la Nature s'ouvręt,
Comme de beaus secręz es Nombres se decouvręt.

    E puis ces nombres Sours, qui sont comme sans nom,
E qu'a peine on counoęt, s'iz sont Nombres, ou non,
Ont leurs regles pourtant aus vręz Nombres conformes,
E taxęt la valeur des Cors, Lignes, e Formes:
Einsi ont leur reson les Brutiz animaus,
Tele que lon peut voęr es Nombres anomaus:
E einsi tire lon les vertuz estimées
Des Sustances, qui sont sourdemant animées.

    La grand' Geometrie, inviolable Seur
De cete Aritmetique, orne son professeur
Des poins de verité. Ces deus ansamble aprenęt
Aus Espriz d'ordonner tous les fęz qu'iz comprenęt:
Toutes deus, contenans les longues lięsons
Des fęz de la Nature, avenans par sęsons:
Toutes deus, ou se plęt l'Ouvriere, e se recrée,
Montrant qu'infinimant ęle progęte e crée.

    Des Choses de ce Monde, e de leurs porcions,
L'Homme ne chęrche rien que les Proporcions:

Car

Car cęt le haut savoęr, qui Nature conserve,
Que Dieu a lui tout seul, an ęle se reserve:
Dedans ce grand Partour, discernant le respect,
Qu'ont les Choses ansamble: e qui tout d'un aspect,
Voęd de quoę, e commant sont chacunes parties,
De ce Monde univęrs ansamble comparties.
Tout lui ęt un trezor, que par tout il depart,
E le retenant tout, a tous il an fęt part:
Dont Chacun à assez, s'il le s'ęt bien counoętre,
Car tousjours il le peut meilleurer e accroętre.
A ce qui samble a l'Homme ętre an confusion,
Lui qui ęt tout an tout, par son infusion,
A assiné son lieu, son degré, sa durée,
Lui qui à sa grandeur dedans soę mesurée,
Comme ce Rond parfęt, sur son Çantre muni,
E par un męme Point, an sa fin reüni.
An essance tout un, męs par les Creatures,
D'une Nature à sęs infinies natures:
E comme par antr'eus, les Nombres sont comtez,
Uns e autres sans fin, otez ou ajoutez,
Einsi an l'Univęrs, les Poins, qui tout composęt,
D'un Cors qui se defęt, an autres se transposęt.

 Tout einsi qu'infini, tant de Nombres se font,
Aussi infiniment d'ordre les Formes vont:
Les Formes sont a l'Euill, bęles e delectables:
Les Nombres plus abstrus, a l'Oreille acceptables:
E toutefoęs les deus, par acord mutuel,
Font un contantemant tout pur spirituel.
Car c'ęt peu que les noms, e que les caractęres,
Qui n'an sęt contampler les gracieus mistęres.

O

Louange

L'Aritmetique peùt, par Nombres lons e cours,
Par Antiers, ou Rompuz, par Denomméz, ou Sours,
Expoſer la valeur, reſon, e ſimmetrie
De ce qui ęt caché an la Geometrie.
E pour cela, le Nombre à infiniz Quarrez,
E Cubes infiniz, infiniz Biquarrez,
E tout einſi de tous. Męs d'eſpece chacune,
An la Geometrie il n'y à forme qu'une:
Qui à pour le dernier le Solide, e rien hors,
Comme Nature an ſoę, n'à rien par ſus le Cors,
E an cela ançoi ęt ęle ſinguliere:
Car ęl n'an à que ſis, de façon Reguliere:
Dont le Globe ſuſit, le parfęt des parfęz,
Pour contenir an ſoę tous les Cors qui ſont fęz,
Comme le Cercle anclôt toutes Formes, e comme
Tout Nombre, quel qu'il ſoęt, touſjours par Un ſe nomme.

La Muſique ęt la tierce, ouvriere des Acors,
Qui pęſſet de douſſeur, l'Ame dedans le Cors:
Car il n'ęt rien, que moins l'oreille nęte andure,
Qu'un ęr, qui ęt batu de diſſonance dure.
L'Ouye la reçoęt, le plus noble des Sans,
E an męt an l'Eſprit tous les doctes accans.
Les deus dites devant, infinimant ſ'etandet:
Męs au cours Muſical, tant ſeulemant ſ'antandet
Sęt voęs e cinq acors : qui ont leurs vręz reſpęcz,
Aus ſęt flambeauz Errans, e a leurs cinq aſpęcz.

Ici qui comprandra des divers Chans la ſuite,
An nombre ſi petit, infinimant conduite?
D'un art ſouvant ſans art, chang'ans a chaque foęs
De ſon, d'ęr, de cadance, autant comme de voęs?

de la Sciance.

Mes le plesir divin, git au ganre Armonique,
Au Cromatiq abstrus, e au Diatonique:
Dont l'Er, ce grand porteur, sutil, e transparant,
Reçoèt la melodie, e jusqu'au Ciel la rand:
Au moyen qu'ęle etant an rondeùr departie,
Les Cors d'anhaut là vont tirant, par simpatie,
La regetans ça bas, par retours mutuęlz,
Comme và la Nature an tours perpetuęlz.
Car si rien ne se perd, tant soèt grossier, ou frele,
Qui de la Terre issant, parmi l'Er ne se mele:
Ancor se perdet moins, les Chans melodieùs,
Passans par l'Er sutil, au Ciel armonieus.

 Bien ét cete Musique, example de concorde:
Vù qu'an apropriant à uni-son la corde,
Ęle sant, e se meùt d'un samblable pouvoęr,
Aveques cęlela, que le doę fęt mouvoęr.
La Musique, les keurs incite de viteçe
A la guerre, a la pes, a la joęe, e tristeçe,
Comme an ét chaque Ton le propre gardien,
Le Frigien, Doriq, Ioniq, Lidien:
Méme, de grand merveille, on voęd des maladies
Venir a guerison par certes melodies.
E comme sont les Chans, legers, dous, ou rassis,
Einsi sont du païs les habitans, lascíz,
Humeins, ou moderez: e aus sons qui s'ancordet
Es instrumans touchéz, les natures s'acordet.

 La Quatriéme s'ansuit an ordre, cęlela,
Qui les Astres comprand, déquęz le nom ęl'à:
E ét le but final, auquel les troęs premieres
Donnet guide e clerté, einsi que troęs lumieres,

O ij

Louange

Qui font le ver an haut les espriz, e les yeus,
Pour mesurer les cours, e observer les lieus
Des sęt Astres Errans, e des Flambeaus suprémes,
Qui toussjours parantr' eus ont leurs distances mémes.

L'Humein esprit, au Ciel raportant sa grandeur,
Et monté jusques là, à merqué la rondeur
Par Cercles e Degrez : à conuù les demeures
De chaque Cors mouvant, aveq leurs rams e heures,
Mesuré leurs travers, e distans antredeus,
Du Globe Tęrrien, e d'antre chacun d'eus :
S'ęt avisé de feindre' aus mouvemans Soleres,
Colures, Equateur, Tropiques, e Poleres,
Meridiens chàng'ans, e autant d'Horizons,
Pour de l'Astronomie assurer les resons.
Car il à convenù ces Hipoteses feindre,
Pour aus diversitez des mouvemans ateindre.
Il à mis an sęt Cieus, des Orbes diferans,
Epicicles petiz, aveq leurs Deferans :
Qu'il à diversemant nantandùz Ecantriques,
An les antremélant parmi les Concantriques.

O beau Champ spacieus, ou me pourroęt mener
Le chemin ou je suis, pour la me pourmener :
Męs d'aler plus avant, me revoque la Muse,
Refusant mesurer ce que le Vers refuse,
E creint, si trop avant cet ouvrage ęl' ateint,
Que de cete couleur ne puisse prandre teint.
Quoę que l'ardant Esprit me stimule que j'ose,
Honteus de dire peu d'une si grande chose,
Męs ici me sufit, deduire sobremant
Ce qui se peut alheurs treter plus propremant.

de la Sciance.

E le pris plus contant, qu'an cet androęt j'an veulle,
Ęt, d'an montrer le fruit, afin que l'on le keulle.
   De ces Ars plus on śet, tant plus on le tient cher:
Plus on an à trouvè, plus on an veut chercher:
Cela qui s'an comprand, il ęt irrefutable:
Des autres ce qu'on à, il n'ęt que disputable,
Sǫ̀et es trǫes Ars premiers d'antre les Liberaus,
Sǫ̀et es fęz de Nature, ou preceptes Moraus:
Les deus germeines Seurs, qui par la mein se tienet,
An forme e fermete les autres Ars meintienet:
Deus lampes de doctrine, aus Espriz antantiz,
Sǫ̀et iz jeunes, ou vieus: savans, ou aprantiz.
Rien n'ęt si beau a vǫèr, que la police e ordre,
Que l'on vǫèd an ces deus, sans jamęs se detordre:
E ou l'Esprit Humein, à an quǫę s'eprouver,
Plus qu'an autre Sugęt, qui se puisse trouver:
S'il ęt subtil e cler, eles lui dǫęvet plere,
Pour leur probacion, par tout subtile e clere:
Tant plus il và avant, e plus à de plęsir,
De son desir contant, fęsant autre desir.
S'il ęt un peu pesant, cęte antree facile,
Un tams le soutiendra, pour ętre plus docile
Aus passages moins clers: e ira antandant
Toujours celui, qui ęt de l'autre depandant.
C'ęt un ęr libre e large, an la grandeur d'un Monde,
Sǫ̀et pour marcher par Tęrre, ou naviguer an l'Onde:
Ce n'ęt point une Mer, d'orages fluctueus:
Męs qui à les detrǫęz calmes e portueus:
Tant plus l'homme se hausse, e moins il se devǫę:
Toujours vǫèd son Etǫele, e sa rade, e sa vǫę.

Il ancre quand il veùt: e quand il trouve fons,
Par les lieus plus eṣeZ, ſonde les plus parfons:
Que ſ'il trouve un detroęt, ou il faut qu'il ſ'arręte,
Pour le moins, aus ſuivans les adreces aprę́tę:
E ſ'il ne peùt ſurgir au deſirable port,
Il ſ'an và rafreſchir deſſus quelque autre bord.
Einſi de tams an tams, les beaus lieus, qui ſe marquet,
Sont pour ſinal a ceus, qui parapreṣ ſ'ambarquet.
  Il n'arrive aus deſers de Libie, areneus,
Ou ſont les fiers Lions, e Serpans veneneus:
Męs ou ſe voęd du Ciel une face expoſeè,
Qui la pleine adouſſit d'une freſche roſee.
Que ſi, comme il avient, il y à quelque Mont,
Le partour bien eſe, aus haus lieus le ſemond,
Par les pourpris herbuz, dont la verdeur contante
Son Eſprit, recreè d'une plus haute atante.
  Brief, cete Economie ęt de ſi grand diſcours,
Que la Reſon y prand ſa conduite e ſon cours:
Ęle eide la Memoęre, aveq ſa bęle aſſietę:
D'autre Art n'à nul beſoin, męs deſſus ſoę ſ'apiętę:
Le Vrei d'aveq le Faus diſcerner ne ſaura,
Qui l'art de Demontrer pour familier n'aura.
La Logique lui doęt, quoę qu'ęle ſoęt ague,
La forme e la façon de tout ce qu'ęl' argue:
Car ęle à ſes Reſons, e fermes argumans,
Precedans par Nature autres tous documans:
Ce qui ęt compoſé reſout an ſes parties:
E an un les remęt, ſ'ęles ſont departies.
Touſjours par droęt chemin a ſes fins ęl' ateint,
E la confuſion d'opinions eteint:

Sur toutes, cele-la de cet obstine Mętre,
Qui nie rien de vrei avoèr eté, ou ętre:
La doute Academique ęle sèt rebouter,
Qui quiert toujsours lę vrei, e de tout veùt douter.
Que dọèt on fęre a ceus, qui si grossemant croèet,
Que les Astres ne sont non plus grans, qu'iz se voęet?
  Nature se delecte a se fęre chercher
Par tant d'Espriz humeins, e a les ampęscher
An tous divers avis. E n'ęt homme si begue
An ses opinions, qui ses resons n'alegue:
Męs eureus ęt celui, qui les sèt acoutrer
Ansamble, telemant, qu'il puisse rancontrer
Le vrei e le certein: e par cause invincible,
Regeter ce qui ęt absurde, ou impossible.
  Ęle montre, ceus-la devoèr n'ętre aprouvéz,
Qui troęs Principes ont es choses controuvéz:
Trop ample ęt la Matiere, e la Forme n'ęt une:
E la Privacion ancor moins oportune,
Vù qu'ęle presupose une chose ętre an fęt,
Avant que la priver de ce qu'ęle defęt.
Un Principe soęmęme, e ce qui suit, dekeuvre:
Ces troęs ont obscurci, des l'antree, tout l'euvre,
Quand d'iceus le discours, ęt presque aussi parfond,
Comme sont les moyens des choses qui se font.
Le Point tout simple e un, męs d'etandue immanse,
Demontre, que par lui Nature tout commance.
  Donques si nous voyons par une Infinite,
Se montrer an circuit l'infinie Unite:
Par cete resamblance, e tous propres indices,
Se doęvęt figurer du Monde les inices,

Louange

Par les Poins impartiz, soudeins, e plantureus:
Qui ne font point d'amas ansamble avantureus,
Non plus que les Discrez, qui sans fin s'apariet,
E de nom, e de force infinimant variet,
Ajoutez, ou soutrez: fesans an leur valeur,
Ce que les Continuz peuvet fere an la leur.
 Einsi infiniz Poins s'ecoulans an soemémes,
Font la Ligne finie antre ses deus extremes:
E an soe par-après la Ligne se conduit,
Autant comme el' ét longue, & le Quarre produit:
Puis an fin le Quarre, qui se meine an la Ligne
Egale a son cote, e le Cube designe.
Mes chercher dans le Cors, les Eres, plus ou moins,
E les Lignes an l'Ere, an la Ligne les Poins,
Ni pourquoe il an vient tele, ou tele facture,
C'ét vouloer defonser l'armoere de Nature,
Pour comter le trezor de ce grand Immortel,
An soe seul infini, e seul se sachant tel.
 Quant a celui, que tant an l'Ecole on repute,
Qui si peniblemant les Atomes refute,
Reçoeve sa santance: arriere Autorité,
E aveq la Reson, valle la Verité,
De quiconque ele soet prononcee, ou ecrite:
Soet l'auteur Epicure, ou l'auteur Democrite.
 Si ne veu-je pourtant, la Forme deprimer:
Ancor' moins la Matiere inutile estimer:
L'Atome soet le Point, la Ligne, la Matiere:
L'Ere, la Forme soet: le Cors, la masse antiere,
Pour des Phisiciens les debaz acorder,
E aus fez Naturez l'Ecole acommoder.

            E com-

de la Sciance.

E comme an la Grammere on commance par lẹ tres,
Par silabes e moz, les orẹsons e mẹtres:
Einsi an la Phisique, iront les Impartiz
Avant Matiere e Forme, an tous les Cors batiz.

Combien que tout cela, n'ęt qu'un Art, qui vreisamble:
Car tout cet Univers, à pris sa Forme ansamble:
Tous Nombres ont eté, e sont, aussi tót qu'Un:
Matiere, e Forme, e Tout, n'uret principẹ aucun:
A coup, e an l'instant les Poins, qui s'etandiret,
Lignes, Ẹres, e Cors an l'Infini randiret.
Ce grand Facteur, voulant son ouvrage arondir,
Le sùt tramer e títrẹ, aussi tót comme ourdir:
Par son grand Intẹlect, toutes choses du Monde
Nous voulùt fere voẹr dedans la Formẹ ronde,
Les Sustances liant, e tous les Cors Mondeins,
De Poinz adamantins, infinimant soudeins,
Par les Individuz, pẹrpetuans l'Ẹspece,
Combien que chacun d'eus sẹ corrompe, e depece:
Lui tout grand, e tout bon, de tout savoẹr Auteur,
E qui sęt tout ansamble, e seul ęt son docteur,
Peut aussi tót qu'il veùt. Mẹs l'Homme, qui recole,
Au long, e peu a peu, à besoin d'unẹ Ecole,
Pour son aprantiçage. Einsi an anseignant
Ce qui lui samble vrei, le faus il va feignant:
E recherchant tousjours quelques fondemans fẹrmes,
Il polit la Sciance an sẹs Regles e tẹrmes:
Tant de moyens divers ont eté progetéz,
Un tams tenúz pour bons, puis aprés regetéz:
E tant il à falù d'hipotẹsẹs premẹtre,
Eins que tant de Sugez an leur doctrine mẹtre:

P

Louänge

Ancor ết cè beaucoup, que sans absurdité,
L'Esprit an puisse user a sa commodité:
E de pouvoer trouver un Art, qui tant nous valle,
Que ne defallant point, le savoer point ne falle.
Savoer? si je n'etoẹ Matematicien,
Je me fusse randù Academicien.

La Sciance ết assise an la ferme Memoẹre,
Ou se mèt le trezor, einsi qu'an une armoẹre,
Des precieus joyaus, qui dedans les pourpris
Riches e plantureus des neuf Muses sont pris.
Memoẹre, ết de Nature un propre benefice,
La Nature s'acroẹt, moyennant l'Artifice,
L'Artifice, par l'Ordre ết fết e composé,
L'Ordre consecutif, par Nombres disposé,
Le Nombre, tient les rans des Figures precises,
Les Figures, es Lieus propremant sont assises,
Les Lieus, par antredeus egaus constituéZ:
La, de Memoẹre sont tous les poinZ situéZ:
E qui bien pansera an cete bele suite,
Cleremant counoẹtra, qu'el' ết prise e deduite
De l'ordre Aritmetique, e Geometrien,
Ou gít le vrei savoẹr, Celeste e Terrien.

Si l'Esprit samble au Soc, dont la mote se verse,
Qui suse peu a peu, einsi comme on l'exerce:
Mes qui an peu de tams, par roulle ết consume,
S'il n'ết mis au service, e euvre acoutumè:
Si n'ết il rien, pourtant, de si long exercice,
Qui par autre labeur plus brief ne s'eclercice:
Vne Memoẹre eidee, einsi que l'Art requiert,
Ne suse au long du Tams, eins toujours force aquiert:

de la Sciance. 58

Cet Art la rand capable : e pour quelque assamblee
De choses, moz, ou fęz, n'ęt chargee, ou comblee :
Car les Images clers, plantéz an leur sejour,
Sont presans a la vue, einsi qu'an un plein jour :
L'Esprit y retounęt, comme an une Peinture,
Des trez qu'il y a mis la forme e la teinture.
Par eus un long discours, e un afęre absant,
Du tams vieus e passé, nous ęt comme reçant :
Einsi le grand travall d'etude se rachete,
Męs que d'un peu de tams la peine on ne regete,
Joignant l'Art a Nature, e qu'on soęt curieus
De veincre l'Art commun, d'un plus industrieus.

 Qu'il faut bien aviser, que ne demeure an friche
Ce Champ, qui rand un fruit au Laboureur si riche :
Que la sterile aveine, yvręe, ou les chardons,
Ne vienet etoufer des Muses les clers dons.
Bien cher aus Muses ęt, par leur beneficance,
Qui a ce don eureus de la Reminiscance :
Męs divin plus qu'humein, celui qui se souvient,
De diz, de fęz, d'Ecriz, ou, e quand il convient :
L'Oubli e nonchaloęr, contriste e deshonore,
Quand au fort du besoin, ce qu'on sęt, on l'ignore.
Mieus vaut un moins savoęr, e a point an user,
Qu'abondance de sans, nous an face abuser.
Savoęr outrecuidé, e qui ęt trop sublime,
Et un vrei non-savoęr, qui tombe an un abime,
Ce trop ęt moins que peu, quand le peu sęt, e loue
Le grand Dieu, que le trop ignore e desavoue.
Męs que peut on savoęr, que par puissance infuse ?
E quele infusion nous peut ętre difuse,

P ij

Louange

Que par cet Esprit, Dieu? an Nature difus,
Qui ét tout, e an tout, e n'à rien de confus?
 C'ét grande vanite, de prandre la Nature,
Pour lui donner l'honneur de toute la facture:
E ne vouloer nommer un Dieu, puissant Moteur,
De tout ce qui se voed, architecte e Auteur.
Si l'Eternite ét, a qui apartient ele,
Qu'a la grand' Deite, qui peut seule être tele?
Vû que tout deperit, e meurt, fors cele la,
E que nule grandeur, n'à an soe ce qu'el' à.
 Or si an la Nature il y à origine,
N'i aura il point d'Ame, an toute la Machine,
Qui la face mouvoer? vû qu'an ce cors Humein,
L'animale vertu, meut le pie e la mein?
C'ét bien grande ignorance a celui qui s'obstine,
De panser qu'il ne soèt an Puissant, qui destine
Les choses du futur aus choses du passé,
E voyant le presant, a tous deus compassé,
D'une regle si droete, e juste, e oportune,
D'an vouloer assiner la metrize a Fortune.
Un Mortel, oblige a misere e langueur,
N'ayant son tams certein d'une heure de longueur,
Commant ne peut il pas un Immortel counoêtre,
Conduisant tous les fez, qu'on voed fallir e troêtre?
Commant peut il panser, lui si foeble, e si bas,
Qu'un plus grand gouverneur, au Monde ne soèt pas?
 L'Homme, qui an vivant touṣjours desire antandre,
E qui trouve sans fin ou ses desirs etandre,
Puis que ses pansemans n'ont terme defini,
Ou peut il s'arrêter, qu'a un Dieu infini?

Qui voęe, e qui counoęſſe ou toutes choſes tandet,
Ce que tous les Humeins ne voęt, ni antandet?
Lequel ęt dedans ſoę, e qui touſjours ęt ù
Ce que l'Eſprit Humein admire par vertu,
Counoęſſant dedans ſoę, qu'a cete grand merveille
Une Divinite eternęle l'eveille.

  Le Point, qui ęt par tout, e pénetré an l'inſtant,
L'Un, qui ęt an tout Nombre, e hors lui ſubſiſtant,
Ce grand Cercle poli, e ce Çantre, d'ou ſortęt
Toutes lignes au Tour, e a lui ſe raportęt,
Des Formes qu'il comprand n'etant jamęs rampli,
Juſqu'a l'infinite, tant il ęt acompli:
Ces beaus Cors Reguliers an leur nombre Quinete,
Rongnéz du Globe rond, qui parſęt le Senere,
Que repreſantet iz, que ce Dieu, qui regit
Tout ce grand Univers, qui an ſoęmęme gít?
Infini an eſęt, fini an aparance,
Dont le Çantre ęt par tout, e la Circonferance?
Męs l'euil Humein, ayant ſon regard limité,
An cuide apercevoęr la courbe extremité.
Quelque nombre qui ſoęt, ou ęt eté, de greines,
Ou puiſſe etre a jamęs, d'impartibles arçines,
Quoę qu'il ſamble infini, ęt de l'Infinite
Infinimant diſtant, plus que n'ęt l'Unite.
Quelque grandeur, qui ſoęt dans le Ciel contenue,
Moins lui ęt çomparable, e pour moindre ęt tenue,
Que n'ęt le grein poudreus, qui và quand e le vant,
A un Taure, ou Olimpę, és nuęs ſ'ele vant.
E comme impoſſible ęt, que des hommes ſe ſachet
Les ſecręz, qui au Monde infinimant ſe cachet,

Louange

Einsi cet Eternel, de soę peùt plus celer,
Que les Siècles sans fin, n'an peuvet reveler.
Otez de l'Infini: ce qui s'ote, ęt l'extreme:
Car tousjours l'Infini demeure infini meme.
E n'an sauriez oter du cors si grande part,
Que le reste ne soęt plus que ce qui an part.
    Męs si ne faut il pas, qu'an la Mer si parfonde,
De mon niveau si court les abimes je sonde:
Qui pourra de l'Immanse, avoęr le manimant?
Ou de l'Infinite, parler definimant?
C'ęt assez qu'il soęt sù, que de cete grande Ame
Es Sciances reluise une eternęle Fame:
E tout ce qui s'aprand, e jamęs s'aprandra,
Einsi comme il vient d'ęlę, a ęlę se randra.
Ce peu, que par labeur an avons pù aprandre,
L'avons fidelemant, au publiq voulù randre,
Par meinz g'anres d'Ecriz, ja sortiz de noz meins,
Ou tous pręz a sortir, maternęz, e Rommeins,
An Vęrs, an Oratoęre, e an Matematiques,
Soęt an la Teorie, ou an euvres pratiques.
    Nous avons commanté d'argumans clers e pleins,
Du Geometrien les sis Elemans Pleins:
Męs cela ęt bien peu, au pris de l'avantage,
Que nous devons gagnęr sur ceus de l'avant-age.
Ce pandant les hauz poinz, si longuemant cherchez,
De passer au surplus nous tienęt ampeschez.
O si ce tout savant, notre savoęr prospere,
Comme an nous le Genię an peu de tams operé!
Nous aurons de par lui surmonté les annuiz,
Dont nous sont a temoins tant de jours e de nuiz:

Tandis nous jouiçons de la journęle usure,
Dont ęt an notre Ciel, prescrite la mesure :
An haut nous eleẏons, le kęur, les meins, les yeus,
Pour avoęr le secours, qui ne vient que des Cieus.
Ce peu que nous savons, de ce qui ęt immanse,
Nous męt dedans le kęur un zęle e vehemance,
Pour toujjours plus savoęr : quand les sinęs du moins,
D'un si riche surplus nous sont si seurs temoins :
An quoę le vrei honneur d'un vigoureus coürage,
Ęt alors qu'il fęt plus, que ceus du premier age :
Autremant bien honteus, rien du sien ne metant
Aveques l'invanté, auquel il reste tant.
Vrei ęt, qu'an ecrivant, l'ordonnance seconde
Samble tenir le lieu d'invancion seconde :
E n'i à de-presant, Sciance de valeur,
Ou puissęt les Espriz rien aporter du leur,
Fors dedans ces quatre Ars, qui se font aparoętre,
Toujjours tęz comme iz sont, e toujjours peuv̨et croętre.
  Qu'on ne s'atande ici que i'y męte les Ars,
Qui sont hors de Sciance, e gisęt an hazars :
Je ne veu aprouver, ni debatre alancontre
D'un savoęr, qui sans cause aparante se montre.
Dans le Ciel spacieus sont les sinęs certeins
De ce qu'on fęt ça bas : Męs iz sont si hauteins,
Que l'Homme insufisant de ces secręz intimes,
S'ęt rangè a ceus la des Sustances infimes :
E voyant tout efęt sa quelque cause avoęr,
De la cause ignoree, a fęt douteus savoęr :
Il à getè les Poins fortuiz sur la Tęrre,
Męrquè l'Ęr trouble, ou cler, les Vans, e le Tonnęrre,

Louange

La Flamme au feu brillant, le tournoemant des Eaus,
Les visceres des Cors, e le vol des Oeseaus:
Des lignes de la mein, il à fęt, par usage,
Un formęl jugemant, e des tręz du visage:
Brief, tout ce qu'il à vû être plus usité,
Il an à fęt un Art de curiosité.
An quoę le plus souvant la seule foę opere,
Einsi que l'Homme creint, ou desire, ou espere:
E ancor qu'il n'y ęt fondemant de reson,
Tous rancontret, pourtant, leur pratique e seson:
E samble que les Tams, qui tout guidet e portęt,
Ang' andret des Demons, qui tous ces Ars suportęt:
E tous tienęt leur place: e si ont leurs Auteurs,
E par le Populere iz trouvęt leurs fauteurs.
Ici me faut tenir ma pansee suspanse,
E lęsser a chacun, libre ce qu'il an panse:
Tandis je dirè bien, que la credulite
Fęt pour un tams par tout, efęt, ou nulite.

Męs le fruit bien certein, qui jamęs ne fęt fautę,
Se montre, a contampler la counoęssance haute,
Qui se voęd admirable an tant de Cors mouvans,
Si regulieremant leur Moteur aprouvans:
Qui sans s'antreheurter, acomplicet leurs courses
An leurs espaces grans, directes, ou rebourses:
Selon que le Soleill, source de la clerte,
Les atire, ou retient, ou lęsse an liberte.

L'Homme par grand' faveur, à ù l'Ame ravie
Si haut, que d'habiter les Cieus durant sa vie:
E les Espriz eureus, ayans la haut monté,
E ce grand reglemant par mesures comté,

Pourneant

de la Sciance. 61

Pourneant uſſet vû ces beaus Feuz, qui ſe meuvet,
S'iz n'uſſet aviſè combien an Terre iz peuvet:
Rien n'ét plus concevable, ou conforme au pouvoer
Des Suſtances e Cors, que luire, e ſe mouvoer.
Que peùt on rekeullir d'une choſe immobile?
E de pareçe oeſeuſe, a tous fez inhabile?
Tout mouvemant ſe fęt an calefaccion,
E la Chaleur mouvante, ét cauſe d'accion:
Il ét tout confęſſè, que les Intelig'ances,
Chacune an chaque Etoęle, exercet leurs reg'ances:
Qui diſpoſet les Tams, Journęz, e Annuęz,
Selon les mouvemans, qui ſont continuęz.
D'ou viendroęt tant d'efęz, qui ſur la Terre avienet,
Que des lieus e aſpęcz, que les Aſtres retienet?
Les choſes d'ici bas, an leur variete,
Ont chacune a parſoę quelque propriete:
E les Aſtres ſi beaus, ſi grans, e ſi ſpectables,
N'auront iz point an eus d'eficaces notables?
Chaque Medicamant à vertu de purger
Quelcune des humeurs, impoſſible a juger,
Que par l'experiance, aus lons tams obſervee,
E que dedans ſon ſein Nature à reſervee:
Celui ſang uterin, que la Lune antretient,
Outre l'Anfant conçù, qu'il nourrit e ſoutient,
Ancor les blez ſemęz rand ſteriles e męgres,
Les Miroers hebetęz: les Vins, tournęz e ęgres.
Les Venins ſont mortęz, par ocultes reſons,
E leurs malignitęz, ont leurs contrepoęſons:
Pour le ſang arręter, ét propre l'Ematite,
E pour la Famme anceinte, ét bonne l'Aëtite.

Q

Louànge

Il seroèt infini, de dire les Vertuz,
Dont chaques Simples sont an Tęrre revetuz :
Qui la sante de l'Homme avancet, ou deleyet,
E dont les sans Humeins, s'annuyet ou s'egueyet,
Tenans le tout des Cieus : Car ne le tenans pas,
Le haut se trouveroèt inferieur au bas.

    Les quatre simples Cors, par efęz manifestes,
Tienet leurs qualitez des Sustances Celestes :
E dans le cors humein, tamperet les humeurs,
Qui ont force e pouvoęr, de disposer les meurs
Des meurs e passions, ęs Espriz disposees,
Sont les diversitez des accions causees :
Einsi l'Homme suivant des choses, les degrez,
Leve l'Esprit au Ciel, trezor des haus secrez,
Du souverein Moteur, qui les causes ancheine,
Continuant chacune aveques sa procheine.
Que s'il n'ęt rien si propre à l'Homme, ne si dous,
Que d'aprandre e savoęr : e le plus beau de tous,
Et aussi le plus haut : l'Astrologie ęt cęle,
Prevoyant l'avenir, qui tout savoęr excęle,
E ęt cete excelance, einsi qu'un but final
De tous les autres Ars, le trofęe e final :
Tęl que l'Ame bien née, e hautemant ravie,
Ne peùt rien de plus grand aquerir an la vie.

    Dieu, qui tout le pouvoęr de Nature soutięns,
Qui tous les Euvres d'ęle, e leurs causes contięns,
Toę, Un, Tout, Infini, toę le Cęrcle, e le Cantre,
Dont toute ligne sort, ou toute ligne r'antre :
Toę qui m'as fęt savoęr de toę ce que j'an sé,
Fę moę finir par toę, qui par toę commancé.

de la Sciance.

Toę qui nourriz ta gloęre, ęs Siecles pęrdurables,
Fę que ce Siecle soęt l'un des tiens memorables.

Moins e meilleur.

Ces deus Chans suivans sont pour mętre
après les cinq Planętes, decrites par
l'Auteur an son Uranię.

Iupiter.

Astre honoré, au rang sizieme assis,
Plein de faveur par sus les autres sis,
Qui ambęliz tout l'ordre Septenere,
Tu féz au Ciel ton circuit precis
An douze tours du plus grand Luminere,
Qui fęt le Jour, e l'Annee ordinere.
　Pręs de çant foęs ta grand' rondeur contient
Ce Tęrrien Globe, qui nous soutient :
Tu t'eclerciz pręs de la Lune clere
An pleine nuit, de tes reyons il vient
Une ombre aus Cors, que ta splandeur declere,
E par l'obscur, comme Venus eclere.
　Tu as souz toę, de Mars la forte ardeur,
E de Saturne, au dessus, la froędeur.
Ces deus vęrtuz extremes, t'an font une
Bien atrampee avęq soęve tiedeur,
Pour prosperer d'influance oportune
L'Honneur, l'Amour, la Vie, la Fortune.
　Chaques vint ans, tu féz tes lięsons
Avęq Saturne, e conduiz les sęsons,

Q ij

Par leurs degrez, e les Loęs, e Dommeines:
E acordant les Celestes reſons,
De tams an tams, aveques les Humeines,
Les fęz Mondeins tu meines e rameines.

Puis an paſſant chaque Triplicite,
Tu antretiens la grand' diversite
Des fęz Humeins, tant Civiz, que Beliques,
Les reduiſant a leur ſimplicite:
E comme a lui tu te joinz, ou apliques,
Se vont chang'ant Ręnes e Republiques.

Ce grand Concours ja nous touche de pręs,
Dont par long tams nous ſantons les aprez,
(Dines des Tams, e d'eus les Tams bien dines)
Par remu'mans, e prodiges expręs,
Pour acoutrer au Chef des douze Sines,
Des grans Etaz les changemans inſines.

Saturne.

Tant plus hautein ton Aſtre peſant ęrre,
Qui as trante ans, Saturne, a te mouvoęr,
E plus ęt grand ton Ręne, e ton pouvoęr.
C'ęt toę, pour vrei, qui nourriz par la Tęrre,
Les cors vivans, ſoęt an pęs, ou an guęrre:
E les meintiens, par tams continuęl,
Du revenu e labour annuęl.

Des Animaus ut etè inutile
L'ętre e le cours, e auſſi tót detruit,
Comme ang'andrè, ſi n'ut etè le fruit,
Qui ſe rekeut de la Tęrre fęrtile:
E n'y à choſe au monde tant ſubtile,

63

Qu'on n'abandonne, alors que le besoin
Des alimans, contreint l'homme avoèr soin.

   Que peùt valoèr richece innumerable?
Pourquoę ét on fort e victorieus?
A quoę revient un Rene glorieus?
Ou un pléſir, tant ſoèt il deſirable?
Ni un ſavoęr, tant ſoèt il admirable?
Brief, que ſeroęt tous negoces Humeins,
Sans le labeur, e le fruit de tes meins?

   Les grans treſors des foſſes ſouzterreines,
Par Siecles lons, tu tiens clos e couvęrs,
Qui a la fin ſont trouvéz, e ouvęrs,
Tout par tes meins, e forces ſouvereines:
Qui du long Tams tiens e guides les reines,
Tams ton ſuget, qui ſęt tout reveler,
Tout anvieillir, e tout renouveler.

   Les durs Metaus, donnéz aus ſis Planętes,
Mieus qu'a nul autre, iz doęvęt être tiens:
Tu les nourriz, formes, e antretiens,
Par la vęrtu des Tęrreſtres greinętes,
Les façonnant an ſuſtances plus nętes,
E dilatant par les ſecręz conduiz
De la grand' Tęrrę, ou tu les as produiz.

   Tu fęz les Ans reprandre par Vinteines
Leurs changemans, guidant les Humeins fęz,
E diſpoſant toutes ſortes d'efęz
Ocultemant par leurs cauſes certeines:
Męs plus a cler, les Siecles par Canteines
Vás departant, que l'homme, au long aler,
Voęd par ſuccęs monter, e devaler.

Q iij

Le Siecle d'or,
Qui de la mein, qu'iz manjoęt le Soc,
De cęle męme aǫt donnę le choc,
E honoroęt leurs beaus fęz e proſperes,
D'eureus labour : E l'an des vitupéres
De leur ménage, etoęt mal ęęręęę
Autant haï, comme mal averrręęę
Briéf, qu'croęt tout negoces Humeins,
Sans le labeur, ę le fruit de tes meins?

Aucuns Paſſages traduiz
de Virgile
Qui à la fę ſere o ę convęrs.

Homere Greq, ęt pleins dans le ſecond.
Maron Latin, ęt vif, gran d'e faecond.
L'un de Nature à ce grand benefice,
L'autre ęt ſongneus, e tout plein d'artifice.
Celuila ęt unique à inventer,
E cetuici, a bien repreſanter:
Qui les reciz, qu'a l'oreille il anvoęę,
An les oyant, il ſamble qu'on les voęę
Il dit l'Orage an la Mer excité,
Comme y etant lui męme agité:
Quand il decrit de Didon l'heure extrême,
Il ſamble avoęr paſſé par la mort męme.

De tant de lieus, luiſans an ſes Ecriz,
J'an è ici aucuns apart tranſcriz,
Pour temoigner la peine, ou ſe reduiſet
Les Ecriteurs, qui les Auteurs traduiſet :
E an ces lieus me ſuis fęt Tranſlateur,
Plus tôt qu'Ouvrier propre, ou Imitateur.

Pour confronter, le peser an calibre,
L'Euvre suget, e l'Euvre qui er libre :
Comme l'on voeð l'Arbrisseau bien'ere,
Que lon replante an un lieu plus serre.
Mes ecoûtons le Poëte Italique,
Ce qu'il veût dire an langage Gallique.

Description de la Tampête, au premier Livre de l'Eneide.

Hæc vbi dicta, cavum conversa cuspide montem
Impulit in latus : Ac venti, velut agmine facto,
Qua data porta, ruunt, & terras turbine perflant.
Incubuere mari, totumque à sedibus imis
Unà Eurúsque Notúsque ruunt, crebérque procellis
Africus : & vastos volvunt ad littora fluctus.
Insequitur clamórque virûm, stridórque rudentum.
Eripiunt subitò Nubes cælúmque diémque
Teucrorum ex oculis. Ponto nox incubat atra.
Intonuere Poli, & crebris micat ignibus æther :
Præsentémque viris intentant omnia mortem.
Extemplò Æneæ soluuntur frigore membra :
Ingemit, & duplices tendens ad sidera palmas,
Talia voce refert, O térque quatérque beati,
Quis ante ora patrum Trojæ sub moenibus altis
Contigit oppetere : o Danaûm fortissime gentis
Tydide, méne Iliacis occumbere campis
Non potuisse, tuáque animam hanc effundere dextrâ ?

Sęvus ubi Æacidæ telo jacet Hector, ubi ingens
Sarpedon, ubi tot Simois correpta sub undis,
Scuta virûm, galeásque, & fortia corpora volvit.
 Talia jactanti stridens Aquilone procella
Velum adversa ferit, fluctúsque ad sidera tollit.
Franguntur remi: tum proram avertit, & undis
Dat latus: insequitur cumulo præruptus aquæ mons:
Hi summo in fluctu pendent, his unda dehiscens,
Terram inter fluctus aperit: furit æstus arenis.
Treis Notus abreptas in saxa latentia torquet,
Saxa vocant Itali, mediísque in fluctibus, Aras,
Dorsum immane mari summo: treis Eurus ab alto
In brevia & Syrteis urget (miserabile visu)
Illidítque vadis, atque aggere cingit arenę.
Vnam, quæ Lycios, fidúmque vehebat Orontem,
Ipsius ante oculos, ingens à vertice Pontus
In puppim ferit: excutitur, pronúsque magister
Volvitur in caput: ast illam ter fluctus ibidem
Torquet agés circum, & rapidus vorat ęquore vortex.
Apparent rari nantes in gurgite vasto,
Arma virûm, tabulæque, & Troia gaza per undas.
Iam validam Ilionei navem, jam fortis Achatæ,
Et qua vectus Abas, & qua grandævus Alethes,
Vicit hiems: laxis laterum compagibus, omnes
Accipiunt inimicum imbrem, rimísque fathiscunt.
 Interea magno misceri murmure Pontum,
Emissámque hiemem sensit Neptunus, & imis
Stagna refusa vadis: graviter commotus, & alto
Prospiciens, summa placidum caput extulit unda.
Disjectam Æneæ toto videt æquore classem,
Fluctibus

Fluctibus oppressos Troas, Cælíque ruina.
Nec latuere doli fratrem Junonis, & iræ:
Eurum ad se, Zephyrúmque vocat: dehinc talia fatur,
    Tantáne vos generis tenuit fiducia vestri
Jam Cælum, terrámque, meo sine numine, Venti,
Miscere? & tantas audetis tollere moleis?
Quos ego, sed motos præstat componere fluctus:
Post mihi non simili pœna commissa luetis.
Maturate fugam, Regíque hæc dicite vestro,
Non illi imperium Pelagi, sævúmque Tridentem,
Sed mihi sorte datum: tenet ille immania saxa,
Vestras, Eure, domos: illa se jactet in aula
Æolus, & clauso Ventorum carcere regnet.
    Sic ait, & dicto citiùs tumida æquora placat,
Collectásque fugat nubeis, Solémque reducit.
Cymothoë, simul & Triton adnixus, acuto
Detrudunt naveis scopulo: levat ipse Tridenti,
Et vastas aperit Syrteis, & temperat æquor.
Ac veluti magno in Populo, quum sæpe coorta est
Seditio, sævítque animis ignobile vulgus:
Jamque faces & saxa volant: furor arma ministrat:
Tum pietate gravem ac meritis si forte virum quem
Conspexere, silent, arrectísque auribus astant:
Ille regit dictis animos, & pectora mulcet:
Sic cunctus Pelagi cecidit fragor, æquora postquam
Prospiciens Genitor, Cælóque invectus aperto,
Flectit equos, currúque volans dat lora secundo.

    Cela dit, d'un detour la pointe il ebranla
Du Rocher caverneus, le repoussant an la.

R

Lors les Vans tous ansamble, e d la foule sortet,
Ayans la porte ouverte : e par les Terres portet
Leurs souflans tourbillons : Sur la Mer se bessans
Eure e Note, e du fons toute la r'anversans,
E Afriq, coutumier des fluctueus ravages,
Les vagues a monceaus roulet vers les rivages.
  Des hommes suit le cri, des cables l'er criquant :
Les Nues hors des yeus leur ôtet quand e quand
Ciel e jour. sur la Mer se repand la nuit trouble :
Les Cieus tonnet autour, l'ecler an l'Er redouble :
Tout leur montre de mort un perill eminant.
  Par les mambres d'Enee il court incontinant
Un froed, qui les transit : il se print de keur tandre,
A gemir, e les meins jointes vers le Ciel tandre,
S'ecriant de sa voes, O eureus Citoyens,
Que voz Peres ont vûz mourir, des murs Troyens !
Eureus, dije, troes, foes, e quatre foes aveque !
O Tidide, vallant sur toute la g'ant Greque,
Que n'è je pûes chams Iliaques mourir ?
E cete Ame sa fin par tes meins ancourir ?
Ou le grand Sarpedon, ou Hector l'homicide,
Git dessouz terre, occis par le dard d'Eacide ?
Ou roule Simoant tant d'ecuz d'Hommes fors,
E tant de morrions, e de si braves cors,
Anfondréz souz ses eaus ? comme il suivoet de dire,
Le siflant Aquilon, une vague lui tire,
Qui ateignit la Voele ancontre le devant,
Les grans floz ondoyans aus nues elevant.
Les avirons briséz, la proue se revire,
Aus ondes permetant le flanc de la Navire :

Une montagne d'eau, d'autre monceau ondeus
Derompue s'ansuit. On y voęd les uns d'eus
Au haut du Flot pandans: aus autres, l'eau qui s'ouvre,
La terre des le fons, antre les floz decouvre:
Les Bans sont furieus, pleins d'areneus monceaus.
Note, le raviçant, fęt heurter troęs vęsseaus
Dans les saxes cachéz: Saxes les Latins diset,
E au milieu des floz, Ares iz les batizet,
Epouvantable dos sur le plein de la Mer:
Eure d'anhaut an fęt troęs autres anfermer
Es Sirtes e etroęz, chose a voęr pitoyable,
Dessus le gue les froęsse, e les couvre de sable.

 D'une Nęf, qui portoęt les freres Liciens,
E le feal Oronte, au devant des yeus siens
Un grand boullon de Mer, fiert la Poupe du fęte,
E gete le Pilote, an ayant par sus tęte,
Boulevęrse an l'eau: Męs ęle trevirant
Troęs foęs antre les floz, dans le Goufre tirant
Fut la męme abimee. Es grans vagues a nage
On voęd l'un ci, l'un la, Hommes e leur bagage,
E les tables de boęs: e les biens qu'iz portoęt
De Troęe plus exquis, par les ondes flotoęt.

 Ja les puissans vęsseaus, contre l'eau, qui les gâte,
Ne peuvet plus tęnir: Celui du fort Acate,
Celui d'Ilionee, e ceus ou sont portéz
Abante, e l'ancien Alęte, ont les cotéz
Tous dejoinz, recevans les pluyes, qui les grevet,
E sont tous antr'ouvęrs, des fantes, qui les crevet.

 Neptune cepandant, santit de toutes pars
Bruire la Mer troublee, e le fort tams epars:

E des sieges parfons l'onde autour repandue :
Dont tout emù, du bas sa vue à etandue,
E au dessus des Eaus, son chef serein levant,
Voęd la classe d'Enee es ondes, que le vant
A getee a l'ecart : l'orage qui opresse
Les Troyens, e du Ciel la ruineuse apresse.
Le Frere bien counùt la malice e dedein
De la Dame Junon, il apele soudein
Eure e Zefire a soę, parlant de tele grace,
   Dea, ęt-ce la grandeur de votre etat, ou race,
Qui vous fęt si hardiz ? avęz vous bien songè
Ciel e Terre męler, les Vans, sans mon conge ?
E osè elever vagues si vehemantes ?
Ah je vous, męs mieus vaut apeser ces tormantes.
Apręs je vous ferè votre faute santir,
D'un suplice assez grand, pour vous an repantir.
Sus, vite, alęz vous an, a votre Roę, lui dire
Que ce n'ęt pas a lui, que de la Mer l'ampire,
A etè ajugè, ni celui Tridant fort :
Męs bien que ç'ęt a moę, qu'il ęt eschùt an sort :
Ces horribles Rochers, il tient, Eure, e voz caves :
S'alle jactant Eole an ces hauz palęs braves,
E regne aveq ses Vans, an la prison anclos.
   Ce dìt, e plus tót fęt, acoęse les grans floz
De la Mer agitee : e l'assamblee forte
Des Nues, chace au loin, e le Soleill raporte.
Cimotoęe, e Triton, les vęsseaus acrochéz
Contre l'eskeull agu, de force ont derochéz,
Lui męme, du Tridant les souleve, e detache,
E les sables mouvans des Sirtes il decache.

Randant calme la Mér:puis an son Char roulant,
Sur le haut aplani des Eaus se va coulant.
   Comme on voęd meintefoęs, antr' un Peuple de Vile
Sourdre sedicion, e de la Tourbe vile
Les keurs se mutiner, déja an cartiers meinz,
Volet feuz e callouz, fureur arme les meins:
Lors s'iz vienet a voęr quelque Homme d'excęlance
Pour ses meurs, e bienfęz, s'arrętęt an silance,
Les oreilles a l'ęr. E lui les keurs de tous
Gouverne de parole, e les lęsse plus dous:
Einsi toute l'horreur des ondes se tampere,
Delors que par la Mer getant ses yeus le Pere,
E porté an l'ęr cler, ses Chevaus detourna,
E les ręnes au Char, volant a gre, donna.

Descripcion de la Fame, au Quatrieme Livre.

Extemplo Libyæ magnas it Fama per urbeis,
Fama, malum, quo non aliud velocius ullum,
Mobilitate viget, vireisque acquirit eundo:
Parva metu primo, mox sese attollit in auras:
Ingrediturque solo, & caput inter nubila condit.
Illam Terra parens, ira irritata Deorum,
Extremam, ut perhibent, Cæo Enceladóque sororem
Progenuit, pedibus celerem, & pernicibus alis:
Monstrũ horrendũ, ingés: cui quot sunt corpore plumæ,
Tot vigiles oculi subter, mirabile dictu,
Tot linguæ, totidem ora sonant, tot subrigit aureis.
Nocte volat Cæli medio, terræque per umbram,
Stridens, nec dulci declinat lumina somno.

Luce, sedet custos aut summi culmine tectis,
Turribus aut altis: & magnas territat Urbeis:
Tam ficti prauique tenax, quàm nuntia veri.

Soudein la Fame, và es grans Viles Libiques,
Fame, l'un des mecheZ plus vites e lubriques,
Au mouvoer e aler, sa vigueur s'anforçant,
Petite au premier bruit, an l'er tôt se haussant,
Marche an terre, e sa tête es nues tient cachee:
La Terre du courrous des Dieus contrefaschee,
L'anfanta seur derniere, einsi comme l'on dit,
A Cee, e Ancelade, e tele la randit
D'eles e pieZ legers. Monstre horrible à merveilles,
Souz chaque plume ayant un eull dont ele veille,
Langues, bouches autant, cas etrange, e autant
D'oreilles à l'ouvert. De nuit son vol portant
Par le milieu de l'Er, e sur l'ombreuse Terre,
Murmurant, e ses yeus de dous sommeill ne serre.
De jour, ele se sied au guet, sur le sommet
Des toeZ ou hautes tours: e les grans Viles met
An trouble e an freyeur: les faussseteZ, e beyes
Aussi tôt retenant, que portant choses vreyes.

Descripcion de la Minuit, au même Quatrieme.

Nox erat, & placidum carpebant fessa soporem
Corpora per terras, sylvæque, & sæva quierant
Æquora, duin medio volvuntur sidera lapsu,
Quum tacet omnis ager, pecudes, pictæque volucres,
Quæque lacus latè liquidos, quæque aspera dumis

Rura tenent, sõmno positę sub nocte silenti,
Lenibant curas, & corda oblita laborum.

Il etoęt nuit sur Tęrre, e les cors las prenoęt
Leur pęsible sommeill, e touſ coęſ ſe tenoęt
Les Boęs e fieres Mers: alors qu'a michariǫ̣
Le Ciel tourne ſes Feuſ, que ſe tęt tout Tęrrǫ̣,
Bętes e peinſ Oęſeaus, tant es moętes maręſ,
Comme es Chams épineus, e épęsses forę́ſ,
Mis ſouſ la Nuit teſible, oublioęt leurs ſouciſ,
E travauſ, an leurs keurs, du repos adouſſiſ.

Deſcripcion de la mort de Didon,
au mę̨me Livre.

At trepida, & cœptis immanibus effera Dido,
Sanguineam volvens aciem, maculiſque trementeis
Interfuſa genas, & pallida morte futura,
Interiora Domus irrumpit limina, & altos
Conſcendit furibunda rogos: enſemque recludit
Dardanium, non hos quæſitum munus in uſus.
Hic poſtquam Iliacas veſteis, notumque cubile
Conſpexit, paulum lacrymis, & mente morata,
Incubuitque toro, dixitque noviſſima verba,

Dulces exuviæ, dum Fata, Deuſque ſinebant,
Accipite hanc animam, méque his exolvite curis.
Vixi, & quem dederat curſum Fortuna, peregi,
Et nunc magna mei ſub terras ibit imago:
Urbem præclaram ſtatui, mea moenia vidi,
Ulta virum, pœnas inimico à fratre recepi.

Felix, heu, nimium felix, si littora tantùm
Nunquam Dardaniæ tetigissent nostra carinæ.
   Dixit, & os impressa toro, moriemur inultæ?
Sed moriamur, ait: sic sic juvat ire sub umbras:
Hauriat hunc oculis ignem crudelis ab alto
Dardanus, & nostræ secum ferat omina mortis.
   Dixerat, atque illam media inter talia, ferro
Collapsam aspiciunt comites: it clamor ad alta
Atria: concussam bacchatur Fama per urbem:
Lamentis, gemitúque, & foemineo ululatu
Tecta fremunt, resonat magnis plangoribus æther:
Non aliter, quàm si immissis ruat hostibus omnis
Carthago, aut antiqua Tyros, flammæque furentes,
Culmina pérque Hominum volvatur, pérque Deorum.
   Audiit exanimis, trepidóque exterrita cursu,
Unguibus ora Soror foedans, & pectora pugnis:
Per medios ruit, ac morientem nomine clamat,
Hoc illud, Germana, fuit? me fraude petebas?
Hoc rogus iste mihi, hoc ignes, aræque parabant?
Quid primùm deserta querar? comitémne Sororem
Sprevisti moriens? eadem me ad fata vocasses:
Idem ambas ferro dolor, atque eadem hora tulisset.
His etiam struxi manibus, patriósque vocavi
Voce Deos, sic te ut posita, crudelis, abessem?
Extinxti te, méque, Soror? date vulnera lymphis
Abluam, & extremus siquis super halitus errat,
Ore legam. Sic fata, gradus evaserat altos,
Semianimémque sinu Germanam amplexa fovebat,
Cum gemitu, atque atros siccabat veste cruores.
   Illa graveis oculos conata attollere, rursus
                                          Deficit

Deficit:infixum stridet sub pectore vulnus:
Ter sese attollens, cubitóque innixa levavit,
Ter revoluta toro est:oculisque errantibus alto
Quæsivit cælo lucem, ingemuítque reperta.

   Mes Didon efreyee an son dessein horrible,
Roulant les yeus afreus de la face terrible,
Chaque joue tramblant', de taches antreteintes,
E pale de la mort, dont tôt doęt être ateinte,
Traverse par les huis de derriere, e tressaute
Tout furieusemant jusqu'a la Pile haute.
E alors le couteau Dardanien dekeuvre,
Don, qu'ęle n'avoęt pas accepté pour tel euvre.
   Puis les habiz Troyens, e la Couche counue
Venant a regarder, un peu s'ęt retenue,
Larmoyante e pansive: e d'angoęsseus martire,
S'assoyant sur le lit, ces derniers moz va dire,
   Depouilles, mon soulas, lors qu'il plesoęt einsi
Aus Destins, e au Dieu, prenez cęte ame ici,
E m'ôtez de ces mauz. Je è vecu, j'è fini
Le cours tel que m'avoęt Fortune presini:
E ma grand' remambrance orès souz Terre ira:
J'è fęt une Cite, dont le nom florira:
J'è vû mes Murs batiz : de mon Mari, j'è fęt
La vang'ance, e puni le fraternel forfęt.
Eureuse, ah, trop eureuse, atant si à mon port
Les vęsseaus Dardanoęs n'ussęt point fęt abord.
   Ce dit, an s'abouchant sur le lit, Faut il donq
Mourir, sans me vanger? va, meur, dit ęle adonq,
C'ęt, c'ęt comme il me plęt aler aus plus bas lieus:

S

Que le cruel Dedein choesíe de ses yeus,
Ce feu d'an haute Mer a porté aveques soę
L'augure de la mort, que par lui je reçoę.
  C'etoèt fèt,e einsí que cela s'execute,
Ses Filles la vont voèr dessus le glève chute,
Ecumeuse sanglant des goutes repandues,
E tout a l'abandon les deus meins etandues.
  Acoup và la clameur au Palés redoublée,
E la Fame brayant par la Vile troublée,
De pleinz, de deull, d'esfrey chaque logis s'etonne,
D'urlemans feminins, de hauz criz l'er resonne,
Non moins que si Cartage, aus annemis ouverte,
Ou Tire l'ancienne, fút ruïne soufferte,
Ou que si par le feu, e les flammes eparses,
Des Hommes e des Dieus les mesons fussét arses.
  Sa Seur l'oèt epamée, e d'esfrei se hátant,
Aveq ongles e meins, face e sein se gátant,
Se fourre par la presse, e la mourante nomme,
S'ecriant, ah ma Seur, donques etoèt ce comme
Tu vouloés m'abuser, an fesant cés aprèz,
Cet amas, e ces feuz, e ces autez tous préz?
Que pleindrè je a cete heure, einsi destituée?
As tu si peu prisé ta Seur? t'etant tuée
Sans l'apeler compagne a ton trepas piteus?
Un glève, un deull, une heure an út fèt finir deus.
Ancor an tout l'afère è mis ces meins ouvrieres,
E fèt de bouche aus Dieus gardiens mes prieres,
Las! pour t'abandonner, cruele, an cet emoę.
  Or as tu bien perdù, ma Seur, e toę, e moę,
Ton Peuple, ton Senat, e ta Vile; que j'eę,

Mes amies, de l'eau, pour lui layer la plęe:
Que je puisse alener de la bouche, e savoęr
S'aucun dernier respir pourroęt ancor avoęr.
 Ce disant, au plus haut des degrez parvenue,
A sa Seur trepassant, antre ses braz tenue,
L'echaufant an son sein: e toujours se doulant,
De sa robe essuyoęt le sang tout noęr coulant.
 Ęle, quand elever ses yeus terniz s'ęssęe,
Defaut an son efort: e lui grince la plęe
Souz l'estoumac: troęs foęs s'apuyant se dreça,
Sur le coude, e troęs foęs sur le lit ranverſa.
An haut, des yeus errans la lumięre à cherchęe:
E la trouvant, s'an ęt, an gemiçant, faschęe.

  Description du Rameau d'or,
   au Sizieme Livre.

 ———Latet arbore opaca
Aureus & foliis, & lento vimine Ramus
Junoni Infernæ dictus sacer: hunc tegit omnis
Lucus, & obscuris claudunt convallibus umbræ.
Sed non antè datur Telluris operta subire,
Auricomos quàm quis decerpserit arbore fœtus.
Hoc sibi pulcra suum ferri Proserpina munus
Instituit: primo avulso, non deficit alter
Aureus, & simili frondescit virga metallo.
 Ergo altè vestiga oculis, & rite repertum
Carpe manu: namque ipse volens, facilisque sequetur,
Si te Fata vocant: aliter nec viribus ullis
Vincere, nec duro poteris convellere ferro.

S ij

Un Rameau ęt caché an l'epęs Arbriſſeau,
Qui à les feulles d'or, e le souple rinçeau,
Que l'on tient pour ſacré a Junon de ſouz terres.
Tout un Boęs le tient clos, e l'ombrage l'anſerre
Dedans un val obſcur. Mes nul n'à le pouvoęr
D'antrer la bas ſous terre, eins que de ſe pourvoęr
Du Geton cime-dor, que cet Arbre raporte.
La bęle Proſerpine, à voulu qu'on lui porte
Ce don a ęle dù. Quand le premier ęt pris,
L'autre d'or n'y faut point: e la Verge de pris,
Tout de męme metal ſon feullage vegete.
　　Tien donq les yeus an haut, e tout autour les gete,
Einſi apoint trouvè, de la mein ſe prandra:
Car promt a t'obeir, tout de gre ſe randra,
Si le Deſtin t'apęle : autremant ni par force,
Ni par dur ferremant, de l'avoęr n'ęt'eforce.

Remontrance, A Soęmęme

Peletier, mon ami (ſi tu t'emes)
Qui par ecrit tant de paroles ſemes
A tous Lecteurs: ſi prier je te doę,
Je te pri donq, parle un peu avęq toę:
Tu ne peuz mieus, qu'a toę, ton comte randre,
Ni plus an gre d'autre que toę, le prandre.

A quel obget, ou a quel Animal
Comparerè je ou mon bien, ou mon mal?
Èt-ce au Fourmi? qui tout l'Ete s'expose
A travaller, e l'Yver, se repose?
Non, mon labeur èt tel qu'il à etè,
Voere plus grand, an Yver, qu'an Ete;
Lequel ancor' moeméme je me cree,
De douſſe erreur, qui folemant m'agree.
Je n'ù onq peur, ne ſoin ſoliciteus,
Que mon vieill tams me fût neceſſiteus:
Einçoes è creint que le peu de ſur-age,
Fît defallir le labeur au courage.
J'ecri an Vers, ſubornant mon deſir,
Forçant mon tams, e trompant mon pleſir.
　Doè-je amener, pour ſamblance pareille,
L'Oeſeau? le Beuf? le Mouton? ou l'Abeille?
Dequez ou voèd le profit plantureus,
E qui provient d'eus, e non pas pour eus?
Certeinemant il y à aparance:
Mes non pourtant, ſans grande diferance:
Car mon labeur, qui an deus ſe depart,
Me fèt garder le meilleur pour ma part.
　Suis je ſamblable a l'ardante Chandele,
Se conſumant, tandis qu'aus reyons d'ele,
An pleine Nuit les negoces ſe font?
Mes peu a peu la Cire, qui ſe fond,
An defallant, du tout la leſſe morte?
Preſque ſeroèt mon etat de la ſorte,
N'etoèt l'Eſprit, qui demeure alumè,
Etant le Cors an çandre conſumè.

Ce Keur ardant, qui jamęs ne pardonne
A ses desirs, e point ne m'abandonne,
Tousjours voulant son pouvoęr esseyer,
Plus qu'il ne doęt s'eforce de peyer,
Comme celui, qui au milieu des Antes
D'un beau Verger, s'amuse dus plus plęsantes:
E se soûlant des fruiz apetiçans,
Pęrd la saveur d'autres plus nourriçans:
Tele folie, e ancores plus forte,
Ces antremęz d'apetit me raporte
Lors qu'an voulant quiter męs jeuz premiers,
Pour me ranger aus labeurs coutumiers,
Ecri ancor ce Trete la, ce di-je:
Prán cetuici, reli le, e le corrige:
Ancor faut il acheyer le surplus
De ce Discours, puis tu n'an feras plus.
E ce pandant, Vieillęce mal prevuę,
Blanchit ma tęte, e me noęrcit la vuę.
E ne voulant rien lęsser imparfęt,
Je fę tousjours, e si n'è jamęs fęt
Je cour sans fin, e tant plus je galope,
Tant plus Dedale an son clos m'anvelope:
E non moins long je suis sur les tręz miens,
Qu'etoęt le Peintre a Rode sur les siens.
Puis a la fin, la longueur me contante,
Quand ęl' me fęt profiter mon atante.
Brief, le travall par coutume me pęt,
Tant, que sans lui, nul Euvre ne me plęt.
Je fę mes tręz par heures intermises,
Que je derobe aus bonnes antremises.

Puis il me coute a r'ataċher les neuẑ,
Autant ou plus, qu'a les fęre tous neuẑ.
E (ſi Dieu plęt) des Auteurs je tranſlate
Les Lieus ċhoęſiẑ, tant ma fureur me flate,
Voulant vęrſer es Rivieres de l'eau,
Ou randre egal au vif, le peint Tableau.
Je me diſtrę des iluſtres Matęmes,
Pour m'amuſer aus Poëtiques tęmes:
Intęrrompant mon ouvrage tramè,
E le lęſſant a demi antamè.
Voęrę e ma Vię, a ſoęmęmes ingrate,
Arriere-mèt du bon Vieill Hipocrate
L'utile uſage, e forvoyant ſon trein,
Rekeút l'aveine, e lęſſę le bon grein.
Einſi c'ęt moę, qui a moę fę outrance,
Ne reſpeċtant moę, ni ma remontrance:
Mon jugemant, qui d'ęrreur ſe ſęſit,
Voęd le meilleur, e le pire ċhoęſit.
   O mon Genie, an feſant ces diſputes,
Qu'an panſes tu? qu'ęt-ce que tu tabutes
Ancontre moę? que ſęrt de diſputer
Tant de deſſeins, e rien n'executer?
Veús tu touſjours tes Chams lęſſer an friche?
Apovriçant ton abondance riche?
Męs retięn moę, tu ſęẑ tous les avis,
Que nous avons conferéẑ vis avis.
   An cęs debaẑ, la Muſe, qui m'agree,
Tout douſſemant mes compleintes recree,
Que ce n'ęt pas être an un bas degre,
Que d'exęrcer la Poëſię a gre,

Dont les neuf Seurs la parte ouverte tienet,
Pour recevoer tous les Sugez qui vienet:
Un Argumant, tant haut e grave soęt,
La Poësie an son sein le reçoęt:
Il n'ęt beaute an Nature universe,
Il n'ęt secręt an Sciance diverse,
Que par les Vers pleins de grave dousseur,
N'an soęt a tous le Poëte anonceur.
Jadis an vers les Oracles se diret:
Par ces beaus Chans, les Hommes se randiret
Ansamblemant, a la Civilite,
Se retirans de la Brutalite.
Le grand Orfee, Ansion, Trismegiste,
E depuis eus, Homere, le Legiste
De la Nature, an terre sont vantéz,
Pour les hauz fęz, qu'an Vers iz ont chantéz.
 Ayant ouï einsi parler la Muse,
Je me repose es moz dont ęle m'use:
Toujjours pansant, que les dons Deliens,
Sont les beauz Ars, ancheinéz par liens,
Antretenans cete Anciclopedie,
Ou tout Esprit capable se dedie:
E quand quelcun n'an touche qu'un cheinon,
Que c'ęt trop peu, pour an avoęr renom.
Je gete l'eull sur toute la Couronne,
E d'une ardeur le Circuit j'anvironne,
Me delectant an la societe
De tous les Ars, e leur variete.
 Plus agreable a l'oreille me samble,
Finir le Vers, e le sans tout ansamble:

A quelques

A quelques uns, sans aviser au lieu,
Samble aussi bon, ponctuer au mieliu:
Męs j'eme un Vęrs, qui coule plus agile,
Suivant Homere, e après lui, Virgile.

Je suis un peu an mes Rimes trop mien,
Je le confesse, e si fęre trop bien,
N'ęt le meilleur, ancor je m'an acuse:
E de cela, je ne pràn autre excuse,
Fors qu'an song'ant aus moz, pour bien rimer,
Je songe au sans, e a bien l'exprimer.

Pour l'Ortografe, ancores moins j'etrive:
Chacun se plęse, e a sa mode ecrive,
Soęt de roture, ou soęt d'autorite:
Quant ęt de moę, je suivrè verite,
Avęq reson: męs de plęre au Vulguere,
Il ne m'an chaut, car il ne me plęt guere.

Je moulle ici l'Ancre, arrivè au port,
Pour aus Espriz, gardiens de ce bort,
Payer mes veuz, pręt de refęre voęle,
Suivant la Carte, e le Vant, e l'Etoęle.

Moins e meilleur.

T

Fautes survenues an l'Impression.

Feuillet.	Page.	Ligne.
4	2	18. liséz, avertir
		22. liséz, d'ele
7	1	23. liséz, Jusques
9	1	2. liséz, desirer
11	1	16. liséz, avoèr fèt
16	2	12. pour ces moz, il à mauvese bouche, liséz, le keur samble a la bouche.
23	1	8. liséz, inconstante.
		12. liséz, finiçoęt
27	2	12. liséz, Autre
33	1	6. liséz, Contre
	2	4. liséz, dekeuvres
46	2	2. liséz, usage?
62	2	29. liséz, ta Terre
64	2	25. liséz, rimisque
68	2	3. liséz, an quelques ēxãpleres, inultz?

Le reste sera ese a counoętre, e a escuser.

EXTRAICT DV PRIVILEGE.

IL est permis à Robert Coulombel marchand Libraire en l'Vniuersité de Paris, d'imprimer ou faire imprimer vn Liure intitulé, *Euures Poëtiques de Iaques Peletier, Medecin & Mathematicien, Contenant cinq Traictez Intitulez Louanges, sauoir est, la Parole, la Science, l'Honneur, les trois Graces, & le Fourmy: aueq autres Opuscules dudit Autheur.* Et defenses a tous autres Libraires de n'imprimer, ou faire imprimer lesdicts Euures, durant le téps & terme de neuf ans, a commancer depuis lesdits Euures acheuez d'imprimer, Sans le congé & permissió dudit Coulombel: Sur peine de confiscation desdits Liures, & d'amande arbitraire, ainsi que plus a plain est contenu & declairé audit Priuilege, donné a Paris le septiéme iour de Feurier 1581. Signé par le Conseil, le Coynte.

LA SVSANNE DE DIDIER ORIET ESCVIER LORRAIN, PORTVOIS.

A PARIS,
Chez Denys du Val, au cheual volant,
rue S. Iean de Beauuais.

M.D.LXXXI.

Auec priuilege du Roy.

EXTRAIT DV PRIVILEGE.

PAR lettres patentes du Roy nostre Sire, données à Paris le sixiéme Decembre mil cinq cent quatre vingt, signées boursin, il est permis à Denys du Val marchant libraire & maistre imprimeur à Paris, d'imprimer, ou faire imprimer, & mettre en vente ce liure intitulé, *La Susanne de Didier Oriet Escuier Lorrain*, *Portuois*, auec inhibitions & defenses à tous autres marchans & imprimeurs, de non imprimer, ou faire imprimer, vendre ou distribuer ledit liure en cestuy nostre Royaume, durant le terme de neuf ans, à commencer du jour & datte que ledit liure sera acheué d'imprimer: sur peine de confiscation desdits liures, qui seront trouuez d'autre impression que dudit du Val, & d'amende arbitraire: comme plus amplement est contenu & declaré esdites lettres. Voulons aussi qu'aposant l'extrait dudit priuilege à la fin ou au commencement du liure, il soit tenu pour duëment signifié, car tel est nostre bon plaisir.

LA SVSANNE DE DIDIER ORIET ESCVIER LORRAIN, PORTVOIS.

A MADAMOISELLE,

Madamoiselle Susanne Oriet, femme de monsieur Renaut Go. citoien Metzain, Seigneur de Grozieus, Ioully, Ieuſſy, la Grange au bois, &c. & treſorier du Roi, Didier Oriet ſon humble frere deſire ſalut, & toute felicité.

MADAMOISELLE ma ſœur, i'ai toûjours eſtimé celuy la indigne de regarder les cieus, qui ſe laiſſant flatter d'vne odieuſe pareſſe, paſſe vainement le tems: ſans mettre en auant le talent, dont les Muſes l'auroient voulu doüer. Ie repute hureuſe cette republique Argiuienne, laquelle voiant vagabonder ſes citoiens, s'encerchoit dequoi ils viuoient, & les exiloit: afin de ne nourrir vn germe corrompu, & peſtilentieus parmi leurs concitoiens. En cela deprés les ont imités les Romains, qui ne vouloient aucun marcher par la ruë, qui ne portaſt aueq luy l'vn des outils, dequoi il ſuſtentoit ſa vie, choſe grandement à loüer: veu qu'il ni a infection plus grande par l'vniuers, que l'oiſiueté, qui eſt ſelon le dire de tous les ſages la racine de tous maus. Ie parmi mon ſeiour non oiſiuemēt otieus (pour n'eſtre du nombre de ces hòmes odieus, & cenſurés des bones meurs) deceuant le tems, & trōpant l'heure, i'ourdi, ie trame pluſieurs petis tiſſus ſcolaſtiques: dont en voici l'vn que ie vous offre de bon cœur. C'eſt l'hiſtoire de SVSANNE, laquelle tout exprés i'ai choiſie: pour autant que de nom, honeur, vertu, & autres telles perfections (que ie ne declarerai plus à plain, pour vous eſtre trop proche de ſang, & que

ã ij

aussi vostre splendeur publie assés de soi) dont le ciel vous a voulu foisoner, couenés bien aueq elle, & ses semblables, Ie me suis persuadé (ce qu'encor ie fai sous vostre coustumiere douceur) que receurés de bō cœur ce mien petit ouurage, & que m'en scaurés gré : pour dauantage m'ailerer, & inciter à mieus. Madamoiselle, si cela reüssit selon mon souhait, ie vous promets que ie continuerai mon trauail en la petitesse de la doze de l'esprit que Dieu m'a doné : pour en departir à monsieur de Grozieus vostre mary, & à d'autres qui me sont seigneurs, & commandeurs (si aussi Dieu me preste les iours en la longueur qu'il en sera besoing.) Ceci est encor le premier eschantillon de ma draperie, que i'ai osé commettre au iugement des homes sous vostre sauuegarde. S'il plaist ! i'en ai d'autres tout prests, qui de longs-tems sont hors de l'atelier, que i'enuoirai aprés, pour luy tenir compagnie : s'il desplaist ! le passetems que moimesme prendrai en les façonans, sans les exhiber, me sera contentement. Il me suffira, Madamoiselle, ores que tout le monde luy ferme les yeus, que le daignies mignarder auprés de vous, & récognoistre, par ce, le seruice que ie vous doi, deurai, & rendrai toute ma vie : d'aussi bon cœur que ie prie le grand moderateur de toutes choses,

Vous doner, Madamoiselle ma Sœur, en santé longue, toute felicité humaine, augmentation d'esprit droiturier, pour honorer Dieu comme vous auez esté enseignée : & faire croistre par iceluy de plus en plus le beau los qui vous courone de toutes aimables vertus.

Par vostre frere treshumble,

DIDIER ORIET

AV LECTEVR.

LECTEVR grâtieus, c'est le moins que l'escriuain puisse faire enuers toi, que de te recômander son ouurage afin que du tout tu ne le reiette arrier, sans premier l'auoir fueilleté d'vn bout à l'autre. Ie te le di : pour autant que ie sçai bien que tu censureras mon premier liure (côme du tout mal côuenable à l'histoire de SVSANNE, & de rien approchant ce sujet) me mettant aussi au deuant le dit d'Horace, qu'il ne faut cercher la rüine de Troie du double œuf de Lede : cela ie te confesserai librement. Mais si tu as esgard à la maigreur, & tenuité de l'histoire, qui ne contient pas deus pages, que ne peuuent estre vn bon fueillet : ie croi que tu m'eslargiras de cette estroitteté, pour spatiader par ce mien premier liure plus librement : veu aussi que cela ne peut que profiter, comme toutes histoires tirées des sacrés liures des Iuges, & Rois. Tu sçais que ce mariage solemnisé au lieu de Babylon fut fait durant la transmigration. La rebellion du peuple, par laquelle tu dois entendre tous les vices entierement, qui nous rendent odieus enuers Dieu, causa ce bannissement. Dont cela ne sera trop impertinent, ni hors de propos, si i'ai desduit succintement, & sommairement court la cause de leur exil : pour aider à fournir de la trame à l'ourdissage de ma toile, que tu vois enflée de beaucoup par dessus l'exiguité du sujet. Au second liure ie fai crier le peuple à son Dieu pour sa deliurance : ou Hieremie l'incite à patience, pour y accomplir le tems de septante ans, à maisoner, iardiner, labourer, se marier pour ne descroistre deuant son Dieu : qui est la cause qu'Helcia y marie sa fille, & s'y celebre ce mariage. Le tiers liure poursuit l'histoire iusques à la fin. Ici ie crain encor ta morsure, d'autant que tu me diras : tu despoüilles Susanne, & la fais baigner sans que le texte y soit formel. A cela ie te respôd qu'il est à presumer (veu qu'elle auoit fait fermer les huis, & enuoié querir oignemés pour se lauer) qu'elle trepoit jà dedans l'eau : ou du moins qu'elle estoit preste à se despoüiller. Ce que tu vois aussi en toute peinture, dequoi toutefois ie ne me veus aider pour defence, afin de ne difformer le texte saint : souuienne toi aussi que le Poëte entremesle souuent le tems, tantot le present pour le futur, le futur pour le present. Oui mais ! tu vois que la deposition des vieillars est, qu'ils sont trouués : selon l'vn sous vn Lentisque : selon l'autre sous vn Eoüse, & nón dedans la fontaine. Ie te dirai que tout le païs Oriental (depuis la

ã iij

AV LECTEVR.

ruze de Semiramis pour obtenir l'Empire, fut vestu de robe lōgue, & qu'il luy estoit aisé (si le cas fust ainsi aduenu, ce que non) de s'enrober, & se porter sous vn arbre: veu mesme que la paillarde, pour plus doner d'allechemēt à son putier ne desire que monstrer à nud les perfectiōs de son cors. Tout ce qu'il luy eust esté aisé de faire auec sa vesture, soudaine à despouiller, soudaine à reuestir (si de tant elle eust voulu faillir) non comme les harnachenēs pompeus des dames de ce iour. Or Dieu qui est ennemi mortel du mensonge, & qui fait peruertir tout sain iugement aus faus-tesmoins, fait aussi (ce que toutefois le texte ne dit apertement) mentir en plus d'vne sorte ces vieillars, afin de rendre leur faute manifestement notoire, se trouuans mentir du lieu, & d'arbres. Lecteur n'accōte donq pour auancement cela: veu qu'il est expressément dit, qu'elle se vouloit baigner, & que les huis estoient ià fermés. Si tu me dis que ie la descri vn peu trop humaine: exposant à tous vne perfection nuë amadoüantement allechante: Ie te respōdrai ce que fit Liuie Auguste: laquelle estāt brocardée, & morduë de quelques detracteurs pour auoir veu vne troupe d'homes nuds, dit. L'emperiere Liuie ne peut auoir son cœur que sur son Auguste, encor que l'œil ietté deçà, & là en voie plusieurs autres: non moins ces homes nuds presentés peuuent endommager la chasteté d'icelle par conuoitise secrette, tant moins aussi à l'effet d'icelle. Ni de l'honorable persōne tels spectacles de gens esguillonent plus la pensée, que les belles statuës marbrines que l'on voit par tous les lieus de Rome: le cœur pudique ne s'offence iamais, quelque pourtrait attirant qu'il ait aus yeux. Or ami lecteur iugeant bien de toi, ie te prie iuger bien de moi, & attendre la pareille toutes les fois que ta plume volera iusques dedans ma main. Ie te le donc donq, pour y passer ton tems deus ou trois heures seulement au plus. Si tu le reçois de bon cœur, tu auras dauantage de moi si ie puis sçauoir qu'il te fache, ie garderai chés nous les autres choses qui t'estoient dediées. Dieu te face ioieus, riche, dehait, & accomplisse le vueil de ton desir.

Tien, à iamais, Oriet.

SIC VIRTVS SYDERA SCANDIT.

DESIDERII ORIETI, NOBILIS PORTVENSIS
in suam Helciam, suámque sororem SVSANNAM
Orietam charissimam, carmen Elegiacum.

Marmore quid liquido tu nudas Helciá membra,
  Detegis aut oculis inscia pulchra senum?
Vbere cur niueo, comptis vel more capillis
  Annosûm tu animis sic struis insidias?
Nudus amor miserè (considens fronte sabaea)
  Vrit, agit, torquet frigida crura virûm.
Commota facibus ratio iam nulla senectae
  Attrectare audet (turpè) pudicitiam.
Quis tibi nunc animus per tot discrimina maechum
  Aut cordi trepido mens satis aucta fuit?
Non fors, illecebra, delatto falsa repulsu,
  Damnarûnt in me dulcia coniugia.
Improbè amor, quid non mortalia pectora cogis,
  Viribus aut tentas perdere quémque manu?
His mors: nam lapidum perimunt sua corpora iactu,
  Ereptam morti me videt Isacida.
Chara viro, genitis, aeternûm viue SVSANNA,
  Laudibus & tantis perpetuâre decus.
Num soror huic meritis similem te carmine dicam,
  Laus, nomen cui par: sors tibi sed varia?
Solicitat venerem haec effoeta pulchra senecta,
  Dum liquido mergit pectora nuda oculis.
Sic, sic riuales (trudit quos) ipsa lucratur,
  Implacida & gemitu reiicit ora sinu.
Moribus instructam at grauibus cunabula monstrant
  Tutam & te faciunt insidiis hominum.
Praemia sic referes viuendo casta mariti:
  Consule sic meritis, consule sic soboli.
Sis memor & caeli, nec tu obliuiscere sortis,
  Corpora morte ruunt, laus diuturna manet.

ã iiij

EIVSDEM SVI IN SVAM DESIDEratissimam sororem Asclepiadeum carmen.

Astat Penelope quid nimium suas
Laudes, & meritis syderibus sacris
Effers? Dulichio pro patris hæc gerens
Bellum debita sunt in Phrygios viro.

Telas quid toties, stamina vel procos
Delusisse refers? donec opus tuum
Perfectum nitido pectine cerneres,
Nulli connubio te sociam fore.

Laudo te inuiolatam: numero sed vt
Inter tot vircas sola, pudica ve?
Mendacem arguerent secula me, nisi
Iunctas assimiles carmine pangerem.

Huc sistat Peneis principium mali
Aurigæ altitoni, fronde nitens sacra &
Lauro tempora cingens viridi ferunt
Horum perpetuò ad sydera qui decus.

Venatrix nemorum casta Diana sic
Exosa est thalamum, maluit & sequi
Damas, aut lepores, nobile quâ torum
Amplecti, sobolem progenerans sibi.

Ambæ concubitus ponerę cœlibes:
Nam castæ tibi sunt? sunt, & erût fide.

Plus est viuere lege absq, mariti, et hoc
Fama dignius, vt quæ sobolem creat.
Stuprum vindicat an forte manu satis
Romana in propriú cor? maculâ tegens
Spurtam, & nobile nomen sibi tramite
Virtutis patiens, qua vigeat diu.

Iudithâ Assyrium sic specie sua
Fallit dum Venerem solicitat, vomit
Per ferrû temulentus Bromiú rubrum,
Se castam redimens arte, manu, dolo.

Adsis tum numero laudibus Helcia,
Sola & tu referas præmia: dent sens
(Qui ausi sunt tenerâ turpiter aggredi)
Turbæ verbera, te ad sydera prouehat.

Auge quæso pudicas sotor, & tuam
Famam tu facias lambere secula:
Nec te prætereat nomine splendido
Quæuis more, Susannæque pudicior.

Exemplo simili te speculabitur
Castarum chorus omnis, canet & tibi
Hymnum perpetuò, liliáque, & rosas
Spirantes manibus nomina per seret.

FINIS.

LA SVSANNE DE DIDIER ORIET ESCVIER LORRAIN, PORTVOIS.

LIVRE PREMIER.

SAINT celeste raion, qui sur ferme racine
Fondas le mont Parnass aueq sa double
  eschine,
Et qui luy fis tes cieus de son dos voisiner,
Pour le laurier astré par peines moissoner,
Que tu plantas dessus, y laissant pour sa garde
Le chœur-neuuain troupeau, qui soigneus d'vn y garde
Ne le laisse cueillir (trop chiche de sa main)
Si ce n'est liberal au studieus humain.
Done moi clair Phœbus, que grauissant au feste
Vn rameau sur le chef i'emporte pour conqueste
Et que conté du reng de tes chers nourrissons
Ie puisse saintement entoner mes chansons;
Faisant bruire le los de la plus chaste dame,
Que le brandon du ciel ait cognu sous sa flamme,
Qui fille des Hebrieus va son nom eslenant
Depuis la riue more aux pointes du Leuant.
Muse donq haste toi, haste toi, & te guide
Legere aprés Bartas, qui de sa Castalide
Fait reuiure Iudith par ce grand Vniuers
Au seucre miellé du dous chant de ses vers.

Ne vois tu comme au sein de la Bethulienne
Fait naistre un cœur viril pour la patrie sienne
(En ce sexe peureus, par un œuure de Dieu
Qui veille de mille yeus pour les siens en ce lieu)
Deliurer de peril, sacquant un cimeterre
Dans sa douillette main pour terminer la guerre?
Chante digne Gascon par tes limés escris
Un Mars ensanglanté : ie chanterai Cypris,
Son aueugle mignon, qui d'une incontinence
Deus vieillars eschauffa sur Susanne à outrance.
Ha Muse que dis tu ? penserois tu celuy
Imiter que le ciel fait parler auiourdhuy
Seul entre les viuans? & qui docte fredone
Mille saintes chansons sur l'onde de Garone?
Non, non contente toi, tu te nourris d'abus:
Il a le luth doré du bien sonant Phœbus,
Qui le fait haut guinder sur l'aile de memoire
Pour laisser aus neueus son eternelle gloire.
Que ta Murthe oreillée escoute seulement
Une pudicité, un aspre-chaud tourment
De deus vieils r'assotés : sans que son cours liquide
Le roule dans Moselle, ou dans le Rhin le guide,
Qui tributaire rend par trois larges canaus
Sur le port Holandois à l'Ocean ses eaus :
Ou crains de l'Austre chaud la tempesteuse rage
Le faisant naufrager quant à son embarquage.
Chante donq mon Erate, efforce toi un peu,
Si tu veus mettre à fin le projet de ton vœu.
Le peuple qui conduit au trauers d'Erytrée
Entre les flots murés possedoit la contrée

Par

Par le veuil de son Dieu: depuis le Nile gras
Iusqu'à l'humide bord du fleuue, qui de bras
Au Tigre connilleus auoisiné, s'allie
Pour borner dans leurs seins la Mesopotamie :
Et paisible tenoit, heritier de long tems
Les terroirs Heuiens, Hetins, Amorrhéens,
Phereziens, encor celuy qui de la race
De Chan portoit le nom imprimé sur sa face.
Ne se souuenant plus ce trop refait Hebrieu
Du pache conuenu entre luy, & son Dieu,
Ni de sa force aussi, qui de l'inquietude
Par son robuste bras l'osta de seruitude;
Viuoit desbordément, en violant la loi,
Qu'estoit mise du ciel tant seulement pour soi,
Cil qui par le tems coi dans l'areneuse plaine
Pour plaisir quelque fois, alors qu'il se pourmeine
Se plaist de figurer cent sortes de pourtrait:
Or ici vn cheual, là vn taureau il fait,
Plus bas vn Elephant & cette humble matiere
Se laisse dedans soi, sans burin tout induire,
Mais si tot que Borée vn repurge de l'air
Commence à boursoufler, & sur terre voler:
On voit tout aussi tot cette vaine graueure
De son propre sablon niueler la figure.
L'habitant circoncis en la mesme façon
Sur la prosperité regimoit sa maison :
Et ne recorde point que tout l'heur de ce monde
Est trop plus inconstant que la vague de l'onde
Qui or s'enfle en surjon, or s'abbaisse, applatit,
Or d'vn sein tout ridé se desnoüe à petit;

A ij

Et le ioüet du vent se conduit à la guise.
Ou d'vn Zephire dous, ou d'vne roide Bise.
La bonté du terroir, & sa fertilité
Font en luy nonchalloir la haute majesté:
Et ià dedans le cœur n'a plus la souuenance
Que le seul saint, & bon done à tout accroissance,
Que ce n'est le semeur qui respandant le grain
Le pourrit dedans terre, & germe hors du sein,
Le tire puis aprés herbu, & d'vn grand lobe
L'affermit allongé : puis dedans vne robe
Son sommet chasse-faim engaine, pour à fin
Qu'il s'auance engoussé contre le ciel malin :
Cet espi bolengier reseruant pour viande
Au seul grand commandeur de la machine grande.
Il ne croit plus que Dieu dans le tortu Bacchus
Enfante le raisin, qui depuis son verjus
Le teint en pourpre, aprés noircit quand il est meure:
Pour sçauoir le tems propre & de vendanger l'heure.
Il ne voit que le lait, plus que n'est le lys blan,
Que produit le païs qu'arrouse le Iordan
Soit œuure de son Dieu : ni de son palais gouste
L'abondance du miel que cette terre toute
Engendre de plein gré. Sur Hymette le mont,
Sur Hyble Siculois plus foisonans ne sont
Les Esseins piquerons des susurrantes mouches,
Qui de leur sucre dous affriandent nos bouches
Qu'en ce fertile lieu : ni l'habitant des bois
D'Hercine de ses mains n'en moissone à la fois.
Plus de troupeaus cornus ne broutent à leur aise
Les pasturages gras sur les bords de Galese:

L'An-

L'Angleterre n'a point, ni le peuple Allemant
En deliés cottons plus blan troupeau bellant
Que ce peuple oublié: mesmes les destinées
N'ont doné plus de fruits aus isles fortunées.
Le ciel par trop benin au peuple circoncis,
Aprés vn trop grand chaud fait larmoier Iris :
Et tellement soingneus de l'ingrate persone,
Ce que veut la saison, en sa saison luy done.
Rosée a le Mouton, l'Escreuisse l'ardeur,
Le Daim frimats, glaçons, la Balance moiteur.
S'il se veut preseruer & luy, & son mesnage
Des vens impetueus, des greslons, du nuage,
Il esuentre-maçon l'ossement de Seïr,
Duquel enuelopé il se peut garentir.
C'est ce mont qu'hostellier à la troupe fuiarde
Par ses cachots pierreus seruit de cors de garde :
C'est ce mont qui beant fait sourcer vn ruisseau,
Pour l'alteré Iacob estancher de son eau :
C'est ce mont qui receut dans sa grote-poitrine
Les repas sauoureus, que la grace diuine
Fit plouuoir sur Isac, demonstrant à l'ouuert
Par quarante ans entiers son secours au desert.
Pour ses planchers, sommiers, trauons à son seruice
Il prent du dos d'Hermon tout le marrein propice :
Ou menuisier veut il assembler vn chalit,
Vn buffet : le Liban des cedres luy fournit.
S'il veut des biens d'autruy enrichir sa famille,
Il se met sur la mer, & fait voile à Muthile,
A Thedore, Mare, Tharente, Mathien,
Pour de ses Moluquois acheter leur moien,

Le Girofle, Muscate, aueq le Cinamome,
Le Zingembre, Macis que par tout l'on renome.
Or soulé pour ce coup de voguer plus auant
Sur l'Amphitrite Perse és marches du leuant:
Du nauire emploiteur il retourne la prouë,
Et redone la voile à Eure qui s'en iouë.
Passe par Calicuth, s'ahaurant à son port:
Ou il se munira de poiure chaud & fort,
Achetera du Musc, de Pegue vne denrée
De l'humain affeté au cœur trop desirée,
Des fins cottons, du crespe & satin, taffetas
Qui font grossir l'humain en pompeus gorgias.
Son nauire il retourne à Neptune qu'ahane,
Et reprent son chemin deuers la Tramontane:
Pour venir aborder dans le Persique sein,
Ou la perle il prendra d'ambitieuse main.
Retournant donq chés luy de l'Ocean indique
Plein de tant de tresors par le goulfe Arabique,
Reprent terre, eschappé des perilleuses eaus
Sous l'astre renaissant des deus freres gemeaus.
Ce bien luy poche l'œil, sans que plus se soucié
De remercier Dieu, de qui despend sa vie:
Et qui par tant de Mers, reflottant à bon port,
Seroit esté son vent, son pilote, son Nort:
Le tout acconte à luy d'industrie & de force
Se disant l'acquesteur de l'englu-cœur amorce,
Sans croire que cela qu'agissons en ce lieu
Ne prospere iamais s'il n'est benit de Dieu.
A peine a il vuidé le coffre du nauire,
Que deuers le Ponant traffiquer il desire,

Vn Plutonique soin est ce faix qui le dos
Luy charge iour, & nuit sans relache ou repos.
Il faut, il faut encor il faut insatiable
Combler ce fond sans fond, ce desir non curable :
Il faut tout aussi tot d'un auare auiron
R'aller deuers l'Ouëst refendre le giron
De la femme Pelée, & furet de ses Isles
Les biens les plus exquis r'apporter dans ses villes.
Comme par le sechoir d'un Esté chaud-cuisant
De Cybele le sein est par tout creuassant,
Beant aprés l'humeur de Iunon du haut monde
Pour mastic recoller ses fentes de son onde :
Des Hyades il faut les larmes de mille yeus,
Pour ensemble souder la terre en tant de lieus.
Ou comme celuy la qui brulant d'vne fieure
Alteré vit, & meurt de la soif, qui luy liure
Vn desseché tourment, sans qu'il puisse durer,
S'Arethuse ne vient pour le desalterer :
Boira encloaquant tout à coup dans sa gorge
Le refraichissement des poulmons de sa forge :
Et demi Dieu (ce semble) en cet auallement
Seulement en beuuant appaise son tourment.
Mais il n'a si tot beu que l'ardeur qui le seche,
Plus plus qu'auparauant vient r'allumer sa meche :
Et or aprés Iacche, or aprés Achelois
Il crie sans cesser de languissante vois.
Ainsi l'Isacien qui pour vn tems prospere
Marchant plus ne cognoit son bien-faiteur, ni pere :
Plus il a, plus il veut, & cupide, & trop sot
De l'Inde le iaune or reduit en vn lingot

A iiij

Ne luy seroit assés : ni tout l'argent qu'espanche
L'Europe par filets dans sa reineuse hanche.
Comme le dieteus, qui courbé sous le fais
D'vn humeur corrompu par tout le cors espais
Se repaist en iunant, pour affranchir sa vie
Du suiet qui dans luy cause sa maladie.
Du montagnart ainsi le soin de la maison
A traits goulus luy fait aualler ce poison :
Et plus fort que deuant de son logis desmare
Pour dessus le Trident aller redoner barre.
Le voici ià dans Cypre, ou l'antennier sapin
De ce riche Insulain veut charger le butin :
Ici de camelots, dont a l'Isle abondance,
De beau cristal, d'erain charge la moite panse,
D'esmeraudes luisans, de diamans, d'alun,
Et de cuiure rougeatre il endosse Neptun.
Vers Phœnice cinglant le port de Tyr luy baille
Le pourpre rougissant qui vit dedans l'escaille.
Desbarquant il voit Rhode : ou Charés le sculpteur
Son nom eternisa, par l'immense hauteur
Du soleil emmenbré. Ià delaisse Carpathe
A la gauche : & delà deuers Crete se haste,
Ou il prent le cyprés, le vin delicieus
Meilleur qu'il en soit point sous la voute des cieus,
Il tourne dos au Sud, montant deuers Borée,
Et vient mouiller ses ais dans le sein de l'Egée.
Les Cyclades il voit Dele, Chie, Themis,
Pathmos lieu renomé, pour l'Apostre transmis
Exilant en ce lieu, Amathe metailleuse,
Anticir d'hellebore en elle fructueuse :

Il voit

Il voit Tinon, André, Fermene, Siphano,
Nicarie, Namphi, Zinaraue, Iero :
Le marbre, & le maſtic ſont des enfans de Chie,
Et cette pierre auſſi ſe trouue dans Parie :
Les autres il delaiſſe en tirant vers le Nort,
Et ſe refraichira dedans Coüm le port.
Apelles y naſquit (miracle de nature)
Le premier, & dernier en l'art de la peinture :
Delà vient au ſecours des homes Hippocras,
Qui ſans aide plioient ſous le morne treſpas :
Voit Samos, ou naſquit le docte Pytagore,
Et l'Eſbe qui encor ſon Theophraſte honore.
Adonq Seſte des yeus cet home ſans repos
Aperceu, voiageant iuſqu'au lieu de Lemnos
(Dou le fourneau flambant la fumée deſgorge
Pour le fer martelé que le Cyclope y forge)
Gagne la Samothrace, & veu Athele mont
Redeſcend par la Grece, & vient à Nigrepont :
Et touiours ſe berçant ſur le dos de Neptune
Voit la pente d'Attique au plus haut de ſa hune.
Delà d'vn auiron, ſans point ſe deſarmer,
Laiſſe Argie à la droite, & paſſe l'archimer,
La Morée, & Corfun : & aprés de là pique
Chaſſé d'vn Euro auſtre au golfe Adriatique.
Là dedans du coſté de la porte de l'an
Il voit le Dalmatois, le Sclauon l'Hiſtrian :
Et n'eſtant empeſché du voiſin de la Biſe
Vient la voile baiſſer dans le port de Veniſe.
Acheté qu'il a d'eus, ce que vient à ſouhait,
De ce lieu alléchant à peine ſe deffait :

B

*Mais le desir trop grand qui sans cesse en luy boüille,
Luy fait les Bolognois, les Ancons, & la Poüille
De l'auiron baisser, & ioignant le costé
D'Hydrunte tournoier le Calabrois Prothé.
Ià pour se refraichir il descend à Sicile,
Le succre y prent sa nef, & d'autre chose vtile :
S'amonte vers Messine, ou d'vn ouuert giron
Reçoit le nautonier, tremblant pour l'enuiron
Des fureurs de Scylla, des rages de Caribde
Que contre ses rochers mal adroit ne se guide :
D'Aetne le mont y voit, qui darde vomefeus
Ses brandons allumés iusqu'aus voutes des cieus.
Eschappé du peril, Vulturne de secousse
Dans la mer de Thyrrhene à coup de vent le pousse,
Laissant à son costé Liparé vers Midi,
Vulcan, Salme, Alicur Isles, & Stringoli.
Mais en iettant ses yeus deuers l'arctique pole
De Naples voit le regne, & l'Itale qui vole.
Par ses faits valeureus sur les terres, & mers
Soubmises sous ses mains par tout cet vniuers :
Bastissant le renom de sa grand' monarchie
Sur les seurs pilotis de l'eternelle vie.
Il voit l'Isle de Corse aueq ses montagnars,
Gens larrons, & cruels, corsaires, & pillars :
La Sardaigne voisine en baings chauds, & Salines,
Fort riche & de l'argent qu'on tire de ses mines :
Mais poure pour celuy, qui s'en va deterrant
Le simple qui mangé fait rire le mourant.
Or tirant touiours droit de la mer Ligustique
Vers le lieu, ou Titan du haut seiour repique,*

Il laisse les Gruiers, Prouençaus, les Gascons,
Le Baleare Islain, qui de mille façons
S'exerce soit sur terre, en l'air, ou dedans l'onde
De tirer droitement les caillous de sa fonde.
Sur l'Espaigne il a l'œil, iusqu'à ce que tout droit
Dans le bois poissonant voit de Cape l'endroit.
Il ne passera point à se coup sa limite,
Il craint que l'Ocean contre luy se despite.
Assés & plus qu'assés il se trouue soulé
De ce qu'il a conquis dans l'element salé
Qui de tous les costés de barrieres se ferme
Par les trois parts peuplés de cette terre ferme.
Or retourne donq bride, & la poupe à Gadés
Pour reuenir chés toi: laisse Marock, & Fés,
Les Maures, Vticins, ceus de Thune, Cartage,
Qui du Romain souuent à matté le courage.
Tourne dos aus Maltois, passe les Numidois:
Ne crains tu approchant les ondoians abbois
Des Syrtes bastissans de la greue marine
Mille vains mons bossus sur leur glissante eschine?
Vois là les Lybiens, & l'Oracle d'Ammon
Qui belier deuineur d'amphibolique son
Respond au demandeur: passe au Phare du Nile,
Et r'entre desbarqué dans ta chere famille.
Ainsi ce marinier du sien, & de l'autruy
Presqu'a demi soulé se desborde auiourdhuy:
Idolatre veautrant en la fangeuse lie
Le train desordoné de sa mechante vie.
Et comme l'enfançon que lon voit au matin
Rempli desià de lait se iouer au tetin:

B ij

Or entrouurant tantot sa bouche tendrelette
Pour happer amoureus la cerise pourprette
Du vitale conduit, l'empoignant, & laissant:
Or de petite main d'vn plaisir se paissant
Autour du sein poli de sa belle nourrice
S'agasse à resucer cette pome laitice.
Ou non moins que celuy qui d'vn glouton plaisir
Ne peut du ventre creux contenter le desir,
Ou parmy vn banquet plus a pris de pasture
Plus en desire auoir sa louuine nature:
Or d'vn doigt affamé allongera le bras
Pour ventre-vny par tout sauourer le repas,
Et Apice goulu, or yurongne Cambyse
Mets sur vins, vins sur mets, entasse sans remise:
Et sentant dedans luy & Bacchus, & Cerés
Qui l'orifice sien estoupent ia de prés
Son brutal appetit pour cela ne se donte,
Ains enfourne gourmand l'exces qui le surmonte.
Ce peuple Iduméen, qui de taies les yeus
A chargés, ne voit plus la lumiere des cieus
(Flottant parmi ses biens:) ains en bandant ses toiles
Laisse les vens mondains souffler dedans ses voiles
Iusqu'à ce qu'imprudent sans Ourse, sans Nocher
Son nauire esgaré brise contre vn rocher.
Si le desir qui poingt, & saintement enflamme
Vn cœur tout enzelé esperonoit ton ame
O! peuple Iudaïque, & tes bandés espris
Desuoiloit pour reuoir les celestes escris
Beaucoup feroit pour toi: mais plus fort tu te ferre
Idolatre t'armant pour leur faire la guerre.

Plus

Plus on seme à tes pieds de ces sacrés propos,
Moins tu vis, les oians, vivant moins à repos :
Plus l'on te fait gouster de la Manne divine,
Moins se seucre du ciel dedans toi prent racine :
Et au ventre ressemble à qui trop d'aliment
Mal honneste fait rendre un cru-vomissement.
Ou comme à celuy la, qui alité malade
Rien ne se trouve à goust, qui ne luy semble fade :
Et ce qu'est le meilleur, pour trouver guarison
A la bouche est un fiel, une mort, un poison,
Et empesche portiere (envieuse au remede)
La doze-chassemort de son salutaire aide.
Ta raison sensuelle en ce point ne veut pas,
Que gouste de l'esprit le savoureus repas,
Ce pain delicieus, cette manne celeste
Qui tomba au desert nourrisse sur ta teste
De ce pain enfant né du pouvoir de ton Dieu
Est animé le feu, l'eau, la terre en ce lieu,
L'air repaire aus oiseaus, peints de diverse esmaille,
Les fleuves, l'Ocean Roi du peuple d'escaille.
C'est pourquoi maintenant comblé, & tout rempli
D'infidelle mechance en toi est accompli
Le tems prophetisé par le saint d'Isaie.
Peuple abismé dedans le gouffre de ta vie,
Le plus haut de ton chef d'oreilles à peuplé,
Et oiant tu m'entens, tant tu és desreglé :
Au front tu as deus yeus, de ton cors les chandelles,
Et voiant, tu me vois de tes doubles prunelles :
Tu les as emmurés à l'encontre des cieus
Pour embrasser la terre, & adorer ses Dieus.

B iij

Par iceus tu ne vois dedans la claire glace
Des dix edits de Dieu sa reluisante face:
Plus tu ne te souuiens du despité soldart
Qui dans le rouge flot trempa son estendart,
Abboiant contre toi, & le ciel (trop parjure)
Lors qu'il mouroit dans l'onde vn million d'injure.
Tu ne te souuiens plus, aiant passé à sec
Ce Triton vorageus, que te fit Amalec:
Quand dressant contre toi son arrogante creste
Tu luy brisas menu d'vn orage la teste.
N'as tu le souuenir de tout ce qu'as ouï
En des sons tonerreus au desert Sinai?
Non, non: tu ne scais plus qu'elle est du cœur l'offrande
Que le saint de tous saints de son peuple demande.
Tu n'as plus pour fronteau, tu n'as plus dedans toi
L'ombrage seulement de sa diuine loi:
Et au lieu d'adorer cette bonté immense,
Le recognoistre Dieu d'vne eternelle essence,
Inuincible, puissant, plein d'amour, vn Dieu fort,
Idolatre tu rends le seruice au bois mort,
Qui dolé, peint, fardé, de main, d'art, & peinture
Noit, ni parle, ni voit rien que soit en nature.
Deuant ce bois taillé, sans craindre le courrous
De ce haut defenseur, tu flechis les genous.
Tu soüille malheureus de mille vitupere
Son nom que tu deurois venerer sur la terre.
Aueque son edit plus souuent as debat,
Reposant au trauail, d'vn œuure fais Sabbat.
Celuy qui t'engendra de semence feconde,
Pour viure longuement prise moins qu'home au monde:

Et

Et toutefois de luy tu tiens deſſous les cieus
La forme de ton cors, la beauté de tes yeus.
Sanguinaire outrageus l'eſpée au poing te guide
Contre le tien voiſin, pour en eſtre homicide.
Brulant d'vn feu brutal vn appetit conçois
D'embraſſer celle la, qu'adultere deçois.
Larron tu as la main touiours ſur le pillage,
Encontre vn tien prochain tu diras faus langage:
Encore qu'auſſi tot vienne le repentir,
Poſtillon ſur celuy qu'aura voulu mentir.
En conuoitant l'autruy touiours plus fort attiſe
Au lieu de l'amortir ta propre conuoitiſe:
La femme deſirant, ſeruante, poule, & l'œuf
Les terres, les maiſons, prés, cheuaus, l'aſne, bœuf:
Et d'vn cuider fraudeus deſſus ta fauſſe enorme,
Penſe que ſans vengeance, & ſans yeus le ciel dorme.
Mais comme à l'vſurier plus deura le deteur,
Plus il tarde à paier, ce dont eſt detenteur:
Soit le preſt, l'intereſt, touiours plus il r'embourſe
Aueq le tems gliſſant dans l'abiſme ſa bourſe.
Ainſi celuy qui voit de ſes yeus Lynoiens
Des mortels formillans & les maus, & les biens,
Ore que pour vn tems le mal-fait ne puniſſe,
Il ne faut pas penſer que ſon bras s'engourdiſſe:
Ains plus en patience, & douceur il attend,
Plus fort ſur le peché ſon bras fort il deſtend.
Ou comme celuy la qui d'vn denier prodigue
Contre vn rauage d'eau baſtiroit vne digue
Pour empeſcher le cours de la fille d'Iris,
Qui d'vn dos friſſonant s'en va porter le pris

B iiij

Qu'a Portune elle doit, feroit vne folie :
Veu qu'or que pour vn tems l'enceint du canal lie
Dans le tour de ses bras ce courant cristalin :
Pionnier toutefois il boulera malin
Ce foible empeschement, grossissant d'vne enflure
Pour ruer jus ce clos, qu'enferme son allure.
Du tout puissant aussi qui veut ruer en bas
Vn mal inueteré rien n'empesche le bras :
Ains le ciel, & le feu, l'air à ce darde foudre
Font place quand il veut menuiser l'home en poudre.
Tu le sçais : car à peine en vn borné monceau
Du dous fleuue Iordan tu vis le courant d'eau
Sur son cours diuisé, pour te fournir passage,
Que le fils de Charmi se soüilla du pillage
Trouué dans Hierico. Puis quelque tems aprés
Ià faché dans ton cœur de suiure Dieu de prés
Tu sers à Baalim, & Astaroth adore :
A l'Heuien tes fils, de luy ses filles ore
Pour les tiens tu reçois, t'alliant interdit
Contre ce qu'est doné pour eternel edit.
Dont le frere puisné de Caleb te retire
Du Mesopotamin qui huit ans te martire.
A peine de ce ioug as tu le col demis,
Que ton peché te fait des nouueaus ennemis :
Suscitans contre toi d'vne face despite
Eglon dominateur du peuple Moabite :
Mais Aod le gauchier puissant fils de Gera
De son glaiue aceré le ventre luy fourra :
Tenant tout aussi tot la Moabe occupée
A force de courage, à force de l'espée.

Pour

Pour ton mal reuenger Samgar le fils d'Anat
D'une gaule de bœuf à six cens a combat,
Ruant ius, & tuant d'une force non telle
Ces palles Philiſtins ſur terre peſle-meſle.
Affranchi de ſes maus, tu ne te peus tenir,
Remachant tes forfaits, pire home deuenir
Que n'es au parauant, & touiours meſme choſe,
L'œil de ce ſaint Argus qui ſur toi ne repoſe
Irriter contre toi : tant que le Roi Iabin
Du païs alleché, de toi, & d'un butin
Siſare fait armer pour te liurer la guerre,
Que Barac deſconfit : & ſes temples enferre
La vaillante Iahel. Mais vien çà peuple Hebrieu,
Tu n'as ſi tot receu le ſecours de ton Dieu;
Qu'ingrat tout auſsi tot ne mette en oubliance
Son aide, ſon fort bras, ſon ſupport, ſa puiſſance.
Or il faut donq, il faut qu'encor les Madians
Te rendent cauerneus, affoibliſſent tes ans
De mille pouretés, & que tu ne moiſſone
La nourriſſe Cerés qu'a ſemé ta perſone :
Il faut que tes brebis, tes bœufs, aſnes, troupeaus
Et tes biens ſoient l'endoſſe aus genoüilliers Chameaus.
Mais bon Dieu qu'eſt ceci ! plein de miſericorde,
De ce peuple affligé piteus tu te recorde,
(Ton prophete enuoiant deuers eus meſſager,
Pour borner tout l'effort de ce peuple eſtranger)
Et ne veus plus ſouffrir que l'infidele troupe
(Mourant palle de faim) le viure ainſi luy coupe.
Voici, voici deſia, voici Ierobaal
Qui luy torche les yeus, qui forbannit ſon mal,

Qu'aueq trois cens lapeurs, aians lampes, bouteilles
Et trompettes auſſi ſans cargues font merueilles:
Enroutant tout le camp, & l'vn l'autre inhumain
Fait rougir ſon couſteau dans le ſang du prochain:
Mais ton Ephod ſacré ce peuple ſans doctrine
Fait chopper contumas, contre la loi diuine.
Quoi! tu viens à rechoir? çà, çà pour toi Iephté
Veſte le corſelet, contre Ammon deſpité:
Ià deſià il fait vœu s'il emporte victoire
D'holocauſte immoler au ſeul regnant en gloire,
Ce que de ſa maiſon deuant luy ſortira:
Quand cerné de laurier du choc retournera.
Ah! Iſac touiours plus ta vie ſe polluë,
De l'edit de ton Dieu ta memoire eſt tolluë:
Tu ne ſens plus les coups, la greſle, la fureur
De l'Ammonin ſoldart, qui d'effroi, qui d'horreur
T'a fait trembler cent fois, & d'vne promte ſuitte
Flanquer de l'eſperon ta peu vaillante fuitte.
Contre Dieu repechant t'accornent trop mutins
(Comme verges de luy) les peuples Philiſtins:
Et t'eſcarboüilleront ſans le ſoudain remede
Du fils de Manüé, qui court vers toi pour aide.
Mais voici arriuer ce fort Nazarien,
Qui te ſert d'vn rempart, qui te ſert d'vn lien
Pour brider home ſeul d'inuincible courage
Du peuple Philiſtin la ſanguinaire rage.
Vois tu comme il attache aus renars des flambeaus
Qu'embrazent par Vulcan l'eſpi meur aus fleaus,
Les oliues, là vigne: & qui d'vne machoüere
Mille homes ſacrifie à ſa propre cholere?

Qui

Qui comme le mouton est porté sur le dos
Du loup sans nul ahan: sur ses nerfs, sur ses os
Les portes de Gaza tout en la mesme sorte
Iliette hors des gonds, & sur vn mont les porte:
Et qui fait aueuglé de la maison le toit,
Sur le peuple, & Dagon tomber, ou il estoit.
Faut il or maintenant aprés tant de tempeste
Que l'enfant de Cythere a trait couché t'aguette?
Te faisant semencer de celle la le flanc
Qu'il ne t'appartiens pas, encore que du reng
Des concubines soit: si est ce qu'en la guise
Il ne faut que forceur l'appetit brutalise
Si, si brutalement, & aueq tel desbord
Que l'Achese desuide à son fuseau son sort.
Dont du cors charongneus il fait douze parties,
Pour aus douze heritiers monstrer tant d'infamies.
Ce bouïllant appetit plein d'vne enormité
Encor sous le soleil n'a esté raconté
Depuis le fleuue Gange, ou il prent sa carriere,
Iusqu'au bossus Atlas, ou ferme sa barriere:
Mais tu n'as pas si tot gloutoné ce plaisir,
Que sur l'outrage tien sans la peine gesir.
Le Philistin reuient (de ton Dieu les tenailles)
Qui tapisse les chams par deus fortes batailles
De cors ensanglantés, & fait victorieus,
Met l'outrageuse main sur l'arche des Hebrieus,
Mais ce Dieu qui n'a point son pareil en loüange,
De ces outrecuidés prent bien tot sa reuenge:
Les brochans de langueurs, & peuplant de souris,
Le terroir semencé de bled, d'orge, de ris.

C ij

De rechef il se monstre à ce peuple propice
Par l'intercession du brulant sacrifice
Offert par Samuël, mettant en desarroi
Ce mutin qui vouloit l'estreindre sous sa loi.
Pour tant d'aides, d'appuis, de conforts, de refuges
Que Dieu t'a fait sentir par le bras de tes iuges,
As tu de rien changé ton viure, ta façon?
Non certes: Mais ainsi qu'vn trompeur hameçon
Sous l'appast proditeur sacrochante denture
Cache pour attirer de l'humide froidure
Le muetant poisson: sous semblables repas
Tu te vois accroché de tes mesmes appas.
Te feras tu sous ceus qui portent le beau sceptre
De l'edit de ton Dieu plus soigneus recognoistre?
Non, ie ne le croi pas: or que le fils de Cis
Ait le camp Philistin à vauderoute mis,
Amalec captiué, saccagé l'ost sans nombre,
Qui dessus Raphidim te fournit de l'encombre.
Ne vois tu que Dauid entre seul au combat
Contre ce six-coudé home, ce monstreus Goliath:
Et qu'il tue d'vn caillou sagetté de sa fonde
Ce superbe Gethin deffiant tout le monde?
Ce tue-ours, tue-lion du ciel prent tout l'effort
Qu'il a, pour endormir ce Geant de la mort:
Et que cent & cent fois bouleuart à l'encontre
Du Philistin soldart valeureus se demonstre.
Hà! peuple forcené, il faut bien que ton Dieu
Se sente trop souuent mesprisé sur le lieu
De ton fait malheurs: puis que sans nulle cesse
Il te tient assiegé de mort, perte, d'angoisse.

L'orage

L'orage n'a si tot son tourbilon cessé
Sur toi, que par ton mal il est recommencé:
Et que se rehaussant d'une grondante audace
Te fait crouler le cors, te fait blesmir la face.
Et comme on voit de l'Austre un fumeus aleiner
L'azur, & le fin or du ciel enuironer
De nuages espais : & l'aleine plus chaude
Ne pouuant surmonter la region plus haute
Se despiter à part, sur terre saboulant
Vn grand cors poudroieus, qu'elle va recueillant
Pour aueugler l'humain, valet fermer la porte,
Fenestres, ventilons, & esmouuoir en sorte
Cet air qu'est prisonier en luy donant des yeus,
Qui cent mille ruisseaus font pisser par iceus :
Qu'il semble que Iupin, que Pluton, que Neptune
Vueillent repartager cette terre commune,
Le champestre s'enfuit, voiant le ciel malin
Dessous le vert cheueus d'un arbre plus benin,
Ou dans quelque cachot, ou chantier d'un riuage,
L'home de carrefour se rechasse au mesnage:
Tant que l'air trop plus gai, & plus plaisant d'accueil
Retourne, aiant versé ses larmes, & son dueil,
Pour se remettre hors. Tu n'as au reciproque
Exilé ton peché que contre Dieu recheque.
Que fit ce tut-geant, harpeur fils d'Isaï
Estre du fils de Cis mortellement haï
Que ton iniquité? luy qui comme rondelle
Te couuroit, pour n'auoir une plaie mortelle?
Il faut or maintenant que ce prince facond
De deuant son seigneur erre home vagabond:

C iij

Et qu'Achis Philistin son ennemi conçoiue
Plus d'amour que l'Hebrieu, & que benin reçoiue
Ce fort porte-houlette. A la parfin fait Roi
Le mespris de ton Dieu, le mespris de sa loi
Le Philistin guerrier encontre toi suscite,
Duquel par son bras fort desconfit l'exercite
Le destruisit encor vne autre fois aprés.
A Moabe deffaite il fait ietter regrés :
Le regent de Soba aueque sa cheuance,
Boucliers d'or, ses cheuaus, chariots, sa puissance
Il enserre sous soi : & fait encor iouguer
Le Syrien harnois qui vouloit arroguer.
Ses faits, non faits humains, sa force non humaine
Te sont pour faire prendre, & le soufle, & l'aleine.
Et toutefois voiant par infinis combas
Tes ennemis dontés, & rués tout à bas,
Le païs en repos, vne paix amoureuse
Te rendre au soc trenchant la terre fructueuse,
La matrice feconde, & fertile ton lit,
Tu retourne toiours à ton premier delit.
Si qu'il faut que ton Dieu d'intestines batailles
Te face deschirer aus ongles tes entrailles :
Aprés s'estre vengé de l'outrageur Hanon,
Du fauteur Syrien, & du peuple d'Ammon.
Absalon forlignant à la perruque blonde
Sera pour te noier de Doris toute l'onde,
Sera pour te bruler vn chaud-cuisant flambeau,
Ce sera ton licol, ce sera ton tombeau :
Partial se bendant contre l'oingt de son pere,
Pour te faire tomber aueq luy par la guerre.

Mais

Mais! veus ie passer outre en propos, ou finir,
Me pourra sur tes faits Angerone tenir?
Non : car tant plus le ciel de maus sur maus t'entasse:
Tant plus d'iniquité l'une à l'autre remplace.
Et comme on voit le saule, à qui l'on a tollu
En Feurier tout le poil, se rendre cheuelu
Plus fort au renouueau, & d'un peuplé fueillage
Faire au lassé passant rideau de son ombrage.
Tant plus tu es pillé, meurtri, brisé, battu,
Sans restablissement, guarison, sans vertu :
Tant moins l'edit d'Horeb, qui sous tes pieds s'abbaisse
Droit au cœur, sur ton front, vers tes yeus tu redresse :
Tant moins tu te contiens en un remis deuoir,
Pour ne plus essaier de ton Dieu le pouuoir.
Ains comme ce drap la qui de grosse filure
Et cotton escarché reçoit dans sa frizure
Plus de poudres au vent, que celuy qui plus fin
Seroit plus delicat & filé comme lin.
Ainsi grossier, reuesche, idolatre, barbare,
Inhumain, un trompeur, blasphemeur, un auare,
Seditieus, mutin, paillard, & conuoiteus
Tu reçois en pechant de ces vices noüeus
De vice accroissement : tout ainsi qu'en la chaine
En sa circonference un chainon l'autre meine ;
Pour ainsi mariés d'un soudé brazément
Au tour d'un col mignard seruir de parement.
C'est pourquoi de rechef, à celuy qui la fille
Amoureus espousa du puissant Roi du Nile,
Dieu par trop irrité de sa pollution
Fait gresler tout à coup un tems d'affliction

C iiij

Par Adad, & Razon, qui vestus de leurs armes
Luy donent main sur mains souuent chaudes alarmes.
A Roboam son fils l'Egyptien Sezac
Court sus, & Iebusée il met du tout à sac :
Pillant du Dieu du ciel la maison honorée,
Et la roiale aussi de vaisseaus decorée :
Sans le debat sanglant qu'a le Roi Roboam
Et son fils Abias contre Ieroboam,
Qui ne sont que fleaus que le tonant t'enuoie
Pour t'instruire comment il faut tenir sa voie.
Et comme d'un batteur on voit par dedans l'air
Le fleau resonant deça, delà voler
Sur la gerbe de bled, pour tirer de l'escorce
Le grain pur enchassé aueque viue force.
Ainsi pour t'espurer souuent le souuerain
Bat ton cors, pour tirer de l'esprit un pur grain :
Afin qu'un saint lingot au creuset, à l'espreuue
Du fourneau essaié deuant luy tu te treuue.
Mais quoi ! ie ne voi point que dedans une mer
(Tes peines racontant) ie me vay abismer :
Et que tant plus ton Dieu te ruine, te plaie
De plus fort regimber contre luy tu t'essaie.
Ne te souuient il plus de l'effort Baasa,
Qui mutin se grossit contre le Roy Asa :
Et ainsi se pinçans, sans la force estrangere,
Lioneaus rougissoient de tes costés la terre ?
Or si tost qu'on a veu de ton Roi en ce lieu,
Et les œuures de toi agreables à Dieu :
De tous tes ennemis tu as veu le pillage,
Et sans nuls coups ferir d'iceus piteus carnage.

De

De Moabe, d'Ammon les bouffans eſtendars,
Et du mont de Seïr les acharnés ſoldars
Vis l'un l'autre choquer: quand du bon & ſaint prince
Ioſaphat ils vouloient ruiner la prouince.
Mais le peuple changeant, & ſon Roi de ſes meurs,
Dieu change à leur endroit de bontés, de douceurs:
Et leurs fait de langueur diſtiller vne pluie,
Que fait plourer leurs yeus, & point ne les eſſuie.
Comme le Philiſtin, l'Arabe ſur Ioram
Fit marcher gaſte-tout vn formillon de camp,
Pour piller ſes treſors, & ſes fils, & ſes femmes
Captiues emmener de douleurs toutes bleſmes.
Paſſons Ochoſias. Que fit ſon fils Ioas
Sinon aus bras des ſiens mettre le couſtelas
Pour l'eſgorger au lit? recompenſe a la vie
Du meurtre diſpenſé ſur l'home Zacharie:
Faire deſcendre armé le Syrien encor,
Pour meurtrir tout ſon peuple, & rauir ſon treſor.
Amaſias aiant ſouſmiſe l'Idumée,
Enflé d'vn cœur plus gros de cette renomée
Prouoque encontre luy d'vn arrogant propos
Le fils de Ioachaz, pour tollir ſon repos,
Butinant or, argent, & les choſes plus rares,
Que Solyme tenoit dans ſes capſes auares.
Au lieu d'Amaſias, Ozias eſt fait Roi,
Qui d'vn fidele cœur maintient de Dieu la loi:
Auſſi à ſa bonté Dieu ſe monſtra propice,
Tant & ſi longuement qu'il ſuiuit ſon ſeruice:
Dontant des Philiſtins l'enuahiſſeur complot,
Et murailles rompant de Geth, Iabne, & d'Azot.

D

Mais surmonté tantot d'une vaine arrogance
Veut de tous saints edits transgresser l'ordonance,
Et faire encensemens : sans que le souuerain
Par la lepre luy fit tantot sentir sa main.
Ioathan droiturier vn prince debonaire
Vainq le peuple d'Ammon, & le rend tributaire.
Son fils Achaz regnant, en suiuant le chemin
Du peuple d'Israël, du peuple d'Ephraïn
Fait descendre sur luy (comme vn home idolatre)
L'Assyrien soldart, qui vient pour le combatre:
Fait descendre Israël, qui pille leurs maisons,
Tut son peuple à outrance en cent mille façons:
Edom, le Philistin se font encor cognoistre
Capitaus ennemis du Iudaïque sceptre.
Et tout ainsi qu'on voit les Aquilons brisans
Les honeurs des forests sur l'Autone chassans
D'vn vent glace-trainant aueq telle tempeste
Que les arbres cossans l'vn l'autre de la teste
Se courbent or deçà, or delà sans cesser
D'aller (tous esclatés) leur nourrisse baiser.
Ainsi de tous costés à roide & basse bride
Desbende le soldart sur la troupe Isacide:
Mais ton Ezechias plus que son pere saint
(Craignant Dieu) de son Dieu a le courrous esteint.
Ce prince vertueus fait repurger le temple,
La loi du souuerain iour, & nuit il contemple,
Rompt le serpent d'erain, & sa priere aussi
Fait plouuoir de son Dieu sur Iuda la merci:
Quand il voit tant de cors, cent quatre vingt cinq mille
Par lange du Seigneur hachés tous à la file.

Quel

Quel guerrier valeureus! hô! quell' force de bras!
Quel trenchant de l'espée, & quel fort coustelas,
Pour endormir si tot d'une nuit eternelle
En l'espace d'un rien cette troupe cruelle?
Hà! qu'est fort ce seigneur, qui sans aide d'autruy
Peut faire culbuter tant d'homes auiourdhuy.
Manassé n'a rien fait que s'engendrer des peines,
Se filer des cordeaus, & se forger des chaines
Pour son cors enferrer : & ainsi prisonier
En l'estrange païs iusqu'au sanglot dernier
Porter iusques au ciel, qui de misericorde
Vers le Roi Maniclé à la fin se recorde.
Amon preuariquant prouoque contre soi
Ses propres seruiteurs (n'estant que deus ans Roi.)
Vien donq mon Iozias ieune fruit d'esperance,
Toi qui as eu de Dieu plus grande souuenance
Qu'autre de deuant toi : & qui n'as point gousté
L'abisme ou deuoit estre un iour precipité
Tout ce peuple perdu : si est-ce que peu sage
Tu voulus estouper à Nechan le passage
Qui la mort te cousta. Son fils regna aprés
Ioachaz, qui ne tient le roiaume de prés
Que trois mois seulement : car Pharon Roy du Nile
Le captiue, & se rend tout le païs seruile.
Ton Dieu qui ne peut plus endurer à ses yeus
De tes peres, de toi tant de faits vitieus :
Et qui trop patient, de cœur trop debonaire
Iusques deuant ton huis, & dedans ton repaire
T'enuoie ses herauts, pour touiours t'enhorter
D'Idoles, & de sang, au moins te deporter :

D ij

Ou sens desià sur toi gresler mille tempestes,
Que t'annoncent les voix de ses saintes trompettes.
Combien de fois Elie, Elisée, Abdias
Prophetes de ton Dieu, Michée, & Ozias
Ont crié si souuent de ce saint les merueilles
Iusques à molester tes trop sourdes oreilles?
Ne fis tu Zacharie assommer de caillous:
Pource qu'il t'annonçoit de ton Dieu le courrous?
N'ont donq hautains clerons si souuent Esaie
Osée aueq Amos, Ionas, & Hieremie
Bruits de sons esclatans la fureur, le desdain,
La faim, peste, la guerre, & l'accrochante main
Qui deuoit t'enuahir: pour à ce saint Empire,
A gages soldoiés seruir de rage, & d'ire?
Ces voians ne sont rien qu'inuenteurs de propos,
Des Rois, de leurs suiets ils troublent le repos:
Et touiours importuns nous chantent de leur bouche
Ià Dieu d'vn arc luné son trait sur vous descouche.
Mais nous n'en voions rien: le peuple vit en paix,
La terre est engrossée, & sur soi porte vn faix
De bled, d'orge, d'auoine, & milet, & legume,
Et dort son habitant sur la mollette plume.
Que demandent de nous à tous coups ses criars,
Ces butors enroüés, ces gruës, bruians iars?
Nous ne les croirons pas: suiuons, suiuons la voie
Qu'est sans nulle aspreté plus perfaite de ioie.
Tu és trop aueuglé, la crasse de tes yeus
Ne peut apperceuoir la lumiere des cieus:
Tu ne peus au trauers (comme chose mortelle)
Des neufs cercles luisans de ta louche prunelle,

Cognoi-

Cognoistre rien du tout de ce que fait ce Dieu,
Qui s'arme mutiné contre ceus de ce lieu.
Dieu qui de ses legats voit toutes les paroles
Vers ce peuple malin estre plus que friuoles,
Qu'a tout le cors de fer, de dur acier le cœur,
Et qui ne peut plier, contumas, sans douceur:
Cent fois (puis que de luy à toute heure il se cache)
Se repent du contract de son eternel pache
Fait aueq Abraham, & sa posterité,
Qui mesprise glissante ainsi la deité.
Pourquoi donq ciel ta main vengeresse tant tarde
D'arracher iusqu'au fond cette race bastarde?
Hà! seigneur tu ne peus : touiours bon, vn, entier
Ta bouche ne scauroit vers les homes mentir.
Ce saint plorant des yeus la tempeste foudaine,
Les greslons-brises-toits, les foudres, & la geine
Qu'a l'home Isacien il prepare, & les maus,
Qui le couurent desià comme grans torrens d'eaus:
Discorde fait venir, la rage, l'iniustice,
La force, glaiues, feus, violence, auarice,
L'orgueil, & la menace, & prison, & le dueil,
Et de tous ses bourreaus aiant fait vn recueil,
Il les enuelopa dans vn ploton de nuë,
Pour faire aus yeus de tous ignorer leur venuë:
Puis ce monde d'ennuis souleue sans respit,
Et sur le Chaldeen le iette de despit.
Le tout-puissant aiant dardé sur la persone
Ce squadron d'ennemis du Roi de Babylone:
Soudain, soudain roulant des yeus vn maltalent
Sa poitrine en aigrit, & rechigne du dent,

D iij

Trotte de part en part : & soit ou qu'il chemine
D'vn sort prodigieus quelque malheur rumine.
Il n'a point de repos, bien moins que le cheual,
Qui croulant les cheueus fait cognoistre son mal.
Car le tahon n'a point pendant vne ardeur grande
Si tot son flanc mordu que soudain il desbende,
Repiqué d'vn second, d'vn quatriéme, d'vn tiers
Qu'on le voit desbridé sans tenir nuls sentiers
Ruer, sauter, courir, & à belles gambades
Faire sans esperons vn millier d'explanades :
Or du pied, de la queuë, or du crin s'esmouchant,
Or du cors tout tordu deçà, delà machant
A belle naquetade, & du dent qui s'irrite
Au facheus aiguillon qui si fort le despite :
Et qui luy fait ainsi de ses chauds piquerons,
Sentir bien plus de mal que de cent esperons.
Ce prince Assyrien courant mesme fortune
Sent sur soi du haut Dieu la cohorte importune.
Il crie, ô ! qu'est ceci guerriers, ô ! qu'est ceci,
Ie me sen bourreller sans aucune merci :
Ie sen bien que de rets mon vouloir l'on encorde
De glaiues, rages, feus : & que c'est la discorde
Qui forge dedans moi enuieuse le fer,
Qui doit l'Idumeen malheureus estoufer
Sus, sus accourés tous, vous qui comme grans princes
Et feaudaus de moi regissés mes prouinces ;
Que l'on face tantot soner le tabourin
Par tous les lieus tenans du fort sceptre Assyrin,
Que le peuple Euphratois, que le peuple du Tigre
S'afelone cruël plus, plus que n'est vn tigre,

Et

Et d'armes, & de cœurs tresaguerriers soldars
Viennent peupler soudain mes bouffans estandars.
Il faut ores, il faut que Solyme deffriche,
De tous les grans tresors qui la renoment riche :
Et que victorieus ses peuples, & son Roi
Submettent en iougant l'humble col à ma loi.
Sus donq que tardes vous ? sus tot que l'on s'auance,
Harpyes allons tous agriffer leur cheuance.
Du Roi l'affection, volonté, le desir
A ses satrapes grans donent fort grand plaisir,
Pour l'espoir du butin que de la sainte terre
Vn chacun pour sa part embagager espere.
Ce grand Roi tout premier par ses homes commis
Fait enroler au lieu, que fit Semiramis
De cent portes d'erain fermer la haute enceinte,
Des homes sans nombrer : à qui la teste est ceinte,
Et le bras d'vn acier, & d'escailles les cors,
Pour plancher sous leurs pieds la terre de gens mors,
Et paier à leur Mars les decimes acquises,
S'il veut fauoriser leurs hautes entreprises,
Qui de dards, de boucliers, d'espieus, de iauelots
Mille monstres faisoient en leurs guerriers complots.
Tantot on leur voioit (reserué le carnage)
L'vn l'autre s'affronter, & tenir tout l'vsage
Que Bellone requiert, quand le sang, & l'horreur
Enragent par les camps d'vne extreme fureur :
Afin que plus adroits façonés par la monstre
Vn chacun au choquer son ennemi rencontre.
Ses princes au semblable vn chacun fait deuoir
D'amener plus de gens au Roi sous son pouuoir,

D iiij

L'un deuers Comagene en haste s'achemine
Pour enroler sous luy tout home qui deuine,
Et à l'inspection du sanglant intestin
Predire au combatant bone ou mauuaise fin:
L'autre à coups desperons, & à bride guidée
Tire le promt secours de toute la Chaldée:
De l'Arabe deserte aus cauerneus rochers
Vn autre allechera ses inhumains archers:
L'autre court postillon par la Mesopotame,
Pour faire armer les gens, & mettre du poing la lame:
Et l'autre aux Edessens: l'autre vers les Ninois:
L'autre aus peuples viuans sous les noms Niphatois:
L'autre veut que par tout le tabourin on batte,
Soit sur les bors du Tigre, ou sur les bords d'Eufrate.
Qui a veu quelque fois les fremissantes eaus
Tomber à dos frisés des plus pierreus coupeaus
Par un tems orageus, & culbutans leur onde
Menacer d'un nouueau deluge tout ce monde,
Boullans de toutes parts d'un allumé courrous
Iusqu'au prochain valon, ou est leur rendés-vous:
Pour là assemblément (passans en leur tempeste)
Deffonder tout cela qui leur veut faire teste:
Et dans tel boulement sur leur humide sein
Voir charier un ais, ou nager un humain,
Qui ne trouuant secours d'un riuage sans ioie
Ià palle englontissant cet element se noie.
On voit tout emmener, soient bestes, soient pasteurs,
Burons, coffres, outils dessus ses flots porteurs
Et ce flot pille-tout sans receuoir pitié
Des uns desrobe tout, & plus de la moitié

Des

*Des autres il prendra, sans qu'il se sente au cœur
Par le cri des humains poingt de quelque douceur.
Ce monde Assyrien enflé de tant de bande
Ne veut plus que tuer, qu'à piller ne demande:
Et luy tarde desià, tant conuoite le bien
De foüiller le tresor du peuple Isacien.
Nabuchodonosor en sa mésme presence
De ses princes cognoit l'extreme diligence:
Commande qu'aussi tot on face desloger
Le camp qu'il ne veut plus sur son peuple loger.
Mareschaus des logis, & les fouriers bien vite
Commencent les quartiers pour la soudaine suite.
Et aians les mandats des Mareschaus du camp
Billetent les logis pour marcher sur le camp.
On voit lors charier aueq vn fort bel ordre
Ses troupes en trois flots, sans y auoir desordre,
Auantgarde, Bataille, ou le Roi au milieu
Apparoistre se fait comme vn terrestre Dieu.
Et ceus qui sont commis puissans en l'arriergarde
Du bagage sur eus est enioincte la garde.
Les trompettes, tabours, l'on oit, & les clerons
Qui iusqu'aus astres d'or font retentir leurs sons,
Et penetrent le fond de leurs voix hauts pinchantes
Des cœurs plus genereus, & des ames gallantes.
Des cheuaus bondissans és freres elemens
Sans cesse sont portés les fiers hinnissemens
Qui ne font que plus fort d'vne vertu bellique
Animer celuy la, qui les manie & pique.
Dedans les taffotas des gonfanons roides
L'on oit bruire souuent quelques vens desbridés*

E

Ainsi qu'un Aquilon bouffant dedans la toile
Du vaisseau qui feroit dessus l'Ocean voile.
Capitaines, sergens, enseignes, corporaus,
Lieutenans pressent tous leurs gens en des monceaus,
Pour point n'estre esloignés, quand il faut que l'on touche,
Suruenant vne embusche, ou bien quelque escarmouche.
Sur les ailes du camp marchent des chevaliers,
Pour couurir tout le flanc de ces homes guerriers,
Seruans de forts remparts sur les lieus, où l'on pense
Que l'on aura besoin d'une forte defense.
Les ordonés Preuosts sur forces, sur larcins
Corrigent les excés des homes plus malins :
Serrans à l'un le col à la premiere branche
D'un arbre rencontré, l'autre qui se desmanche.
Du rude suruueillant sentira le pouuoir,
S'on le voit desgonder tant peu de son deuoir :
Iusqu'à ce que venus sur la terre ennemie
Ils puissent sans danger commettre felonie.
Le camp veut il gister ? sur les lieus dangereus
On fait touiours loger des gens plus valeureus,
Qui comme enfans perdus enuironent de haie
Ce camp, qu'il ne reçoiue vne mortelle plaie :
Et le long de la nuit on voit les feus driller
Qui de leurs pointes vont iusqu'aus hauts cieus voler,
Voisins tous allumés plus prés des cors-de-garde,
Qui veillent pour le camp, & sur le camp font garde :
Prenans le mot du guet, comme vn mareau certain
A recognoistre ceus qui s'arment pour leur main,
Et marquer ennemis ceus qui sans cet indicé
Voudroient ruer sur eus à leur grand preiudice.

Le

Le marchant viuandier aueque son charroi
S'en vient auitailler le camp d'un si grand Roi
De vin, de bled, d'habits, & munitionaire
Fournit à pris d'argent de ce qu'on a affaire.
Tout y est policé, les mesures, les pois,
Et les taxes des pris, qui sont souuentefois
Enrichir le marchant, qui a fausse mesure
Vendroit, pour augmenter plus que par vne vsure.
Or marche donq grand Roi, marche ainsi qu'un fleau
Sur ce peuple qui boit de Iordan la douce eau
Et qui tient embrassé dedans son saint roiaume
De tous simples meilleurs le salutaire baume,
Mangeant, beuuant soulé (par vn œuure diuin)
Les beaus palmes dattiers done-pain, done-vin.
Hô! Iuda que fais tu? dors tu, ou si tu bouche
L'oreille, pour n'oir l'idolatre qu'approche?
Sus, sus esueille toi, pionier sur ton dos
Porte sur les rampars la hotte sans repos,
De tes murs rebastis les plus grandes ruines,
Pour contre leurs beliers, pour contre leurs machines
Hurter d'vn fort marbre, commande de venir
Les plus forts de tes gens, pour l'effort soustenir
Des peuples Chaldeens: Ferme donq le passage,
Que sur toi empietant l'Assyrien n'enrage
Et pour ouïr de toy de plus long te proces,
Toupe de tous les mons les penibles acces,
Des mons qui arrogans de leurs cimes cornuës
S'allient-portes-cieus aus plus celestes nuës,
Aus villes fais virer spandiligens commis
Les viures respandus dedans le plat païs.

E ij

Et loge garnisons, pour gronder aus audaces
Des ennemis istrés dedans tes fortes places.
Que ne fais tu fumer en mille, & mille lieus
Cent flammechans fourneaus iusqu'aus cercles des cieus?
Qui de Cyclopes nuds à la brulante gorge
Facent tintir l'enclume en l'œuvre de la forge,
Et à coups redoublés, l'un l'autre entresuiuis,
Sur les ruisseaus tournans ces Vulcans sont ouis.
Ici l'un pincera de mordantes tenailles
Quelque deuant ventru d'un corset de batailles,
Et or le r'allumant souuent dans le fourneau
Luy done sa façon à grans coups de marteau:
L'autre à nimes plians, brigandines, salades,
Martelle les duisans de forces non malades:
Et l'autre tournera de ses nerueuses mains
Des bardes de cheuaus, & des riches chanfrains,
Auant-bras, soulerets, & armures de cuisse
Aueq les greuerins forgera pour seruice,
Et puis les polissant sur la meule de bois,
Fera comme un miroir reluire ses harnois.
Hà! que di-ie insensé, me voudrois tu donq croire?
Contre Dieu voudrois tu emporter la victoire?
C'est luy qui guide seul tout ce peuple maudit:
D'autant que sous tes pieds as foulé son edit.
Non, non tu ne sçaurois empescher cette entorce,
Encores qu'en toi fust autant d'humaine force
Qu'en celuy qu'arresta à la course de main
La biche aus cornes d'or, la biche aus pieds d'erain:
Ou qu'a cinquante cors, ou cent bras un Briare,
Ou au cors monstrüeus, un Encelade rare

Ressem-

Ressemblasse du tout : si ne pourrois tu pas
Arrester des hauts cieus le destin ici bas.
Endure patient, puis qu'il te le faut faire,
Le ioug enferraillé de ce tien aduersaire :
Il est trop tard helas ! il est trop tard pour toi
De prier à ton Dieu de dechasser son Roi :
Il est ià à ton feu aueque ses cohortes,
Il desrompt ià tes murs, il brule ià tes portes,
Et te vient esgorger iusque dans ta maison
Rauissant tout ce qu'as pour solder ta rançon.
Du Roi Assyrien la troupe est ià guidée
Dedans le sein peureus de la poure Iudée,
Qui guerriers forcenans, & aus cœurs despités
Par forces, glaiues, feus font mille cruautés :
Qui a veu quelque fois le foudre faire guerre
Sur le plus chaud du temps aus moissons de la terre,
Et de greslans balons venir tondre le los
De la blonde Cerés, & charger tout le dos
De nostre mere Opis des dous fruits de Pomone
Que ce drageon (moulé dans la nuë) moissone.
En la sorte voirra sur cette poure gent
Orageus se porter, le Chaldeen regent,
Qui ne peut endurer la nation rebelle
Ietter par tant de fois le ioug arriere d'elle.
Ià du lieu de Salem aueq ses beliers durs,
Ruine de choquer la force de ses murs,
Il comble les fossés, fait tomber les murailles,
Et dresse pour entrer le front de ses batailles.
Voici desià son Roi qui flechit les genous,
Pour rendre ce vainqueur enuers un Roi plus dous

E iij

Mais las ! il est bien tard, pour cuiter les chaînes,
Qui te pressent les mains, & donent mille peines :
Il est bien tard ô Roi ! de desbonder des yeus
Des ruisseaus larmoians, pour esmouuoir les cieus.
Enferré va suis le, suis, suis, & ton estude
Soit de porter constant au cœur la seruitude.
Le mesme a Ioacim ton pere est aduenu,
Qui n'auoit de son Dieu le saint pache tenu,
Et qui submit le col au ioug de la victoire :
Quand Dieu voulut de luy estoufer la memoire.
Ce tien pere enuahi de dueil sans nul repos
Huma sur le chemin le poison d'Atropos,
Terminant quant au cors sa misere terrestre,
Se voiant de grand Roi serf fait d'un autre maistre.
Et toi donq Ioachin ne refuse à ce coup
De ce Roi feloneus les manicles, le ioug,
Les fers, ni les prisons, renforce ton courage.
D'vn autre Roi suiuant tu voirras le visage
Plus gratieus pour toi : quand forçant ta prison
T'honorera sur tous les rois de sa maison.
Fais postiller tes yeus, ton cœur plein de destresse
Vers celuy qui te peut alleger de l'oppresse,
Et deferrer le cors, & tes yeus essuier,
Que tu fais tout du long des ioues larmoier.
Ce ieune Roi Matté, sa mere, & tous ses princes
Deuant le Chaldeen Roi de tant de prouinces,
Eunuques, seruiteurs, & autres principaus
(Faits aueque leur Roi complices de ses maus)
Viennent s'humilier de ruisselante face
Pour amollir vn peu de ce tyran l'audace.

Il fait

Il fait tout enleuer: mesmes estant recors
Des pretieus ioiaus, dès alléchans tresors,
Que le temple de Dieu en richesse inesgale
Tenoit: & ceus aussi que la maison roiale
Sous les lambris dorés des cabinets voutés,
Furent hostillement de dedans emportés:
Pour seruir pollués à ce prince idolatre
Qui vient (l'ire de Dieu) ce sien peuple combattre.
Rompant enragément d'vne mutine main
Les vaisseaus de pur or qu'estoient au souuerain:
Despouillant de ses forts, de son Roi, de sa mere,
De soldars, & d'ouuriers toute la poure terre.
Suis Ioachin, suis donq, va boire dans Chobar,
Va ces Mages resueurs cognoistre, qui de par
Leur sçauoir deuineur (qui tout au haut fait voiles
Des cercles enfantans les drillantes estoiles)
Predisent aus humains en ce muable port
Du destin incogneu le bon, ou mauuais sort.
Bien tot si le malheur en la mesme souffrance
D'vn compagnon semblable apporte vne allegeance:
Tu auras prés de toi: mais traité pis que toi
Ton oncle qui fut fait par ton malheur le Roi.
Ce Roi victorius, sans que trop il seiourne
Sur toi ià Sedecie escumant il retourne.
Le vassal qui tenu de foi vers son seigneur
Se dispensant d'homage, & de rendre l'honeur
Qu'il doit à vn plus grand, doit empoigner les armes,
Ses forces recognoistre, entrer en des vacarmes.
Car il sçait qu'aussi tot qu'vn tel refus fera
Que son ligué seigneur contre luy s'armera.

E iiij

Faisant courber les reins par la force cruelle
Du vassal-homager, & de sa foi rebelle.
Et toi Roi de Sion faussant ton compromis
Tu te rends l'Euphratois, ses bomes ennemis,
Qui tous estincelans mille raions font luire
Aus yeus, du fer poli que l'on oit sur eus bruire
Et qui t'annoncent jà (si sage tu preuois)
De ton peuple, & de toi la miserable vois,
La rage, foudre, feu, le fer, le sang, ruine,
Et de tes soustenans la coüarde famine.
Fuiés soldars, fuiés : puis que tout vous defaut,
Gagnés furtiuement de vitesse le haut,
Et sauués à qui mieus, à qui mieus vostre vie
D'entre les dents sanglans de la rage ennemie.
Or les voilà coulés au sombre de la nuit
Par vne fausse porte, & leur Roi qui s'enfuit.
Mais il est r'attrapé pour creuer sa lumiere:
Et deuant à ses yeus d'vne estrange maniere
Voit immoler ses fils : puis en chaînes d'erains
On enferre son cors, ses iambes, & ses mains ;
Et ainsi tourmenté ce Roi de la Iudée
S'en va le prisonnier du Tyran de Caldée.
Atten peuple qui reste, atten Nabuzardan:
Car sur tes mechans faits Dieu porte encor vn dan.
Tu le voirras tantot, il s'arme jà, il sorte,
Il vient guerrier muni d'vne forte cohorte
Pour te combler de maus, & brûler à tes yeus
La maison dediée au grand prince des cieus,
Embraser la roiale, & celles qui sur faces
Marquent de tout ce lieu les apparentes places.

Il fau-

Il sauue seulement de la flamme les tois
Plus humbles, pour seruir contre les vens plus frois,
Les glaçons cristalés, l'orage, la tempeste
De rempart à ceus la, qu'il laisse au lieu de reste :
Pour gouuerner Cerés, pour valeter Bacchus,
Qu'engendre sur les mons son sucre-grainé ius :
Emmene le surplus : forcenant dans le temple
Sur tout ce qu'au grand Dieu pour seruice contemple.
Il rauit tout l'erain des chaudieres, balais,
Colonnes, des cuiliers de ce sacré palais,
Des sarpes, de la mer qu'estoient pour le seruice
D'Isac, quand à son Dieu il faisoit sacrifice :
Sacrilege il roba les encensoirs, bassins,
Et les autres vaisseaus d'argent pur, & dor fins.
E t ainsi vers son Roi, farci de telle proie
Emmenant tout le peuple il retourne sa voie :
Laissant Godolia sur le reste regent,
Qui soudain fut tué de la Iuifue gent.
Mais cette gent meurtriere aueq son entreprise
En fuite tout soudain vers l'Egypte s'est mise,
Sans rester vn cheueu : craignant que son forfait
Ne fist armer Babel encontre elle de fait.
Qui a veu le tireur (ce pendant que Borée
Passemente glaceus des riuages l'entrée)
Sur canars (badinés du cheual maquereau)
De ces peuples volans qui mesurent cette eau
Aueq l'œil bien miré doner coup d'harquebuse :
N'a si tot bourdoné cet archer de Meduse,
Qu'aussi tot les frapés demeurent sans voler
Aueq leurs compagnons, qui rament ia par l'air.

F

Ce peuple tout ainſi n'a fait, que tot il penſe
Par la fuite ſauuer cette ſanglante offenſe,
Et ne plus retourner, teſmoin de ſon peché,
Au lieu, où ſi ſouuent le malheur la cerché.
Où qui a remarqué (quand la chienne brillane
De ſon aleiner chaud baſanant la perſone)
Le moiſſoneur brulé de fer-denté, de main
Deſſus terre verſer leſpi blond porte-grain,
Et tondre les pendans, eſcheueler les plaines
(Du laboureur ſoigneus d'vn an toutes les peines)
Sans que plus en vn rien de ce champ de tuiaus
Vn ſeul ſoit veu à l'œil ſur valons, ou coupeaus.
En la ſorte Salem comblée de miſere
Ne ſent plus le trenchant du ſoc bechant la terre :
Ne voit que le ſemeur dans les creuſés ſillons
Iette de large main la mere des moiſſons.
Le vigneron n'a plus en la main la ſerpette
Pour d'Iäcche couper la ſuperfluë feſte,
Le chaume pour lier ce bois porte-raiſin,
L'ongle pour eſmonder le pampre : à celle fin
De nourrir tant plus fort Denis qui fructifie
Au confort de l'humain, & ſupport de ſa vie.
Le marchant ne va plus ſa bourſe conſumer
Aus traffiques de terre, aus emploites de mer,
Ce lieu eſt ſans ſon Roi, ſans homes, ſans police
Lieu maudit de ſon Dieu par ſa propre iniuſtice.
Ah ! deſerte Sion il faut, or que tes ans
Se ſentent larmoier angoiſſeus pour longtems :
Supporte en attendant que la bonté treſſainte
Tienne du peuple tien toute la faute eſteinte.

LA

LA SUSANNE DE DIDIER ORIET ESCUIER LORRAIN, PORTUOIS.

LIVRE SECOND.

DE l'Inde riche d'or le soleil radieus
Cent fois a eschelé le plus haut des clairs cieus,
Et cent fois descendu aus manoirs de Zephire,
Que l'œil n'est point seché, ni le triste martire
Aucunement cessé du prisonier Hebrieu :
Maintenant a touché de l'amour de son Dieu.
Il sent or viuement en extreme destresse
Combien, combien luy vaut une estrangere oppresse.
Des propheres sacrés il gouste le mespris :
Il sent que vaut de Dieu contemner les edits.
Vn million de fois couuert de poudre & cendre
Sur terre gemissant ne requiert qu'à descendre
Au sepulchre sans l'os, & la aueq la mort
De ce goufre mondain ramer en autre port.
Il crie à haute voix pour assourdir l'oreille
De son Dieu, qu'à son cri pourtant ne se resueille,
Et qui le veut matter, tant que son saint destin
De son exil aura roulé des ans la fin.
Comment seigneur ! dit il, qui dira ta loüange
Sur harpes, ou de voix en vne terre estrange ?
Voudrois tu ô seigneur ! que telle affection
Nous pressat de chantre comme au mont de Sion ?

F ij

Sur l'Euphrate faisans, aidns aus cols l'escharpe,
Bruire ton saint renom sur l'accrochante harpe?
Certes, certes grand Dieu il ne faut nullement
Escouter le fredon du muet instrument.
Aus saules verdissans le longs des beaus riuages,
Sans pinseteurs nos luths pendent, & sans cordages:
Les poulmons nous sont mors qu'animent les tuiaus
Resonans de nos voix, tant que viuront nos maus.
O seigneur qui te ceins de vengeresse flamme
Cette sainte cité, de tous peuples la Dame,
Tu as abandonée à toute cruauté:
Pour deserte plourer sa grand' viduité.
Tu t'auois accointé, iadis Sallem la ville,
Plus amoureusement, que la plus belle fille
Ne fait l'amant transi par son geste mignard,
Ni son teint naturel qui reluit sans nul fard.
Maintenant sur le lieu des maisons plus superbes
Croist l'espineus chardon, & tapisse les herbes
Les paués somptueus de ce beau paradis,
Qu'estoient de marbres noirs, autres blans, autres gris.
Le pasteur y conduit son troupeau pour le paistre,
Et sa tente y plantant du lieu se fait le maistre.
Helas! nous confessons, nous confessons seigneur,
Qu'a bon droit nous sentons de ton bras la rigueur,
Et qu'auons desferé, par trop sotte fiance,
Sur ton temple sacré nostre vaine esperance.
Car sous l'ombre de luy nous nous sommes promis
Que iamais tes clairs yeus ne seroient ennemis
Du peuple d'Israël, veu que sa sainte voute
D'entre toi, & de nous la conuenance toute

Cachoit

Cachoit sous ses lambris. Mais en cela bon Dieu!
Nous nous sommes trompés souuentefois au lieu:
N'estans de ce recors, que ton saint habitacle
Ne peut estre ou le vice à vertu fait obstacle:
Et que tu ne vis point soigneus sur ses humains,
Qui donent moins à Dieu, qu'aus ouurages des mains.
Le temple que tu veus qu'a ta sainte Iustice
Le mortel ici bas pour t'honorer bastisse,
N'est rien qu'vn cœur tout pur, tout bon, & qui touiours
Sent croistre de plus fort de son Dieu les amours:
Amateur de sa loi, bien plus que de luy mesme:
Ami de son prochain d'vn amour plus qu'extreme.
Or seigneur tout cela s'est amorti dans nous:
Ce n'est donq pour neant, si sentons ton courrous:
Si ta Hierusalem tristement desolée
Sous le peuple estranger voit sa gent affolée.
Mais que n'auons nous fait, que ne merite plus?
Si les regens du peuple ont esté dissolus,
Masquans leurs cruautés d'vne triste rapine,
Qu'enchante leurs desirs, & qu'auare domine
Sur les sieges menteurs: ou iustice deuroit
Le faus tort balancer à l'encontre du droit.
Le plus souuent celuy qui merite le glaiue,
Argent rompt sa prison: A l'orphelin, & vefue
On se bande les yeux, pour n'alleger le mal
Qu'vn plaideur malhureus au tigre plus qu'esgal
Leur fera endurer, & tout couuert de songe
En ruses affiné ces poures gens prolonge.
Le voisin a debat à son propre voisin,
Le meurtre regne en nous, l'adultere sans fin.

Nous courons à Baal & de cœur & de bouche,
Or qu'il nous soit dolé de quelque vaine souche :
Aiant yeus sans nous voir, oreilles sans ouïr,
Bouche sans point parler, & qui ne peut iouïr
Des sentimens du nez, il a bras sans null' force,
Des iambes, des genous insensible est l'escorce.
Somme il ne sert à rien qu'à nous faire pecher,
Et ton bras punisseur sur nous faire pancher :
N'attendans que le coup que ta vite sagette
Nous vienne ensanglanter le travers de la teste.
Le marchant, l'artisan font enchere de foi :
Sur tout nous tyrannise extrememement le Roi,
Attirant par la force, & sans crainte de peine
De l'un le revenu, de l'autre le domaine :
Luy di-ie qui devroit, poussé d'vn saint desir
Monstrer tout le premier l'abstinence gesir
Dans son cœur genereus, & s'efforcer de rendre
Par droit à vn chacun ce qu'on luy voudroit prendre.
Que nous sert donq seigneur plongés en tant d'excés
Dresser nos vœus souïllés devant tes saints accés ?
Celuy qui tient en main la Sacrificature
T'est ô Dieu ! prophané, il est rempli d'vsure :
Et desrobe le don qu'il met à son proufit,
Qui luy tourne à ruine & te vient à despit.
Helas ! grand Dieu des Dieus devant toi dire i'ose
Que ce n'est point à tort, que ce n'est point sans cause
Que ces maus entassés, qui nous courbent le dos,
Nous viennent pour avoir trop mesprisé ton los.
Hé ! que dira la gent, la gent qui nous tourmente,
De voir arrier de nous par si longtems absente

La

La faueur coustumiere en ton bras & support,
Qui bornoit si souuent la rage de la mort?
La presence de toi? ils se feront accroire
Pour certain que leurs Dieus sont seuls dignes de gloire:
Que tu n'es plus aus cieus, que c'est vn songe vain
De te vanter seul Dieu des autres souuerain.
Hà! monstre leur puissant, que leurs vaines idoles
Ne sont que bois fardés, & des choses friuoles,
Que ne seruent de rien qu'allumer ton courrous
Pour les poudrer menus de mille brisans coups.
Qui a veu dans vn bois le deschirant tonerre
Desongler d'vn fustai toute l'escorce en terre,
A vn autre bruler sa perruque, & au lieu
D'vn autre tout du long esclater le milieu:
Et vainqueur rauageant à l'aleine de soufre
Tourbiloner ce bois qui mille rages soufre.
Où comme on voit le loup au famelique dent
Vn gras troupeau l'ainé çà, delà espardant,
Son museau sanglantant piteusement sur l'vne,
Sur l'autre, & d'vne tire vne autre encor commune
Faire aus meurtres escheus: tant qu'on voit que la peur
Fait seul maistre du camp la louuine fureur.
De Dieu tel passera le bras sur l'infidele,
Le naurant iusqu'au cœur d'vne plaie mortelle.
Grand Dieu contente toi, ô! Dieu plein de merci
En plaisir nostre dueil, en ris nostre souci
Rechange s'il te plait: ne fais qu'en Babylone
Nos larmes plus longtems inuoquent ta persone.
Seront donq de Sion tes holocaustes saints
Pour iamais sans bruler sur les autels estaints?

Sera donq ta maison maintenant ruinée
Touiours en ce point la, sans que la destinée
La releue debout? hà! ne permets grand Dieu
Que ton nom ne soit plus inuoqué en ce lieu:
Redresse tes paruis, rebastis ton saint temple,
Et qu'encor tout ton peuple vn grand Dieu te contemple.
Ne veus tu plus ô Dieu, que les enfans d'Aron
Reuestus de l'Ephod (comme vn seur auiron)
De trouuer grace en toi, couuers de la tunique,
Ceints du baudrier cloué deuant ta face vnique
Plourent pour nos pechés, & la mitre de lin
De nos maus embossés face oublier la fin?
A quoi seruiront plus les pierres espaulieres,
Et leurs chainettes d'or, & en qu'elles manieres
Te pourra agréer le sacré pectoral,
Qui te fait oublier si souuent nostre mal:
Si ce n'est que tu vueille, & seigneur qu'il te plaise
Qu'en vsions de rechef arrier de ce mal-aise?
Ne veut plus se monstrer sur les cherubins d'or
Dans vn raid lumineus ton assistence encor:
Voir tremper le cousteau dans le sang de la beste,
Que pour vn holocauste à ton œil on appreste,
Que flambe toute nuit sur ton autel grillé
Tant que cendreus il soit dehors desmoncellé:
Ou soit pour le peché voir arrouser les cornes
Du sang moite espandu, de ton autel les bornes,
Tremper le doigt dedans, & le soubaissement
De l'autel empourprer de ce sang tiedément,
De la taie, roignons, du foie, de la graisse
Te faire des perfums aueq toute allegresse?

Ne

Ne iettera l'on plus sur les deus boucs le sort,
Pour bannir Azazèl, & mettre l'autre à mort?
Te rendant, par ce fait vers nous un Dieu propice,
Par ce bouc esgorgé qu'on t'offre en sacrifice?
Ne veus tu plus sentir, ô! souuerain seigneur,
L'aromatique flair d'un Sabeïque odeur,
Que la verte forest produit par l'Arabie
Aueque tout le musc de l'espiciere Indie?
Que fera l'encensoir, & ses encensemens:
Si tu nous veus laisser en ces bannissemens?
Comment comparoistront deuant ta sainte face
Les masles trois fois l'an: si tu veus que l'audace
D'un barbare Assyrin, d'un tyranique Roi
Nous supprime touiours sans relasche sous soi?
Ou veus tu que nos vœus, ô! Dieu tresdebonaire
Et nostre oblation d'un cœur tresvolontaire
Te faisions? & ou la les premiers nés-petits
Soient des troupeaus cornus, des laineuses brebis
T'offrirons nous pour t'estre agreables victimes?
Et ou les premiers fruits? ou toutes nos decimes?
Ou ta Pasque honorée? ou la solennité,
Qu'annuelle faisons de par ta deité
Des Tabernacles vers: & ou la Pentecoste,
Si de ce peuple tien tout l'opprobre tu n'oste?
Souuienne toi grand Dieu d'Abraham, & d'Isac,
De Iacob, duquel veus mettre la race à sac,
Ou est le compromis que fis aus patriarches,
Seigneur! souuienne toi des tables de tes arches.
Nous! nous auons enfrains, enfrains par nos mesfaits
Si souuent tes edits que nous sommes desfaits,

G

Empeſtrés ſous le ioug : ſi ta miſericorde
Ne le briſe de force, & de nous te recorde.
Que ſommes nous ô Dieu ! l'ouurage de tes mains,
De la ſouche d'Adam des fragiles humains.
Et toutefois ſouuent à part nous (ainſi comme
Tous eſbahis diſons.) Et qu'eſt ce que de l'homme
D'auoir touiours daigné de luy te ſouuenir,
Et paternellement en ton ſoin le tenir ?
Peu moindre tu l'as fait que la face des anges,
Tu as formé pour luy tant de choſes eſtranges,
Les airs, & leurs oiſeaus, les plaines, mons, & mer,
Et le peuple eſcaillé, qui dedans animer
Tu fais par ton pouuoir : de tant d'ame feconde
Seul grand Roi tu creas l'home de tout ce monde.
Voudrois tu donq à coup deſtruire celuy la,
Que fis à ton image, & pour qui fis cela ?
Nous ſommes ſeuls viuans, qui ta diuine eſſence
Cognoiſſons entre ceus qui ſont ſous ta puiſſance.
Cela te doit induire auoir compaſſion
Du peuple qui gemit plein d'vn affliction :
Et qui oit tintinant le marteau ſur l'enclume
Embraſé r'acerer plus fort ſon amertume.
Que peut or contempler d'agreable noſtre œil
Sous le raid-chaſſe-nuit du lumineus ſoleil ?
Rien que ſoit. Nous voions bien le ſuperbe ouurage
Que fit Semiramis, & d'vn roial courage,
Les murailles, les tours d'indicibles hauteurs
Du lieu de Babylon, ſes fortes eſpeſſeurs :
Ou peuuent aiſément ſur les larges murailles
Six chariots de front, comme en reng de batailles,

Sans

Sans nuisance passer. De ce lieu inhumain
Assés souuent voions les cent portes d'erain
Qui crient dans les gonds d'vne voix enroüée :
Quand l'on ouure, ou l'on ferme à la nuit embroüée.
Nous voions les marests qu'enuironent le lieu :
Et le pleur Niphatois qui baigne le milieu :
Sur lequel sont pendus d'admirable structure
Deus plus artistes pons, que vit onques nature :
Aiant des deus costés emmuré de chantiers,
Le fleuue, pour seruir aus venans de portiers.
Des deus costés du pont fit deus maisons fort belles,
Pour sourciller ce lieu, comme deus citadelles.
A Iupin fit dresser vn temple somptueus,
Qui d'immense hauteur auoisinoit les cieus :
Ou dessus plus souuent les Mages idolatres
Alloient de l'œil rober l'influence des astres.
Le iardin l'on y voit, comme d'ailes voler,
Porté par industrie aus hauts sommets de l'air,
Que fit vn Syrien : dont la grande merueille
D'vn miracle du monde attouche nostre oreille.
Ces arrogans palais, qui bessons confinoient
Du fleuue les costés, à cognoistre donoient
Les heroïques faits des grands Rois d'Assyrie,
Leurs figures monstrans dans la maçonnerie.
Tout premier paroissoit vn descendant de Can
Nimrod le grand veneur, qui rechignoit vn dan
Contre le saint Empire, & contre le deluge
Vouloit faire bastir vn lieu pour son refuge.
L'œuure en cinq mille, cent, soixante & quatre pas
Auoit creu vers le ciel, depuis la terre en bas :

Gij

Quand Dieu tout irrité se vient rendre controle,
Pour l'ouurage brider qui touchoit iusqu'au pole,
Langages sept fois dix aueq deus son ouurier
Apprit, & iargonant ne parle le premier:
En demandant la brique, il apporte l'argile,
Et se rend sans entendre vne troupe inutile.
Voilà comment cessa l'ouurage commencé,
Et ce peuple courut au monde dispersé:
Babel en retenant pour l'extreme vengeance
Le nom ainsi confus, pour marque d'arrogance.
Ce Nimrod premier Roi cruel & violent,
Voiant son regne grand chargé de trop de gent,
Assur, Mede, Magog, & Mosc enuoie arrie,
Pour se bastir chacun de son nom vn Empire:
Dont les Assyriens, Moscouites, Medois,
Et Magogz sont issus, qui si souuentefois
Ont fait ietter des yeus à Rome force larmes,
Par leurs fiers coustelas, par leurs trenchantes armes.
Iupiter dit Belus à Nimrod succeda,
Qui deuers le Ponant le païs inuada:
Et d'vne espée au poing le chemin se destoupe
Iusques dessus le front de Sarmace d'Europe.
A Sabace, qui fut Roi des Sagues effort
Il fit tel, que vaincu il l'eust, sans que la mort
Preuient à ses complots, rompant son entreprise.
Nine son descendant ne voulut estre omise
La volonté du pere: ains Roi victorieus
Triompha du Saguois, en luy fermant les yeus:
Ses bornes estendant en despit de la Parque,
Et de ce monde grand se faisant seul monarque.

La

La mort aiant Ninus fait succomber sous soi
Laissa Semiramis sa femme pour le Roi :
Qui portant de son fils Nine tout le visage
Sous un trompeur habit homaça son courage,
En laissant tant de faits sur bons astres gondés,
Que le renom volant par tout les a guidés.
Zameis la suiuit, comme heritier du ventre,
Qui ne voulut ses faits sur la memoire estendre.
Arie vient aprés, lequel aueq le tems
A l'Empire ioignit les Caspes, Bactrians.
Aralie guerrier porta sa renommée,
Depuis le iour leuant, ou la nuit est fermée.
Baleus ensceptré iusqu'au cornu Iordan,
Qui source miëlle du ventre du Liban
Ses limites posa : sans conter les victoires
Des peuples estrangers, qui font bouffer ses gloires.
Que fit Armatrites ? rien qu'emploier le iour
A lasciuer Adon, & Laider amour.
Beloche s'amusa à luneter l'estoille
Et de Phœbé cercher le brun azuré voile :
Pour au bal cadencé des clous dans du ciel
Predire à l'vn l'amer, predire à l'autre miel,
Et par l'optique sens d'vne vaine science
Escheler des hauts cieus la sainte prescience.
Balée fit bondir son nom de main en main,
Autant qu'autre que fut deuant luy souuerain ;
Son fame diuulgant iusques aus noires portes
De Pluton l'ombrageus par ses fortes cohortes.
Altade ne fut point chatoüilleus de tel los,
Au lieu du corselet il aima le repos :

G iij

Disant l'home estre vain, qui (pour enfler sa terre)
Complote en s'hazardant de dresser vne guerre.
Mamite forbannit de son peuple la paix,
Refit morioner son suiet, & le faix
De guerre r'endosser: faisant trembler l'Egypte,
Et les forts Syriens par ses troupes d'eslite.
Macalée n'a fait, qui succeda aprés
Chose qui le sceut mettre aus loüables progrés.
On y voioit Sphere, Mamelus, & Sparete,
Qui fit en plusieurs lieus du heaume la creste
Reluire aus ennemis : tant qu'il chargea son nom
Pour l'immortaliser sur l'aile de renom.
Ascarade vaillant borne à sa seigneurie
Le sceptre florissant du regne de Syrie.
Plusieurs diademés se voioient tous aus rengs
Sans courages, vigueurs, sans forces & sans flans :
Et desquels les cousteaus n'auoient iamais fait plaie
A celuy qu'accornant ennemi l'on essaie.
Sur tous apparoissoit le plus effeminé
Qu'onques sur terre ici sortis de ventre né :
Ce fut Sardanapale enuironé de femmes,
Qui parmi quenoilloit chargé de mille blasmes,
Et trop voluptueus se plongeoit dans le sein
De ces belles Venus, sans cognoistre sa main.
Aussi deus lieutenans de ses infames sceptres,
Aprés l'auoir vaincu se couronerent maistres :
Le contraignant monter sur vn ardant buchier,
Pour aueq ses tresors y cendroier sa chair.
En ce Roi trop bourbeus, en ce Roi sans audace
De tous les deuanciers finit ici la race.

Belo-

Belochus, Arbacés aians l'espée au poing,
De partager entre eus les regnes prindrent soing :
Arbaces eut de Mede, & de Perse le throne :
Beloche fut fait Roi de la grand' Babylone.
Il fit païer tribut à Manahen le Roi,
Qui tenoit d'Israël le regime sous soi.
Phul-Assur successeur que Tiglath l'on appelle
Du peuple des Iuifs fit coloni' nouuelle,
Le menant habiter aueq l'Assyrien :
Aprés l'auoir reduit sous luy, & son moien.
Salmanassar suruient en aprés, qui succede,
Qu'emporte Samarie à la force de l'aide
Qu'il auoit amené : mais premier que seigneur
De la place se fist, de trois ans la longueur
Il mit à l'enleuer. Dont d'ame courroucée
De là tira le peuple aueq son Roi Hosée,
Pour le domiciler au montueus païs
De la froide Medie à son sceptre sousmis.
Sennacherib regna dans Niniue, & demande
Au Roi Ezechias vne somme fort grande,
Vient assieger Salem : mais la force de Dieu
Saccagea tout son ost par vne nuit au lieu :
Puis Dieu fait que ce Roi, qui le ciel point n'honore
Est tué par ses fils, comme Nesroch adore.
Assaradon regna : mais par son Lieutenant
Merodach fut vaincu : puis le sceptre tenant
Du regne Assyrien, & de Babel l'Empire
Ensemble ramassa pour s'en appeler sire.
Nabuchodonosor le tiare coiffa,
Magnanime à la guerre au cœur il s'eschauffa :

G iiij

Rauissant à l'Egypte aueque vne main forte
Ce que luy attenoit, depuis la moite porte
De l'Euphrate tirant, iusques sur les confins,
Ou le Nil vient baigner de Peluse les fins.
Ioacim il se rend par force tributaire,
Et s'est rendu captif de main tortionaire.
Le Roi Iechonias, qui tient en sa maison
De chaines tout rompu vne obscure prison.
Et nous aueque luy plongés en grand' destresse
Portons du Chaldéen la tyrannique oppresse :
Gemissans ô ! grand Dieu tout le iour, pour reuoir
Du haut mont de Sion ton renaissant pouuoir.
Nous voions tout cela és pierres embossées,
Qui monstrent de ces Rois superbes les trophées
Qu'a peine sont escheus : tant leur humain desir
Prent à s'eterniser par marques grand plaisir.
Mais tu les destruiras, & toutes ses iactances
Periront en vn rien aueque leurs bobances :
Ils nous foëtent pour toi, ils sont pour toi fleaus,
Tes verges, tes bourreaus, qui nous chargent de maus :
Mais ô ! sainte bonté vn iour par ta clemence
Tu fouleras aus pieds leur extreme puissance.
Ah! ah ! grand Dieu des Dieus recorde toi de nous,
Retire vn peu ta main, & r'adoucis tes coups,
Esloigne nous arrier de si grandes miseres :
Si tu te dis le Dieu de nous, & de nos peres.
Tout ceci ne sçauons par quelque vain r'apport
Nous le voions aus yeus, qui (sans ton grand support)
Leurs seruons de risée, à plus rendre odieuse
L'Hebrieüe nation vers la gent malhureuse.

Ainsi

Ainsi ce peuple saint parlemente à son Dieu
Et sans cesser le pleur postille au plus haut lieu.
Dieu qui veut tamiser l'ordure de sa vie
Par vn tourment plus long, incite Hieremie
Son peuple consoler, & l'asseurer du tems
Compassé par son vueil, pour l'exil de ses ans.
Ce prophete allumé dans son ame diuine
D'vn brandon fils des cieus soudain se determine
D'escrire à ses bannis, & les certifier
Du vouloir du haut Dieu, pour les fortifier.
A toi peuple exilé, qui verse maintes larmes
Le seigneur conquerant, & le grand Dieu des armes
T'enuoie cet escrit. Basty toi des maisons
Fiche en terre le soc, comme sont les saisons
Propres à labourer, fay vignes, iardinages :
Contracte saintement entre toi mariages,
Pour te multiplier, & ne descroistre point :
Car à ce mandement mon saint vueil est conioint.
La paix de la cité demande de voix haute,
Et ie la maintiendrai pour toi sans nulle faute :
En sa paix tu auras tout ton repos aussi,
Adoucissant plus fort ton langoureus souci.
Voy peuple de tes yeus que tu ne te replonge
En lieu plus abismeus, en ensuiuant le songe
De tes prophetes vains, qui parlent faussement.
Le contraire annonçans de tout mon pensement.
Voici, ie l'ai conclu : quatorze lustre passe
D'années patient en l'estrangere place :
Puis vn Dieu touiours fort ie te visiterai,
Et tes pleurs en plaisirs du tout ie changerai.

H

Car seul ie scai grand Dieu ce que sur toi ie pense
Pour du tout deuant moi repurger ton offense.
Mes cogitations sur toi glaiues, ni faix
Sont ou plus grans tourmens : ce sont douceur & paix
Que sur toi des ce tems, pour ton bien ie medite :
Afin qu'en cet espoir à me cercher t'inuite.
Toi donq m'inuoqueras, & suiuant le chemin
Que d'vn doigt t'ai monstré, me trouueras benin,
Vn Dieu touiours propice, & vn Dieu secourable :
Les captifs ramenans dans Sion lamentable.
Tell' du prophete saint la lettre est en teneur,
Qu'il enuoie aus captifs de par le grand Seigneur.
Comme on voit celuy la, qui faisant vn voiage
Par vn destroussement du plus riche bagage
Qu'il auoit aueq luy, porte son œil mouillé,
Son cœur goutant le sang, en se voiant pillé :
Ne trouuant rien au front du beau ciel qui raione
Qu'amolisse le mal qu'escaille sa persone.
Or parmi la douleur, si dauenture aduient
Quelqu'vn luy annoncer que son voleur on tient,
Et qu'on a recouuert le fond de sa valise,
Qui son visage ainsi pallement luy desguise :
Changera tout soudain, & de taint & de port,
Soudain retournera à sa premiere mort.
Car ne se confiant du tout à la parole,
Qui or vraie luy semble, ores du tout friuole :
S'asseure toutefois, & penchant vers le bien,
De croire il est content son reparé moien.
Le peuple Isacien aiant receu la lettre
Du truchement de Dieu, si tot ne peut cognoistre

Pour

Pour la longueur du tems de soixante dix ans,
Quel de Dieu le vouloir sur ses poures enfans.
Tantot il git deçà, or delà il varie :
Mais cognoissant que Dieu par l'home Hieremie
Leur auoit ià predit par son vueil eternel
Ce triste euenement, cet encombre mortel :
D'vn cœur humilié, & enclinant la teste
De suiure cèt escrit de mot à mot s'appreste.
Le grand Dieu tout puissant qui esgale les mons
(Quand il luy vient à gré)aus plus humbles valons,
Et les vaus fait bosser, & qui par tout regarde,
Ici donant la paix, & là le foudre darde,
Enchaina le ponuoir de l'Assyrique Roi,
Pour maistre ne contraindre à l'idolatre loi
Ce sien troupeau sacré : si que la troupe sainte
Selon l'accoustumé prioit son Dieu sans feinte :
Se faisant la police aus regles des edits,
Qui par l'arche de Dieu sur le peuple estoient dits :
Se marioit aussi aus lignes parentales,
Comme du souuerain portoient les decretales.
Nabuchodonosor point au champ de Dura
Par l'instinct de Satan, qui ainsi l'inspira,
N'auoit encor dressé l'image abominable,
Pour rendre vers son Dieu ce peuple detestable.
Ainsi donq impollu en cet estrange lieu,
Il seruoit en ce tems purement à son Dieu :
Chacun se marioit, & croissoit en lignée
Bastissoit, labouroit, iardinoit en l'année,
Et nourrissoit bestail, pour par son reuenu,
Se voir, & son mesnage ensemble entretenu.

H ij

Or parmi cette gent captiue en Babylone
Se trouuant un Hebrieu zelé de sa persone
En l'amour de son Dieu, Helcie se nomoit,
Lequel pour son bien viure un chacun estimoit.
Il auoit une fille d'une beauté si rare,
Qu'il sembloit que nature en son pourtrait auare
L'eust voulu modeler, pour seule la laisser
Admirable aus humains, & de bien loing passer
Le sexe feminim : outre la beauté telle
En sagesse, & vertu la rendit immortelle.
SVSANNE s'appeloit ce chef-d'œuure des cieus,
Sur qui de tous humains estoient fichés les yeus :
Si par tems aduenoit, qu'elle pour la famille
Allast par le paué de l'idolatre vie.
Mais elle qui de Dieu portoit la crainte au cœur,
Si modeste marchoit aueq tant de douceur,
Que son œil encliné, comme à demi estainte
Sa lumiere tenoit : afin que d'une attainte
Le passant n'attirast, monstrant tout à l'ouuers
Ses deus yeus vrais soleils de tout cet vniuers.
Chacun la souhaitoit : mesme de l'idolatre
Venoit le plus souuent le courage combatre,
La iugeant la plus belle, aueq un bon aduis,
De ce monde arondi, & en tenoit deuis.
L'un prise sa douceur, beauté, sa nourriture,
L'autre taire ne peut l'elegante facture
De son cors haut loüé : somme tous leurs propos
N'attouchoient seulement le moindre de ses los.
Dés le proulant berceau le pere qui la prise,
Bien instruite l'auoit en la loi de Moyse,

La façonant à peu selon l'age, & le cors,
D'estre des faits de Dieu en soi touiours recors :
Pour ne se destourner de la sente diuine
Quelque part qu'en ce lieu Dieu veut que l'on chemine.
Comme le iardinier, qui sur vn sauuageon
Vn beau greffe a enté sur la prime saison
D'vn fruit fort estimé le laboure & cultiue,
Afin que par dessous la racine s'auiue :
Faisant croistre la tige, & ietter ses brancars
Hautement esleués deçà, delà espars.
Il l'estançonera que le vent ne le blesse,
Pendant qu'il vit encor en sa foible ieunesse :
Et plus fortifié contre l'horreur des vens,
Soigneus il entretient le progrés de ses ans :
Desloquant les cottons, que la cent-pied-chenile
Par vn tems corrompu sur les fueilles se file,
Ou ses vermisselets par l'hyuer endormis,
Renaissent au printems des bourjons les fourmis.
Somme ce iardinier le grand amour qu'il porte
A son arbre croissant aucun repos en sorte
Ne luy laisse, qu'il n'ait fait de tout son pouuoir
A l'entour de ce fruit ce que doit son deuoir.
Helcie en ce point la de Susanne le pere
Ne cesse iour, & nuit engrauer le mistere
De Dieu en son enfant : & tout premier luy dit.
Ma fille apprens de moi que tout home est maudit
Qui ne cognoit les cieus, ni la bonté hautaine,
Que fit tout ce pourpris du vent de son aleine :
Tu te dois bien priser (chere fille) que Dieu
T'a nombrée entre ceus qui sont siens en ce lieu.

H iij

Ce Dieu qui fit vuider de Mesopotamie
Nostre pere Abraham, qui passoit là sa vie:
Et qui luy commanda d'habiter en Charran,
Pour puis aprés venir loger en Chanaan.
En ce lieu Chanaan, non pas en labourage
Autant de long qu'vn pied Dieu luy fit d'heritage:
Combien qu'il (sans enfans) eut promis que ses reins
Par vn tems peupleroient tout ce païs d'humains.
Mais premier Dieu luy dit, il faut que ta semence
Soit mal quatre cens ans par estrange puissance
Rudoiée: en aprés puissant ie iugerai
Vn tel dominateur, & plus fort sortirai
Aueq ce peuple tien des liens, & des chaines:
Laissant de pere à fils le souuenir des peines
Que leur ferai souffrir. Ce fait Dieu conferma
Par le prepucié le pache qu'il noma.
Tot aprés en Sara Isaac il engendre
Qu'aussi tot circoncit, pour vers Dieu ne mesprendre:
Iacob est engendré par Isac: & de luy
Les Patriarches douze issus sont auiourdhuy.
Ioseph par son songer tous ses freres excite
De le vendre, fachés, à vn Ismaëlite,
Qui depuis en fit pris contant à Phutiphar,
Preuost des mareschaus du puissant Roi du Phar.
Dieu estoit aueq luy, qui de grande sagesse
Le munit pour tirer l'Egypte de l'oppresse:
Et du païs second aprés le grand seigneur
Regent est establi, & plus grand gouuerneur.
Or aduient au païs ou desborde le Nile,
Que son desenflement n'auoit rendu fertile

Par

Par sept ans le terroir: si que desià la faim
Faisoit à grans deniers cercher par tout le grain
Que Ioseph detenoit, par le quint qu'il moissone
Sur la fertilité que le tems deuant done.
Chanaan se sentit de famine oppresser:
Tellement que Iacob qu'on voioit angoisser
Vers l'Egypte enuoia ses enfans à grand' haste,
Pour tirer des greniers la nourriciere paste.
Ioseph les recognoit, & d'vn sourcilleus front
Faintement leur met sus que des mouchars ils sont:
Visitans le païs des hautes Piramides,
Pour tirer, espions, de ses lieus seures guides.
Il leur remet au fond des sacs tout leur argent:
Et à ces Chanaens commande ce regent
D'amener aueq eus en la nourrice terre
L'autre frere restant au giron de leur pere.
Il vient, & puis Iacob son pere est amené,
Qui recognoit son fils grandement estoné,
Ensemble accompagné de tout son parentage,
Septante en nombre faits: & luy ià de grand age
En ce lieu là mourut, & nos peres aussi.
Or Dieu qui ne besongne aueq vn vain souci,
Voiant du plus haut lieu de son azuré pole
Le tems s'auoisiner à sa sainte parole,
Sur l'eslargissement de son peuple captif
Est à le croistre grand entierement actif.
Vn Roi depuis suruient à l'autre tout contraire,
Qui de ce peuple Hebrieu vient son amour distraire,
L'accablant tout sapé de miserables maus:
Iusques à le contraindre à ietter dans les eaus

H iiij

Tous leurs masles naissans. En ce tems fit Moyse
Les angoisses sentir du ventre en l'apertise,
Qui trois mois fut nourri d'un amour paternel
Clandestin : mais craignant l'edit du Roi cruël
En fin le fait baigner de larmoiante face
Dans des moites roseaus en sa ioncheuse nasse :
Ou sa sœur le conduit, & s'arresta de loin,
Pour scauoir si le ciel prendroit de l'enfant soin.
Exposé de la sorte arriue sur le fleuue
La fille Pharaon, qui vagiant le treuue :
Pour sien elle l'auoüe, & pour sien le nourrit,
Et en tout grand scauoir instruire elle le fit.
De quatre fois dix ans aiant attaint la somme,
Estant en dits, & faits sur tous autres sage home
Vient visiter l'Hebrieu : & là il mit à mort
Vn more Egyptien, qui luy faisoit grand tort.
Le iour en ensuiuant ce peuple il tasche à mettre
D'accord qui rioteus debat vouloit commettre :
Leurs disant. Freres bons, pourquoi entigrés vous
Par le fait maintenant l'un l'autre vos courrous ?
Mais celuy qui faisoit de volonté inique
Le tort à son prochain, ireusement replique.
Qui t'a sur nous ici nostre iuge establi ?
L'ensanglanté carnage as tu mis en oubli
Qu'hier ici tu commis, en fermant la paupiere
De l'home Egyptien d'une force meurtriere ?
Moyse oiant cela commence à desloger,
Et deuers Madian se rendit estranger :
Ou deus fils engendra en sa femme Sephore.
Or quarante ans après parmi le peuple more.

L'He-

L'Hebrieu qui mille maus enduroit en ce lieu
Couuert de cendre, & sac souuent requeroit Dieu:
Si que Dieu bien recors du pache, & conuenance
Faite aueq Abraham, voulut que sa souffrance
Paruint or à sa fin : dont pour son grand heraut
L'enfant de Iochabed choisit du ciel plus haut.
Ainsi que de Iethro sur Horeb la montagne
Le gendre son bercail broutassant accompagne,
L'ange luy apparut dans vn ardant buisson
Proferant ses propos d'intelligible son.
D'Abraham, d'Isaac, & de Iacob ton pere
Suy le grand Dieu, qu'ils ont veneré sur la terre.
Deschausse tes souliers : car ce lieu, ou tu sieds
Est saint, ne le prophane, ains te mets à nuds pieds.
De mon peuple qui vit d'vne façon seruile
Sur les flots limoneus des sept enfans du Nile
I'enten de iour en iour le grand gemissement:
Dont pour le secourir va t'en legerement
En la barbare terre, & puissant me retire
Tes freres, que le ioug cruellement martire.
Les deux enfans d'Amram aians la verge en main
Font chose non ouïe, & œuure non humain.
Serpent se fait leur verge : & en sang elle tourne
Le fleuue qui glissant tout le païs contourne :
En raines se transforme : elle se change en pous,
Dont l'Egypte a le cors tout pointelé de cous.
Ne voulant ce tyran doner à Dieu loüange,
La verge fait plouuoir de bestes vn meslange
Par toute la contrée : & bien plus : fit mourir
Tout le bestail du lieu : des homes fit rougir

I

Tous les cors pustulés : fait descendre la gresle,
Et tonerre esclatant, qui foudroiant s'y mesle.
Or voiant bien à l'œil le gendre de Iethro
Que d'vn cœur contumas reuoltoit Pharao,
Et que de plus en plus (nonobstant tant de signe)
Son courage enclumé de plus fort s'en maligne :
De sauterelles fit zizilantes par tout
Peupler tout le terroir d'vn iusqu'a l'autre bout :
Fit tenebreus le lieu : & pour le catastrophe,
Dieu tous les premiers nés en vne nuit estoufe.
Or pour rememorer à iamais vn tel fait,
Que ce puissant seigneur par son bras auoit fait,
Il ordone la Pasque, en signe du passage
Qu'il fit sur leurs maisons sans esprouuer la rage :
Quand irrité courut par l'Egypte au trauers,
Mettant tous premiers nés à sac, & à renuers.
Pharao cognoissant de Dieu telle puissance,
Chargés de grans tresors absenter les licence :
Six cens mille homes lors, sans conter les petis,
Aueque grans troupeaus de bœufs, & de brebis,
D'autres bestes, aussi sortirent de l'Egypte.
Mais le Roi despité veut r'atteindre leur fuite,
Fait atteler son char, & tout son peuple armer,
Pour les acconsuiuir sur les bords de la mer :
Iurant au Dieu Apis du peuple la despoüille,
Si grand victorieus son glaiue dans luy soüille.
Le peuple se voiant taloné de ce Roi,
Qui faisoit tout crouler enrageant aprés soi,
S'attaque murmurant contre leur Duc Moyse.
Moyse prent la verge, ou git sa vaillantise :

Et

Et frappant sur les eaus, il les fait diuiser
Pour le peuple estoné sans nauires passer.
Le Roi embasané voiant les flots de l'onde
Deçà, delà chambrés, le mesme chemin sonde,
Et veut passer aprés: mais l'orage des vens
Desmaçonent ses murs par leurs gosiers souflans:
Enfermans dans leurs rets cette gendarmerie,
Qui guerroie le ciel d'vne forcenerie.
Dieu à ce peuple sien monstrant vn grand amour
En vne obscure nuë il alloit par le iour
Deuant eus: & de nuit en colonne flambante
Chandeloit tout le camp de la troupe marchante.
Estant entré dans Sur, par trois iours il marcha
Sans null' source trouuer, qui sa soif estancha:
Et delà vers Mara, dont son eau trop amere
Augmenta de l'Hebrieu l'alterante misere:
Sans Moyse qui vient, qui bornant ses trauaus
D'vn bois sucrément dous emmiëlla ses eaus.
Delà vient en Elim, ou il repose: pource
Qu'en ce palmeus terroir fontaines prenoient source.
Delà s'amarche à Sin, ou Dieu de son pouuoir
Sur le peuple arrogant fit le manne plouuoir:
Et fit sur eus aussi ce grand Dieu des batailles,
Pour leur glouton desir souler troupes de cailles
Gresler foisonément: par quarante ans entiers
Du manne-pain-des-cieus paissant ses forestiers:
Et qui fait par le tems, que d'iceus la chaussure
Ni tout le vestement ne se brise d'vsure.
Estant de Raphidim paruenu iusqu'au lieu,
Pour la faute des eaus murmure encontre Dieu:

Si que Moyse alors par sa verge sans peine
Du rocher fit sortir vne viue fontaine.
Il vient en Sinaï, ou Dieu dicta ses loix,
Mot à mot à ce peuple en effroiables voix.
Toutefois peu recors de ce Dieu de loüange
Se fait dans le fourneau forger vn Dieu estrange
(Estant Moyse absent) : dont pour l'enormité,
Trois mille homes par mort du Leuite irrité
Broncherent sur le champ. Or depuis par l'espée,
La terre des Gentils fut de luy occupée,
Sous Iosué leur Duc, qui partagea entre eus
De sept peuples puissans le païs fructueus
Qu'il submit sous leurs pieds: ce pendant, qui le pique,
Dieu laissa à l'entour l'idolatre relique,
Pour seruir de bourreau à ce peuple choisi;
Si tant peu de son Dieu se destournoit ici.
Sache donq que ce lieu souuent s'est fait combatre
(S'esloignant de son Dieu) par la gent idolatre:
Et or du Moäbite, Idumois, Philistin,
De l'Egypte, d'Ammon, & du peuple Assyrin :
Si qu'encor tu le vois, que nos fautes trop grandes
Ont fait ruer sur nous les Chaldeennes bandes,
Desquelles esclaués en toute affliction
Nous sommes esloignés du saint mont de Sion.
Or tu sçais comme moi, chere fille mamie
L'escrit qu'a enuoié le saint de Hieremie:
Commandant bien exprés à l'Isacide gent
D'estre à se marier de cœur fort diligent
Pour son nombre grossir, & augmenter de race
A seruir seule ici deuant la sainte face

Du

Du grand Dieu eternel, qui nous veut detenir
Septante ans en ce lieu sans autres devenir.
Maintenant que tu vois que ton plaisant visage,
Tes propos gratieus, ton maintien qui est sage,
Et autres dons de Dieu, qui reluisent sur toi,
Ton age compétent, ta doctrine en la loi
Te font aimer de tous : il faut ores ma fille
Que de tes chastes reins vne race fourmille :
Pour seruir de cœur franc au grand Emanuël,
Duquel le throne saint est toujours eternel.
Et non moins que d'Abdon fils de Pharatonite
Le grand nombre d'enfans ce bon Dieu te suscite :
Afin que pullulant tes races à tes yeus
Tu reçoiue plaisir, & rende grace aus cieus.
Tu ne dois des enfans, chere fille Susanne,
Pour resiouïr les iours que le poil gris ahane.
Tu dois aussi à Dieu ton enfant premier né,
Pour le santifier comme il est ordoné.
Quel bien penserois tu plus plaisant en ce monde,
Que quand impollument la matrice est feconde
A la femme d'honeur, & qu'elle voit son lit,
Du tout ne brehaigner au costé du marit ?
Hé ! quel contentement a l'home sur la terre
Plus grand que de se voir d'vne race le pere
Que marque sa vertu, pleine de bones meurs,
Et traçant vn sillon des plus famés honeurs ?
Quel à moi pourrois tu, ma chere fille belle,
Plus grand plaisir doner sous l'astre qui chancelle,
Que de faire reuiure à mes yeus le pourtrait
D'Helcie, qui ne peut toujours estre de fait

I iij

En ce monde viuant? Non fille ma memoire
Doit renaistre par toi, si de ce me veus croire.
Tes semblables tu vois, qui ont fait appeler
Ceus que le saint lien fait amis copuler
De ce beau nom de pere : & pourquoi en la sorte
Ne feras aussi bien qu'vn saint ami le porte?
Or sur-ce prens aduis : car ie suis resolu
De rendre ce complot pleinement absolu,
Si le ciel tant soit peu à ma sainte entreprise
Par competant parti mon vouloir fauorise.
La fille, qui ses yeus panchoit deuers le bas
Esgarément au per' soudain ne respond pas.
Ains comme l'incarnat, qui peinture la rose,
Qui vient de son bouton fraichement estre esclose,
Et que l'aube enrosée en son pourpre plaisant
Fait cent fois desirer de la main d'vn passant:
L'humble fille en ce point, qui de couleur repare
Son front miroir poli, que nature l'auare
Fit seul sur tous les beaus, fait lors tacitement
Iuger de son vouloir, sans parler autrement,
Le pere rechargeant, luy dit : sois plus hardie,
Ie veus que ton vouloir de toi mesme tu die,
Ce n'est assés de vrai que tel soit mon desir,
S'à cela ne consent aueq moi ton plaisir :
Dy moi donq hardiment cela qu'au cœur en pense.
Flechissant les genous l'humble fille s'auance
Dardant deus raids des yeus aueq telle lueur,
Que sans pere le pere eut eschauffé son cœur
Et luy parle en ce point. Ce n'est à moi à faire
(O mon cher geniteur) de vous vouloir desplaire

En ce que proposés : si vous estes celuy,
Auquel aprés le ciel plus tenuë auiourdhuy
Ie me sen en ce lieu : la vostre ie m'aduouë
Faites, deliberés, entierement iaduouë
Ce qu'en arresterés : & mesmes puis que Dieu
A son peuple commande augmenter en ce lieu.
Mon seigneur, ie scai bien par plus d'un saint passage,
A l'home qui craint Dieu que vaut le mariage,
S'il promet à celuy, qui le reuere ici
D'augmenter sa maison, & sa lignée ainsi
Qu'on voit les oliuiers en des rengs delectables
Porter leurs palles fruits par saisons desirables.
Ce n'estoit pas à moi d'anticiper ce veil,
Ou de ma volonté vous faire ce recueil :
La fille bien apprise aura dedans son ame
Touiours au fond logé le poison de son blasme,
Et ne desgondera de dessus le piuot
D'honeur, pour hazarder quelque messeant mot.
Ie tien, pere trescher, au fond de la poitrine
Par vostre instruction la diuine doctrine
Que Dieu nous establit. S'il fust donq auenu
Que vostre bon vouloir eust esté preuenu
De moi vous en portant la premiere parole :
Hé! qu'eussiés vous iugé que d'vne fille folle?
Ou plus tot presagé, mon geniteur trescher,
Sinistre euenement d'vne bouillante chair?
Non, non ce n'est l'amour, le fils de Paphienne,
Qui de son trait doré me peut rendre la sienne :
Ce n'est de l'Inde l'or (dont la garde fourmis
Tient des iaunes raions les pilleurs ennemis)

Qui me peut surmonter: ce n'est l'astuce encore,
Qui pourra le renom obscurcir, qui me dore.
La crainte de mon Dieu sera mon cupidon,
Sans le laisser trop loing de moi à l'abandon.
Ie scai, à mon regret (mais bon Dieu nous ne sommes
Ores que toutefois mesme race des hommes,
Semblables tout en tout) que plusieurs quelque fois
Faillantes ont esté la monstre de nos doigts:
Si est ce qu'il ne faut, pour telle faute dure
Du sexe feminin sinistrement conclure:
Veu que la femme sage (ainsi que par la nuit,
Par le ciel estoillé la Diane reluit)
Reluit a son mari, comme fait la courone
Que la riche esmeraude à l'entour enuirone.
Non, non, mon pere, non ce ne seroit debat
A mon tres chaste cœur de viure en celibat,
Ni le long de mes iours de solitude amie,
Meditant en mon Dieu, rester sans compagnie:
N'estoit qu'il est enioint de par la deité
S'adioindre l'vn à l'autre en toute feauté.
Faites donq vostre vueil, mon Dieu, son vouloir face:
Et me doint de celuy trouuer la bone grace,
Que de son plus haut ciel compagnon il m'eslit,
Pour en sainte concorde auoir un mesme lit.
Dieu ce pendant la haut, qui sur les hommes veille
De l'home Ioacim la pensée resueille,
Et iette vers le bas de son plus clair seiour
Sur l'Hebrieu ià choisi forces flammes d'amour:
Lesquelles tout ainsi descendent de sa sphere
Comme l'astre volant, qui s'agette vers terre.

Ioacim

Ioacim auſsi tot trauers ſon cœur humain
Sent cet amour diuin approcher d'vne main,
Circuir, aſsieger, & ſe faire cognoiſtre
Par aſſaut colonel de la place le maiſtre.
Il n'a plus que Suſanne au fond du ſouuenir,
De Suſanne ne fait que des propos tenir :
C'eſt ſon bien, c'eſt ſon tout, ſa plus chere maiſtreſſe,
C'eſt le trait de ſes yeus, qui droit au cœur le bleſſe.
Et comme celuy la qu'en vains ſonges ſe fond
(Regnant l'aſtre cornu) par vn ſommeil profond
Voiant tantot deçà, or delà qui le tente
Tout le contentement de ſa vie preſente :
Approche, & ioüiſſant de l'image moqueur,
Fantaſtique ſe rend de ſon ſonge vainqueur.
Ioacim en la ſorte en l'imaginatiue
De la fille d'Helcie empraint la face viue :
L'accole en ſon penſer, la baiſe, & ſans baiſer
Fait ſon œil à ſes yeus, bouche à bouche gliſſer :
Diſant tout tranſporté. Ah ! bien hureuſe flamme,
Qu'allume dedans moi d'vne ſi chaſte dame
Le deſir empenné, qui d'vn vole-aileron
Vas deſià mugueter ſaintement ſon giron.
Hà ! que ne me fais tu ſemblable à cette meche,
Qui fit dedans Egine vne ſi douce breche :
Ou quelque blan taureau aus cornes de fin or,
Pour Suſanne allecher par ce moien encor ?
Quelque aigle rauiſſant pour emporter Helcie :
Ainſi que fit Iupin ſa plus chere Aſterie ?
Que ne ſuis-ie donq l'or, qu'en pluie diſtilla
Dans la cloiſon d'erain, qui la belle celа :

K

Ou l'or seul grand pipeur dedans la fermeture
Sans pieus, ni sans marteau se fit vne ouuerture?
Qu'est-ceci Ioacim! quels mots! hé, quels propos!
As tu desià de Dieu nonchallé le saint los?
Voudrois tu paienner: puis que tu te propose
De ces dits fabuleus telle metamorphose?
Mais! tu es sans parti: pense tu receuoir
D'elle que tout honeur, ores qu'en ton pouuoir?
Cela se peut iacter d'vne fille debile.
Ta Susanne est vn roc endurci, immobile,
Que l'amour, la beauté, richesse ne scauroient
Esbranler de son lieu, quand bien elles voudroient:
Vn mari seulement d'vne main coniugale
La peut rendre flechible, & à son vueil esgale:
Pour iouïr de ses yeus, & de son plus beau front,
Qui reluit comme au ciel les estoilles nous font.
Ce n'est de la façon, qu'il faut que tu procede:
De tout ton vain songer tu ne peus tirer aide,
Et moins vn promt secours: si de ce fait te chaut,
Par vn autre chemin proceder il y faut.
Mais! encor que scais tu, si en faisant l'approche
Daignera œillader le tourment qui te touche?
Tu scais pour l'asseuré que d'autres tout le iour
Par parens, par amis luy font faire l'amour:
Et qu'estant sur le point de son age plus tendre
A l'vn d'iceus pourra son pere condescendre.
Or soit ce que voudra, i'esprouuerai le sort,
Ie scaurai, si Dieu veut que ce soit la mon port:
Me taisant nul ne peut ma volonté cognoistre
Ni mon affection, que ie sen touiours croistre.

En

En mon cœur de plus fort: tant ie me vois eſpris
De la fille d'Helcie, ou giſent mes eſpris.
Ioacim qui languit, & qui ſans nulle ceſſe
Ne fait que contempler dans le cœur ſa maiſtreſſe
Ne ſcait, tant eſt ſurpris, comme il doit proceder,
Pour plus hureuſement ſon fait afin guider.
Il eſt comme celuy, qui ſorti d'vn n'aufrage
Voit ſon plus cher butin, qui ſur l'element nage
Deçà, delà flottant, qui encor curieus
Le veut ſauuer ſ'il peut du regne pluuieus.
Monte, ſans plus penſer à la rage du pole,
Pour ſon ſouci ſauuer ſur vne barquerole:
Et or deuers ce lieu ſoudain vient ſecourir
Ce paquet luy ſemblant plus voiſin de perir:
Le laiſſe or en voiant vn autre que Doride
En beant engloutit de ſon goſier humide:
Et ainſi tournoiant ſur l'element ſalé,
Peſcheur ne ſauue rien du roiaume moüillé.
Cet amant en ce point en raiſons girouëtte:
Or cette ci approuue, & puis il la reiette:
D'autres remet auant, & en tel chois ne peut
Choiſir pour le meilleur ce qu'il deſire, & veut.
Et trop mieus reſſemblant à l'home qui s'eſgarre
Dans vn forchu chemin, qu'en diuers lieus deſbarre,
Et qu'au brun de la nuit par dedans la foreſt
Ne trouue aucun paſſant qui ſon doute remet:
Le meilleur à ſon ſens choiſit, qu'il ne hazarde
Son cors aus animaus, qui ſont du lieu la garde.
Ioacim trop douteus conclut à la parfin
D'en faire acertener le pere: à celle fin

K ij

D'entendre son vouloir, & scauoir en la sorte,
Si bien, ou mal venu sera dedans sa porte.
Le pere n'a si tot son saint amour cognu,
Qu'il le fait aduertir d'estre le bien venu.
L'amant qui par longtems d'vne façon humaine
Poursuiuant au saint but auroit perdu sa peine
Vers celle, qu'il ne peut effacer de son cœur,
Se sent las! boureller d'vne extreme rigueur:
Luy defaillant du tout la force, & le courage,
Se voiant repoussé de sa celeste image:
Et ne tend qu'a la mort, pour finir tout soudain
Le tourment de son cœur par sa cruelle main.
Mais si, changeant d'aduis sa maistresse rebelle,
Courtoise à son amant fait entendre nouuelle
D'vne douce pitie. Ah! quel contentement
Vient seruir de quartier au lieu de ce tourment.
Il sent plus fort cent fois r'allumer cette braise,
Qui mourante couuoit son languissant malaise:
Et ores en baisant la lettre mille fois
D'indicible plaisir pleure, & rit à la fois.
Ioacim qui entend sur son humble semonce
Du pere de la fille vne telle responce
D'aise fretille tout, & ne croit ce qu'il oit:
Tant au soudain moment de plaisir il conçoit.
Luy qui ne veut pas perdre cette occasion bone,
Accoustre proprement sa seante persone
Selon l'edit de Dieu, & en son bel atour
A Susanne s'en vient presenter son amour.
La fille qui du pere estoit ià preuenuë,
Sachant de Ioacim la soudaine venuë,

Accourt

Accourt d'un pied leger pour l'amant bien-viener:
Auquel d'vn chaste cœur se vouloit addoner.
Mais ce couple d'amans au ioindre sent sa langue
Noüée sans propos, ou aucune harangue:
Changeans souuent de taint, & seulement les yeus
Estoient de ces muëts ministres soucieus,
Iettans mille raïons dessus leur pourtraiture,
Sur laquelle n'auoit oublié la nature
Choses à desirer: tant l'ouurage à souhait
Sembloit de l'vn à l'autre en soimesme parfait.
Chacun d'eus le cent-yeus Argus fort se desire,
Pour pouuoir plus à plain contenter son martire:
Ou que son cors changé fut en des miroirs clairs,
A receuoir dedans les lumineus esclairs,
Que leurs raids descochoient par des milliers de flammes
Iusques au plus profond des languissantes ames.
Comme on voit quelquefois dans vne grand' maison
Sur vn marbre poli par vn exquis maçon
Quelque œuure elabouré de deus belles statues,
Qui tiennent fixement dessus elles leurs veuës:
Et qui semblent parler sans gazoüiller propos,
Tant l'ouurage embossé semble digne de'los:
Voirra ses deus amans transis de sorte mesme
En leurs passibles cœurs pressés d'amour extreme.
Amour s'estant ioüé bien longtems d'eus ainsi
Soult leur langue amoureuse,& fait parler ici
Tout premier Ioacim. Ie ne scai bien aimée,
Si ie dois plus priser la grande renomée
De l'exquise beauté, que vous fait desirer:
Ou la sainte vertu, que vous vient decorer:

K iij

Sur ce mon iugement variable balance
Pour doner soit à l'vn, ou l'autre plus d'auance.
Certes l'home charnel iugera comme vn sot
Touiours pour la beauté, que pour l'honeur plus tot:
Et aueugle des yeus, s'il aduient qu'il choisisse,
L'œil plus tot, que l'honeur prendra pour son seruice.
Or, madame ie voi que le ciel, & son Dieu
Vous ont voulu former la plus belle en ce lieu,
Non belle seulement: mais ce qu'est dauantage,
Aueque la beauté accompagner vostre age
D'vne sainte vertu, pour bien heurer vn iour,
Celuy que choisirés feal de vostre amour.
Ie di ceci d'autant que souuent par le monde
On voit en vne fille vne beauté faconde
Sans null' trace d'honeur: d'autre le cors vestu
Est (sans trait de beauté) d'vne extreme vertu:
Et toutefois l'humain, s'il a le chois sur elles,
Laissant l'honeur à part se saisira des belles.
Ou regne en Babylon Nabuchodonosor,
Qui nous detient captifs ceci voions encor.
Car ce peuple Païen d'vne loi estrangere
Des belles au marché par argent fait enchere:
Et des deniers venans qu'il tient auprés de soi,
Les laides il marie, ainsi que veut leur loi.
Or d'entre celles la, que sont dessous la lune
Plus qu'a nulles ie voi l'vne & l'autre commune
Touiours accompagner, chaste fille, vos pas
Pour faire estinceler vostre renom ci bas:
Qu'allume tellement mon affection grande
Que de me receuoir pour vostre ie demande.

Long-

Longtems a que le ciel m'a les sens enferrés
Deſcochant de vos yeus cent petits traits dorés:
Et que ie ſen bruler ſon ardente eſtincelle
Deſſechant dedans moi tout l'humeur de ma moëlle.
Si l'amour par amour compenſer ſe doit voir,
Certes ſur tous amans ie doi le pris auoir.
Aduiſés donq, ma belle, aueq vne amitie
De prendre d'vn amant quelque iuſte pitié:
Et ne refuſés pas cette conionction,
Que pretend Ioacim de ſainte affection.
La fille embelliſſant ſa diuine nature
Par vn pinceau honteus, qui le front luy peintur
D'vn vermillon luiſant ſur la blancheur des ly-
Que le ciel ſon ſculpteur au viſage auoit mis
Baiſſa l'œil doucement: ſans reſponſe luy ren
Du propos auancé, qu'elle faint de n'entendr.
Madame, dites donq à voſtre Ioacim
Le ſentiment du cœur, & voſtre aduis: afin
Que ſur l'intention reſoudre ie me puiſſe,
Si ie ſerai l'eſleu, pour vous faire ſeruice:
Ou banni de vos yeus aueq vne douleur
Repaiſtre ſans ceſſer ma triſteſſe de pleur.
Suſanne l'œilladant de ſa double lumiere
En pliant le genoüil luy parle en la maniere.
Ceſt à mon pere ſeul, ſelon que veut la loi
Tout à ſon bon plaiſir de diſpoſer de moi:
Ce qu'il voudra, ie veus, ma volonté eſt ſienne,
En ſon opinion ſera ferme la mienne.
Par ainſi, mon ami, maintenant ie ne puis
Vous doner autre aduis: puis que ſienne ie ſuis.

Las! que feroient les loix, tranſgreſſant de leur voie,
S'autre que ſa ſubmiſe en ce lieu bas i'eſtoie?
Quel aigre chaſtiment eſt eſtabli pour cil,
Qui par vn contredit eſleue ſon ſourcil?
Non, ie ne veus faillir encontre l'ordonance:
Puis qu'aueq nous de Dieu telle eſt la conuenance.
Sachés donq, mon ami, de mon ſeigneur treſcher,
S'il vous veut retenir pour ſon gendre plus cher.
S'il le veut! ie le veus: & s'il vous en eſloigne!
Ce ſeroit pour neant que de ce fait l'on ſoigne:
Ains en me delaiſſant ſous guide d'vn bon heur
Quelque parti çercher il vous faudra ailleur.
Eſtant acertené de ſon amour pudique,
Le ſoin qui l'eſperone, & le flanque, & le pique
Le guide meſſager vers le pere ſoudain,
Qui pour ce fait conclu luy preſente la main.
Aſſuré Ioacim de ce ſien mariage
Delibere tantot de ſe mettre en meſnage:
Et vigilant ordone aueq vn fort grand ſoin,
Sur cela qu'au feſtin luy ſemble de beſoin
Pour le rendre opulent. Or voici la iournée
Qu'on doit faire flamber la torche d'Hymenée,
Et que ces deus amans ſouffrans mille trauaus
N'accuſeront clochans de Phœbus les cheuaus.
Celé n'eſt ce feſtin à quelconque perſone
De tous les habitans du lieu de Babylone,
Soit de l'Hebrieu, Païen: car de ces gens le bruit
Aus oreilles couroit, & le iour, & la nuit:
Et n'eſtoit ſi petit qui bien ne deſiraſſe
De trouuer quelque lieu, ou eminente place,

Pour

Pour se tirer arrier d'vne foule, & pour mieus
Sans branler çà & là faire office des yeus.
Non moins que quand l'on voit que le son de la trompe
Annonce l'arriuer d'vne monarque pompe,
Et que sur l'eschauffaut on voit desià par reng
Auant le Roi marcher les plus proches du sang:
Que fait onder le peuple,& de presse,& de peine
Souuent trop se serrant se fait perdre l'aleine.
Or en la synagogue en presence de tous
Ioacim espousa Susanne au regard dous:
Laquelle se portoit vers tous si admirable,
Que toute autre beauté sembloit incomparable
A la face des cieus, qui modeste tenoit
L'œil dessus celuy la que pour mari prenoit.
Prononcé que l'on a la parole requise,
Et accouplé leurs mains en feauté promise,
Sur eus nuës de fleurs les filles font voler,
Comme on voit les floccons de la neige par l'air,
Durant qu'Helice aus cieus cette farine blanche
Tamise pour couurir de Cybele la hanche:
Et cela denotoit des filles vn souhait
D'vn bon-heur-compagnon d'vn couple si parfait.
Retourné que l'on est: lors Ioacim le maistre
Le viure-chasse-faim fait sur la table mettre
Par nombre de seruans, qui à cela commis
Portoient les mets frians qui dessus estoient mis.
Mais premier auant tout qu'on gouste à la viande
Chacun des conuiés au tout puissant demande
La grace d'en vser aueq sobrieté,
Que son nom eternel ni soit point irrité.

L

Chacun estant assis les biens de Triptoleme
De tous costés l'on voit courir à l'heure mesme :
Les nourrissons des bois, & les troupeaus plus gras
Par Vulcan affinés se portent à grand tas.
On voit par tout verser par valets à la file
Les larmes de Denis, que s'engendrent dans l'isle
De Curete, tenant encor le nom de ceus,
Qui du haut de leur front tondoient tous leurs cheueus.
Là de grand eschanson ne vient faire l'office,
Celuy qui s'engendra de la Iupine cuisse ;
Pour yurongne forcer d'une excessiue main
De l'home conuié par le boire le sein :
Ains vn chacun en prent aueq doze, & regime
A vaincre l'appetit de la soif qui s'anime.
Pomone sur l'issuë apporte tous ses dons,
Et l'Isle de Phæac les siens aus abandons :
Desquels vn chacun d'eus gousta pour doner terme
A l'estomach repeu qui sur iceus se ferme.
Leué qu'on a chatun promptement deuers Dieu
Rend graces sur le champ de tant de biens au lieu :
Le suppliant de cœur de dresser leur pensée
Selon ses saints edits, que iamais offensée
Sa grande deité ne se sente : ains plus tot
Leur plante dedans l'ame vn zele plus deuot :
Soucieus de touiours, touiours ses sentiers suiure,
Tant que sous le soleil leur permettra de viure.
Par la sale on ne voit, ou se fait le festin,
Les richesses à l'œil de l'aube du matin,
Ni les cottons soiés des peuples de Scythie
Tissus par le subtil artisan de l'Indie :

Pour

Pour chatoüilleusement le desir amorcer
De l'Hebrieu captiué, qui tasche renoncer
A la mondanité, qui cent mille batailles
Se fait en esuentrant du Peru les entrailles.
De dessur les buffets on ne voit que l'esclat
Vienne doner aus yeus de quelque argenté plat,
Ni qu'vne docte main tout à l'entour cizelle
Quelque trait releué d'vne façon nouuelle.
Les vases on ne voit brilloner de fin or,
Pour engluér le cœur de la persone encor :
Mais au lieu paroissoit la transparente glace
D'vn Muranois islain, & la premiere audace
Du seure Vatinin : ou pour mettre Achelois
Estoient d'Agatocles les vases Siculois.
Au lieu de ces tapis que le Turban barbare,
Fait voguer par païs aueq vn pris auare,
Historians les faits des siecles ià passés,
Sont dessus les parois d'vn pinceau compassés
Les œuures qu'en six iours forma Dieu sur la terre,
Pour le soulagement de l'humaine misere.
On ne voit rien d'exces en parades ici,
Ores que Ioacim le peut bien faire ainsi :
Car il estoit sur tous vn home d'opulence.
Mais craignant d'offenser l'œil qui par tout se lance,
Et qui le plus souuent escraze de ses mains
Les faits trop odieus des superflus humains :
Il auoit reprimé cette iactance vaine,
Se souuenant que Dieu les pressoit sous sa haine,
Et que captifs estoient en ce lieu les Hebrieus,
Par l'offense commise à l'encontre des cieus.

L ij

Les fifres, les tabours, les hauts-bois, les violes
Ne font aprés le paſt ſuſciter les carolles
De ce peuple de Dieu, ni main à main danſant,
Or auant, or arrier, on voit ſon pied pouſſant :
S'efforçant à qui mieus de iambe fretillante,
Se faire remarquer pour perſone gallante.
Ah ! danſe à quoi eſt bon cette amorce de cœur,
Qui te met tout en eau, & puante ſueur ?
Ou ce fol appetit, que fait que tu gambade
Oiant le ſon flatteur d'vne bacchante-aubade ?
Cent fois ce ſon trompeur a eſté maquereau
De rauir à la femme vn renom le plus beau :
Quand ainſi luy ſerrant la main parmi la troupe,
Ton cœur enſouſpiré ſes ſanglots luy deſtoupe ;
Ton œil fait à l'endroit de valet le deuoir,
Pour ſecret denoncer l'inteſtin conceuoir :
Le genoüil au genoüil l'vn contre l'autre gliſſe,
Pour anoblir plus fort ta piteuſe malice.
Fi danſe malhureuſe, attrape des enfers,
Qui ſers de forts liens, de chaines, & de fers,
Pour captiuer la fille, ou la femme debile
De ſe rendre la fable enuers toute vne ville.
De ſon cours ſerpentant, de ſon ſpherique rond
Principe en eſt Satan, la fin, milieu, le fond :
Et ne peut mieus ſembler cette danſe orgiale,
Qu'a la folle Mœnade, ou ſotte Bacchanale :
Au lieu de tout cela vn Leuite au milieu
Leut d'vne haute voix les ſaints edits de Dieu :
Fit entendre comment d'vne bouche feconde
Le ſouuerain crea tout ce que git au monde :

Et

Et qu'Adam il souffla d'un vent purifié,
Pour estre un Prince grand sur tout magnifié.
En aprés recita mot à mot ainsi comme
Dieu crea de sa coste une femme pour l'home :
Que monstre que ce n'est des deus rien qu'une chair
Pour touiours s'entreuoir d'un amour plus que chair :
Delaissant pere, & mere ici bas pour s'adioindre
A celle que le ciel veut à l'home conioindre.
Or la femme tentée abusa son marit :
Si que pour un tel fait le souuerain luy dit,
Qu'a touiours sous son bras, pour la faute commise,
En peines trauaillant elle seroit sousmise.
Depuis ce tout-puissant a dit qu'il benira
Le lit de l'home la, qu'ici meditera
En ses sacrés edits, aueque une promesse
De le fructifier d'abondance sans cesse.
Or vous, mes chers enfans, à qui Dieu de ce iour
A fait naistre en vos cœurs un coniugale amour,
Souuenés vous du tout : & comme un frontispice
Sur vos yeus esleués touiours ce Dieu propice.
Estant ce saint propos du Leuite acheué,
Un melodieus bruit entre eus est esleué
D'un cantique sacré : racontant les merueilles
Des faits de ce seigneur aus autres nompareilles.
De reuenir au soir chacun d'eus est requis,
Ou se prepare encor le souper fort exquis :
Puis chacun retournant sous la brune Diane
Souhaite le bon-soir à la belle Susanne,
Et à son Ioacim, qui prenant par la main
Son bien, s'amour, son tout, son petit cœur humain :

L iij

Luy dit, en la baisant. Ma treschere consorte
Flechissons les genous, que rien de nous ne sorte
Que puisse à nostre Dieu desagréer ici :
Prions, prions le ciel que cet humain souci
N'enflamme nostre cœur d'vne vaine luxure,
Mouuant plus l'appetit que l'ordre de nature :
Et que nous ne sentions ces aiguillons brutaus,
Qui rendent les humains bien pires qu'animaus.
Ce bel appariment met le genoüil en terre,
Et du fond de son cœur deuers le ciel desserre
Sa priere humblement : tant qu'iceluy consent
A ce pair bien cheri de se monstrer present.
Non moins que fait vn Roi, qui meu de la requeste
D'vn humble suppliant sous vne seure enqueste
De son droit, tout soudain commande l'assister
Par delegués commis, pour de peines l'oster :
Demonstrant le deuoir que sa viste couroné
Doit par vne equité vers la droite persone.
Aiant donq esschelé leur priere les cieus
L'amour, la chastete, la fermeté sur eus
Descendent tout soudain & Hymen, & Lucine :
Pour bien heurer des deus la pudique courtine.
Inuisibles à l'œil, aians torches en main,
Exercent les mandats du haut Dieu souuerain :
Et contournans le lit, où ce couple repose,
Chacune souspira d'vne aleinée esclose
Sur les deus son douaire : afin de receuoir
Par ce celeste vent l'effet de leur pouuoir.
A l'entour des rideaus laissent bruler leur cire
Tout le long de la nuit, & chacune desire

Tou-

Touiours, touiours plus fort d'iceus l'accroiſſement:
Pour le rendre perfait en ſon accouplement.
Tant que la palle nuit courut par la campagne
Des cercles eſtoillés, ſur la haute montagne
Des rugiſſans lions on n'entendit les vois:
Des loups enfelonés les mugiſſans abbois
Aus valons reculés effroiables ne furent:
Les hurlemens des chiens ce ſoir point ne ſ'eſmeurent
Sur les ſilens paués, annonçans les coureurs
Triſtes euenemens, ou des pires malheurs:
Sur le funebre toit de ſifflante querelle
Le choüan ne ſona ſa piteuſe nouuelle:
Ni les triſtes oiſeaus doloreus meſſagers
Furent par ce ſoir la ſur chemin paſſagers.
Somme tout repoſoit, & durant ce ſilence
(Don ottroié des cieus) l'humaine corpulence
Ses labeurs oublioit: & du iour les trauaus
Les peuples eſcaillés appaiſoient ſous les eaus:
Les buiſſons babillars aus couſtumiers ramages
N'incitoient à chanter les bigarrés pennages.
Or repoſés, beau couple, & attendés le iour,
Qui face reſueiller aueq vous voſtre amour.

L iiij

LA SVSANNE DE DIDIER ORIET ESCVIER LORRAIN, PORTVOIS.

LIVRE TROISIEME.

L'AVRORE *commençoit de son peinturé voile*
Deschasser deuant soi la sommeilleuse estoille:
Et les heures bridoient du saffrané-cocher
Les vite-pieds cheuaus, pour soudain desmar-
Du lieu de l'Orient, & reprendre sa trace (cher
Pour Olympe allumer de sa clarteuse face:
Quand chacun se leua, voiant tout au trauers
Des fenestres passer le iour de l'vniuers.
Ce couple ensorcelé d'vn amour indicible,
Chaste, ferme, loial, se sent plus que passible
De ce qu'a plain il tient : tant les Fées des cieus
Des celestes presens auoient remplis leurs yeus,
Susanne cerche en tout les moiens de complaire
A son trescher mari : & le mari desplaire
Ne veut à celle la, qu'il aime plus que soi,
Et l'amour l'y contraint, & sa loiale foi.
Qui a veu par les chams la torterelle chaste
Aprés son cher amant, qui pied à pied se haste,
Bon à bon, & touiours sans le laisser le suit,
Par la douce amitie qu'a ce faire l'induit:
Ou soit que voletant d'vne grise-aile blanche
S'aille percher dessus quelque fueilleuse branche:

Ou

Ou soit que reuolant sur terre, à son costé
Est touiours ce beau pair miroir de chasteté.
En ce point Ioaerim, & la fille d'Helcie
L'vn de l'autre sans fin amoureus se soucie:
Et n'ont point de repos s'ils se trouuent absens,
Tant leurs yeus sont contens de se reuoir presens.
Le Babylonien ne sentit plus en l'ame
Le trait de l'archerot, ni sa brulante flame
Penetra plus auant, pour attiser d'ardeur
Vers sa proche voisine vn trop amoureus cœur:
Or que des deus la mort sur la viue fontaine
Tesmoignast plus qu'assés de leur cruelle peine:
Rougissant leurs costés d'homicide poignart
Par le mal aduenu de nuit en cette part.
Cette dame d'honeur, qui dedans sa poitrine
Portoit vn clair raion de la sainte doctrine,
Tantot de son aiguille vne gaze emplissoit
De quelque fine soie, & paroistre faisoit
En l'ouurage acheué quelque tressainte histoire,
Pour touiours aiguiser vers le ciel sa memoire.
Ou changeant de trauail prenoit vn liure en main,
Pour s'instruire plus fort enuers le souuerain:
Elle y lit que Sara femme du fils de Thare,
Que son Dieu si souuent deçà delà esgare,
Pour esprouuer sa foi, suiuoit sans controler
Son bien aimé mari, où il vouloit aller:
Et remarque en lisant que cette femme encore
D'vn beau nom de seigneur ce sien espous honore
L'auoüant en tout fait, & d'vne affection
Suiuant sans contredit sa bone intention.

M

Elle voit fueilletant l'affection seruile,
Que portoit à Isac de Bathuël la fille,
L'amour vers ses enfans, & sur tout voit aussi
Quel deſſur sa famille est son ardent souci :
Que fait touiours d'autant son affection croistre
Vers son loial mari, son cher seigneur, & maistre,
Qu'elle tasche en tous points dedans son souuenir
Aprés le ciel sur tout en son cueur maintenir.
Ne se pouuant souler, tant elle conçoit d'aise
Les liures de Moyse, & sur tous de Genese
Lire, & relire encor : apprent d'eus que Laban
Ses deus filles dona au neueu d'Abraham,
Que porte tant d'amour à Iacob que leur face
Pour cela deuers Dieu trouue vne pleine grace.
D'autre part elle voit la grande humilité
De Rhut la Moabite enuers le cher costé
De Booz son seigneur, qui suscite semence
Au trespassé parent, en suiuant l'ordonance.
Vers le fils d'Isai recognoit que Michol
D'vn amour tresperfait submet son humble col :
Et que tant peut sur elle vne extreme amitié,
Qu'elle sauue de mort, d'vne iuste pitié
Cil que le mariage annexe d'vn fort noud,
Que la rigueur du tems à iamais ne diſſoud.
Elle voit que par elle vne mort & statuë
D'vne hure est coiffée, & d'habits reuestuë,
Pour deceuoir de Saul le sanglant messager,
Qui venoit pour Dauid nuitamment esgorger :
Mais la femme d'honeur secret le fait descendre
Du plus haut d'vn estage, & en fuite le rendre.

Hé!

Hé! que peut inciter dauantage en ce iour
Sufanne à renforcer de plus en plus l'amour.
Que doit à Ioacim, que Iudith continente,
Que fon cher Manaffé fans point ceffer lamente?
Cela luy fait penfer, voiant tant de douleurs,
Et fes yeus tous trempés, qui verfent tant de pleurs,
Le fac ceint fur fes reins, & ià fon long vefuage,
Quel deuers fon feigneur a efté fon courage.
Plus elle lit auffi d'vn efpouantement
De cette Merari le cœur virilement
Hardi, ne s'effroiant dans la troupe ennemie
Sous la garde de Dieu defcendre feinte amie,
Ou ce grand capitaine alleché de fon trait,
Par ce fexe fragile à la fin eft deffait.
Certes lifant cela cent fois l'ame eft confufe,
De la vefue voiant cette diuine rufe,
Et cent fois en fon cœur hureufe, elle la dit,
Pour auoir decolé le Chaldéen maudit:
Plus hureufe cent fois qu'vn faint renom pudique
R'apporte, & qu'elle fait tomber des mains la pique
De l'affiegeant Païen, fa cité deliurant
Par ce fait valeureux en fa tefte liurant.
Tel de Sufanne eftoit le long de la iournée
L'occupation fainte, ou eftoit addonée,
Et le pied du logis iamais hors ne mettoit,
Sinon quand pour prier vers le faint lieu fortoit:
Abhorrant iufqu'au bout de fe monftrer par voie,
Comme autres qui touiours y paffent qu'on les voie,
Et qu'auffi par chemins des regardans les yeus
Attirent lafciuans par geftes vitieus.

M ij

Non moins que fait l'Eimant d'vne secrete force,
Le fer enamouré de sa lubrique amorce.
Dames, ce n'est ainsi qu'il faut garder la foi,
Ce n'est bien obseruer la coniugale loi,
D'auoir ses yeus ouuers pour autre home en ce monde,
Que pour celuy qu'ami legitime feconde
Vos matrices ici peuplant de beaus enfans,
Vos maisons, pour tirer les coups de vos ans,
Non moins que la cicogne à l'endroit de ses peres,
Laquelle apperceuant les tremblantes miseres
De leur foible vieillesse, assiste à tout besoin
De ceus qu'en son enfance ont pris d'elle tel soin,
Or on luy voit porter dans son bec la pasture,
Qu'à ses pesans parens donc la nourriture :
Or d'vn fleuue engorgé rafraichit leurs poulmons,
Pour demonstrer vers eus telles affections,
Ou tantot endossés sur le siege de l'aile,
Portés par vn dous vent leur tristesse ensommeille,
Deceuant leur chagrin par telle pieté,
Qui n'esloigne iamais l'infatale costé.
Il faut, dames, il faut qu'en mesme sympathie
Semblables vous soiés à la chaste Clytie,
Laquelle tient toûiours sur le luysant soleil
Sans point l'abandoner amoureuse son œil.
S'il aduient que d'Atlas il se couure l'eschine,
Descendant ses cheuaus au fond de la marine,
Pour aller esueiller les Antichtons resueurs,
Que sa sœur dans le lit detient encor songeurs :
Elle aussi fermera sa honteuse prunelle,
Tant que de son ami reuoit la face belle :

Et

Et de tous les coſtés qu'il tourne, ce ſouci
Panche, ſoit vers le Nort, Sud, ou l'Oüeſt auſſi.
Apprenés la vertu de la chaſte Suſanne,
Auant que l'age vieil voſtre coleur baſane :
Pour vous deſmaculer prenés la pour miroir,
Et recluſes ainſi telles faites vous voir.
Penſés vous que pour eſtre en pompes attifées,
Les cols enferrés d'or, les teſtes bien coiffées,
De velous, de damas trainant les longs habits,
Les doigts tous anhelés de diamans, rubis,
Les reins enuironés de pierres pretieuſes,
Les yeus tout eshontés, les façons odieuſes,
Que pour cela ſoiés enuers les bons eſprits
En cet accouſtrement lubrique de grand pris?
Non certes : mais plus tot l'home qui vous regarde
A part ſoi cet excés tacitement brocarde :
Et voit bien qu'en cela reſſemblés au marchánt,
Qui farde ſon vendage : afin d'eſtre alléchánt.
Ou eſt or maintenant cette chaſte Romaine,
Qui tient ſon huis fermé : tant que le tems r'amene
De ſes embraſſemens ſon bien cheri Torquat,
Qui contre les Volſcins victorieus combat?
Hà ! que ne portés vous au plus haut de la teſte
Le renom couroné de la fidele Alceſte?
Ou celle qui fut iointe à ce grand Roi de Pont,
Armée le ſuiuant où plus de guerres ſont?
Ie ne voi point qu'ici, quelqu'ne ſa partie,
Aime d'vn tel amour que la chaſte Portie,
Qui de charbons ardans ſe fait vn dur effort
Sachant de ſon mari la doloreuſe mort.

M iij

Mais que sert que d'ailleurs des exemples i'espuise
S'on voit que tout cela en Susanne reluise ?
Helcie reuien donq, ne rougis point au cœur,
Si sur toutes mon vers te defere l'honeur:
C'est à toi seule aussi qu'appartient la loüange
Que doit depuis Maroch iusqu'au fleuue du Gange
De tous estre chantée : afin d'en inciter
Plusieurs à te vouloir chastement imiter.
Tu resemble à la vierge, à qui la belle face
Se vient souuent mirer dans vne claire glace,
Et ne laise offenser son lumineus raïon
D'vne tache notoire, où maculeus surjon
Que le iour deceleur ne le face paroistre
Sur son beau taint poli, qu'impollu fait cognoistre.
Ou comme le fermier, qui de soigneuse main
Pour en terre semer ne veut que le pur grain,
Le vaciet, nielle, & pauot, & l'iuraie
Par le cuir fenestré de la semence vraie
En son aire separe : afin que le rejet
De la grand' mere Opis en renaissant soit net,
Et que le laboureur prenne quand il moissone
L'honeur, & le proufit que sur la terre il done.
Cette sage Isacide a tout le mesme soin
De reietter de soi le messeant bien loin,
En s'aquerant le nom de la plus chaste dame,
Qui viue sous le iour de la courante flame :
Si que son cher mari d'vn tel deportement
Reçoit de plus en plus d'elle contentement.
Quelquefois l'œil lassé de trop grande lecture,
Et la main de tenir trop longtemps la cousture,

L'inci-

L'incitoient relascher ce soin trop mesnager:
Pour s'aller à l'esbat quelque tems engager.
Ce passetems n'estoit d'aller parmi la ruë:
Afin d'estre de tous dans vne place veuë,
Roüer les carrefours, caqueter tous les lieus,
Humer tous les passans du regard de ses yeus,
Les voisins molester à tous coups, & toute heure,
Et ne haïr rien plus que sa propre demeure:
Non ce plaisir estoit sans le lieu fenestrer
Entre vn voile muré dans vn iardin entrer.
Ce lieu tout à l'entour enfermé de murailles
Contenoit mille plantes au creu de ses entrailles:
Dont les ius done-vie eussent remis l'esprit
Du pudique veneur que le Phoce meurtrit.
Tout premier en entrant dans ce lieu de plaisance,
De la court du logis se monstroit vne auance
Tenant en son trauers tout autant de longueur,
Que du parterre auoit le carré de largeur:
Et chacun tour de mur de ce carré parterre
Contenoit bien cent pas dedans ce qu'il enserre
D'vn compas symmetrique. Or l'auance couuroit
Vn beau lambris vouté d'vn cedre, qui paroit
D'vne taille bien faite en sa menuiserie
Ce lieu fort enrichi, & la maçonerie
Dans l'argile embossé monstroit pourtraits diuers
Du Nereïque peuple, & du peuple des Airs.
De Bitume couuerte estoit toute la hanche,
Pour defendre du ciel la pretieuse planche:
Afin qu'vn raid brulant le geint ne dessembla,
Ou le pleur de Iunon de moiteur le combla,

M iiij

Ce beau porche seruoit pour vne pourmenade,
Quand le ciel tempestoit d'vne ireuse brigade:
Et tenoit en largeur enuiron quinze pas,
Pour cinq, & six ensemble en front marcher par bas.
Ce beau toit s'affaissoit sur des piliers d'albastre,
Pour plus grand iour doner au regard de s'esbatre
Sur tant de simples beaus, sur tant de belles fleurs,
Qu'esmailloient ce iardin de flairantes couleurs,
Le milieu de ce porche arcadoit vn passage
Ligné directement sur le front & visage
De l'huis donant entrée au lieu delicieus:
Afin que de la court fussent repeus les yeus
Des homes regardans, si par cas la serrure
Iointe au bois de cyprés ne faisoit fermeture.
Cet arcade estoit riche, à l'entour serpentant
Par vne docte main vn liarre rempant,
Qui donoit telle grace à ce spatieus ceintre,
Que pour le rendre vif ni restoit que le peintre:
Et dixhuits pieds entiers de mesure contés,
Estoient en la largeur de ses voutans costés:
Par là l'on s'en venoit dedans la longue allée
A la proportion de l'arcade esgalée,
Bourdée tout autour d'vn buis espessi
De deus pieds, verdissant toute saison ici
Sur lequel paroissoit de Diane la chasse,
Comme le cerf isnel, le peureus daim pourchasse
Aiant la trousse au col, l'arc, la fleche, limiers,
Et ses pas ailerés sur sa troupe premiers:
Qui son fin taffetas sur son espaule accouple
Dedans de l'or serrant d'vne luisante boucle,

Et

Et d'vn vent embouffé s'emporte arrier du dos
De la vierge qui hait de Lucine le los.
L'esmeraude, buis, qui toujours se cizele,
De l'autre part monstroit vne façon fort belle
D'vn sanglier croche-dent poursuiui de veneurs,
Qu'Atalante la belle à force de clameurs
(Tant l'honeur deuant tous que son desir chatoüille
Fait qu'au cœur plus virille vne audace luy boüille)
Sembloit tout estoner, & d'vn trait defoncé
Auoit desià le cuir de l'animal percé:
Meleagre l'acheue, & luy done la teste,
Pour signe d'auoir fait la premiere conqueste.
Cette allée en ce point courant le long de lieu
Entrecoupée estoit de deus par le milieu
De la mesme largeur: mais autre estoit leur frize,
Qui d'vn bois touiours vert diuerses les deuise.
Ainsi sembloit le plan en son double croison
Porter la croix que fait la Lorraine maison.
Auant que de venir aus plantes du parterre
Que les six grans carreaus tenoient dedans leur serre,
Il y auoit encor pour le lieu plus marquer
Brodures qu'on voioit carrément se parquer,
Et des sentes aussi: puis dela dans les planches
L'on entroit, ou naissoient tant de diuerses branches,
Qu'estoient d'esgalité en plus petis carreaus
Coupées, demonstrans cent partimens nouueaus.
Par les fleurons semés, que point ie ne raconte:
De la Perse il faudroit en ce qu'elle surmonte
Du monde tout l'exquis, de l'Indie les fleurs,
Les tiges de Corcyre, & de Pont les valeurs,

N

Les simples plus heureus que produit la Lybie,
Ou les fils cheuelus des hauts-mont d'Arabie.
Il me faudroit encor reprendre le chemin
(Si ie le vouloi faire) au somptueus iardin,
Que pour l'œil fit dresser l'Empereur Marc Aurele,
Ou dans l'esprit bastir un plus riche modele.
Ce perfait plus perfait composé d'vn tel art,
M'osté le iugement de l'œil en cette part.
De l'allée au milieu, qui droit faisoit sa course
Depuis l'arcade entrant, iusqu'au bout : vne source
D'vne eau viue argentoit vn beau cuuoir d'erain,
Qui retenoit le cours de son reiaillant frain.
C'estoit comme d'vn mont vne bosse eminente
Rabouïlleuse portant au plus haut de sa pente
Le fils de Manué, qui aus flottans cheueus
Deschiroit vn lion de bras audacieus :
Et de son musle ouuert emplissoit d'abondance
Du iaunissant vaisseau la contourneuse panse :
Puis se perdoient ses eaus sous terre cachément,
Que l'erain surgorgé ne fit d'vn bauement
Glisser le lieu seché d'vne bouë moiteuse,
Et rendre du passant la semele pasteuse.
L'allée contournant à l'entour de ce rond
En largeur tout autant (courbant en demi fond)
Aus deus costés passans elle rendoit d'espace
Qu'ailleurs en mesuroit d'vn mesme pied en place.
Proches des murs estoient aus costés lateraus
Sur piliers de cyprés, deus verdissans berceaus,
Qui de courbes lunés parfaisoient vne voute,
Qu'vn empoulé raisin de pampre couure toute :

Embras-

Embraſſant chacun ſep vn pilier de ce lieu
Pour n'obſcurcir le iour que donoit le milieu,
Quand l'on venoit au bout de ce carré parterre
Pour finir ſa cloiſon eſtoit d'argille terre,
La ſeparation en arcade : & trauers
On voioit aiſément les arbres touiours vers
Qu'vn vergier nourriſſoit, & ceus qui de leur ventre
Portoient les fruits pourprés viuifiés du centre.
Ces arcades d'argille vne lueur faiſoient,
Quand les cieus azurés par Titan reluiſoient :
D'autant qu'au feu plombés dedans la chaude forge
Encontre tout l'effort d'vne inclemente gorge,
Du ciel ils retenoient ces raions colorés,
Qui miroirs reſultans les yeus embigarés
Sans fin eſblouïſſoient. Non moins qu'vne flammeche,
Qui d'vn feu endormi fait ſoudain vne breche
Aus yeus, puis diſparoit, reuient, ſoudain s'enfuit
Puis acoup ſcintillant à noſtre ame reluit,
Ou comme le ſoleil, qui vient baiſer la face
Amoureus des raions d'vne luiſante glace,
Luy preſte tous ſes feus, pour ſembler à noſtre œil,
Outre le iour des cieus, vn terreſtre ſoleil,
Les arbres du verger d'vne belleſſe inſigne
Eſtoient d'vn bout à l'autre arrengés à la ligne,
Aueq meſme diſtance en paſſant, trauerſant,
Pour eſtre tout le lieu en compas finiſſant :
Donant meſme largeur par tout en ſpatiade,
Outre vn contentement qu'a l'home, qui l'œillade :
Et eſtoit ce vergier d'vn mur encourtiné
Abboutant au parterre au meſme enuironé.

N ij

Des deus costés du front prochain aus deus murailles
Deus porches en tout tems fueillus de vers esmaillés
Reparoient tout le lieu, & endossoient le chaut
Des raions que Phœbus à plomb iettoit d'enhaut.
Tous deus sont de buis, plus beau que n'a l'Olympe:
De cedres plus musqués, que n'a le dos qui grimpe
Sur le mont du Liban : que Gargare en sapins :
Que Mænale Arcadois n'a en ses geans pins :
Que Penée en l'auriers courant par Thessalie:
Ni de hous plus poignans naissans en Germanie:
Estans entortillés branche à branche au sommet,
Qu'ainsi le iardinier pour ombrer entremet :
Et d'autres branches sont vers la terre conduites
Aueq liens serrans d'entrelacement duites :
Si proprement qu'a voir ces riches pourmenoirs
A l'œil on iugeroit les montueus manoirs
Des brulés Garamans, qui d'vne verte escorce,
Ou d'vn rocher moussu s'arment contre la force
Du flamboiant soleil. Paruenu iusqu'au bout
De ce lieu amoureus, qui d'vn mur clot son tout
Vne porte donoit aus allans ouuerture,
Sans repasser par l'huis de son autre closture.
Or ce que perfaitoit ce lieu delicieus,
Et que plus contentoit la prunelle des yeus :
C'estoit de ce vergier vne autre claire source,
Qui d'vn marbre prenoit son argentine course,
Si doctement taillé que d'artiste cizeau
Lysippe n'eut monstré vn ouurage plus beau.
Ce marbre releué figuroit à l'œil l'onde
D'vn Ocean faché de tous les vens du monde,

Qui

Qui tempeſtoient ſes flots, ſur lequel ſe ioüoient
Les filles d'Achelois, & par deſſus noüoient :
Du nombril demonſtrans iuſque ſur la frizure
De leurs cheueus dorés vne douce nature
D'vn virginale front : d'vn eſcaillé poiſſon
Eſtoit leur demeurant, qui rame la maiſon
De l'humide Triton : & de voix charmereſſe
Sembloient faire choquer la flotte nautereſſe
Contre Scylle pierreuſe, & engouffrer en bas
Cordages, voiles, naue, antennes, hune, & mas.
Si qu'encor l'on voioit aueque vne miſere
Le palle nautonier que cette mer enſerre
De la bouche, & du nez repouſſer l'element :
Or des deus mains ramer atire puiſſamment,
Et des deus pieds pouſſans ſe ſeruir d'vne perche,
Pour trouuer vitement vne terre qu'il çerche :
Laiſſant peu ſoucieus voguer tout le butin,
Que de deuers le ſoir, ou deuers le matin
Traffiqueur il amene, & n'a plus grande eſtude
Que de ſe ſauuer ſeul de la moite habitude.
La matiere eſtoit riche & ſomptueuſe troup :
Mais l'ouurage paſſoit l'eſtoffe de beaucoup,
Et ni reſtoit plus rien à deſirer en l'œuure,
Que d'admirer tant plus ſon excellent manœuure.
Ces trois filles tenoient leurs bras entrecroiſés
S'eſbatant ſur les flots deçà, delà chaſſés :
Et chacune donoit de ſa double mammelle
Dans le vaiſſeau profond vne ſource gemelle.
Le vaiſſeau receuant ce dous gazoüillant bruit
Eſtoit tout à l'entour aueq le marteau duit

Spatieus, & carré: prenant à terre rase
Sa bouche pour venir iusqu'au fond de sa base,
Qui du haut iusqu'en bas descendoit six degrés
Pour se baigner dedans à bons plaisirs & grés.
La source par dessus enuiron cinq coudées
En s'esleuant versoit ses ridantes guidées:
Tournant le dos au mur, qui ce beau lieu fermoit
Et deuers le logis son visage animoit.
Tout le carré de l'eau le cedre a douce aleine
Passementoit flairant: & la hauteur de l'eine
Vn rosier perfumant ce beau lieu d'vn rideau
Courtinoit, pour cacher le cors nud dedans l'eau.
Par canaus sousterrains toute son eau s'expose
Dans le Tigre chassé, qui Babylon arrose:
Et compagnon d'Euphrate à coup va s'engorger
Dans le Persique sein, pour son eau descharger.
Ioacim qui sur tous estoit home notable,
Opulent, bien voulu, d'vne face amiable
Receuoit volontiers (suruenans des motifs
Entre eus) pour s'accorder la troupe de Iuifs:
Et estoit son logis enuers eus, comme vn siege,
Ou tous les differens se vuidoient par le iuge.
Les iuges qui tenoient les brides des procés,
Et deuant qui plioient tous litigans succés
Perennels n'estoient point créés en l'asseance:
Mais temperanéens, qu'vne telle puissance
Ne leur silla les yeus: en preferant le tort
Au droit, & l'innocence enuelopans d'effort.
Aussi sans presinir toute puissance extreme,
Tantot se fait cognoistre odieuse à soimesme,

Et

Et ne peut l'home tel moderer l'appetit,
Qui puissant l'amadoüe, & desgonde à petit:
Pour sen dessus dessous, de peruerse nature
Soit par vindicte, ou don renuerser la droicture.
Que fit faillir si tot dedans Rome l'estat,
Que l'outrage cognu du grand Decemuirat?
Qui brida dedans l'an des Consuls l'halebarde,
Que leur trop grand pouuoir? qui est-ce qui retarde
Aprés six mois escheus le puissant Dictateur?
Rien que d'encourir pis vne certaine peur.
Ces iuges en ce point par le commun suffrage
Mis estoient pour vn tems, qu'vne certaine rage
Se masquant d'vn beau front, ne les fit mesuser
De la balance, & pois, dont ils deuoient vser.
Ils n'estoient tout en tout d'autorité si grande
Comme le fils de Nun, ou autre de sa bande:
Or que durant leur tems fut fort grand leur pouuoir,
Sous lequel l'home Hebrieu contenoit son deuoir.
Ils iugeoient ou de Dieu la volonté enfrainte,
D'vn fils vers ses parens la pieté esteinte,
D'vn meurtre, d'adultere, ou d'vn home pillart,
De celuy qu'vn mensonge attire babillart
Encontre son prochain, ou celuy qui desrobe
Le bœuf, ou la brebis, ou du voisin la robe.
De la fille venduë, & du serf outragé,
Ils iugeoient, ou du bœuf en hurtant enragé,
Ou de celle qu'on voit poussée en sa grossesse,
Ou de l'œil punissable au mesme qui le blesse,
D'vn fourrageur de champ, d'vn perceur de maison,
D'vn qui brule les bleds aueq flambant tison,

Du depost mis en garde, & de cil qui s'endette.
Parensus ils iugeoient l'abominable teste
De l'home malhureus, qui d'œil luxurieus
Suborne la pucelle, & vergoigne ses yeus:
Aussi de la sorciere, & de l'ame maudite,
Qui charongneusement aueq bestes habite.
Ils frainoient les courrous, pour ne point affliger
Celuy qu'a leur conuent s'asocie estranger,
Et vsoient dessus ceus de seuere censure,
Qui la necessité secouroient par vsure.
Contre ceus qui touiours d'vn cœur plus que malin
Font la guerre à la vefue, & au poure orfelin,
De l'habit engagé qu'vne main importune
Ne doit pas retenir iusqu'a la palle lune.
Somme tous differens ces iuges finissoient,
Et les diuorces grans entre eus ils appaisoient.
Aduient donq que de deus on fit election,
Que le peuple pensoit sans nulle affection
Deuoir sincerement departir la police,
Sans pancher çà, ni là de couuerte malice:
Mais c'estoit emparquer le loup dans le troupeau,
Pour deschirer des dents sa frisonante peau.
Aussi le seigneur saint ce tiltre beau leur done,
Que d'eus l'iniquité sortit de Babylone
Comme anciens du peuple, & iuges peruertis:
D'ou preuaricateurs par le monde ont sortis.
Ceus ci hantans souuent en la maison loiale
Du noble Ioacim, comme chambre legale
De tous procés decis, ou le peuple venoit
Pour receuoir l'arrest: & de là retournoit

Sur

Sur l'heure du midi chacun vers sa cassine,
Pour prendre son repas, & verser la cuisine.
Le peuple estant sorti Susanne plus souuent
Au parterre & vergier alloit prendre le vent :
Admirant hautement la puissance eternelle,
Voiant deuant son œil tant de chose si belle,
Que ce puissant Seigneur iardinier tresexpert
Monstroit dessus le sein de la terre à l'ouuert :
Et qui faisoit germer de matrice feconde
D'vn seul mot, sans sa main tout ce qu'on voit au monde.
Cette Nymphe agreable (vn miracle des cieus)
Glace, eschauffe, tourmente, en doute, en trait, des yeus.
Le desir affamé de ceus la qui deuorent
De l'œil trop amoureus le beau sein qu'ils honorent :
Et qui sentent desià que l'amour de son trait
Craione sur leurs cœurs cet image pourtrait.
Quelque part qu'elle tourne, ils tournent leur visage
Pour n'esclipser les yeus du celeste corsage :
Ressemblans aus iouëts que fait tourner le Nort
Sur les poignans clochers, quand d'vn aleiner fort
Il cingle par les airs : ou bien lors que Zephire
Des superbes chasteaus les piroüetes vire.
Estant veuë & reueuë en ce point par le iour
Des viellars assotés : de son brandon l'amour
Vient attiser vn feu au profond de leur ame,
Plein d'vne conuoitise enuers la chaste dame.
Le viellart ne fait plus que son front desrider,
Son taint grison noircir, le visage farder :
Non moins que cil qui fut du Roy de Macedoine
Pour le fard du cheueus menteur, comme inidoine

O

Du parlement ietté: ou qu'Archidame Roi
Pour tel fait odieus chaſſa arrier de ſoi.
Que peut auſsi tel home auoir de grand ſageſſe,
Qui tainturier-brouzeur nous maſque ſa vieilleſſe?
Sinon le cœur fardé: puis qu'il farde l'eſtui,
Qu'emboite le ſecret plus ſimulé de luy?
Il agence ſa robe, attife ſa chemiſe,
Repare ſa vieilleſſe en ieuneſſe ſottiſe:
Et n'a plus autre ſoin ce legiſte griſon,
Que d'habits, non de cors ſe monſtrer vn Æſon.
Tu t'abuſe viellart, tu n'as cette Colchide
Pour reſchauffer ton ſang, deſsilloner ta ride,
Te laiſſer l'age grand: mais vn cors renforcé,
Plein de ſang, vigoureus, & ſemblant repaſſé
En deſpit de Charon de l'autre bord du Lethe,
Pour te monſtrer rené par la fille d'vn Æte.
Ou bien il te faudroit celle qui trop aima
Celuy, qui machetant de l'herbe ſe forma
En vn demi poiſſon, & qu'a la Phorcienne
Fit changer le beau teint dans la fontaine ſienne.
Toutefois qu'a ſes yeus paroit ce beau ſujet
D'officier de l'œil vn grand deuoir il fait,
Pour meſſager porter vers cette dame belle
De ſon cœur amoureus la boüillante nouuelle:
Mais la dame qui n'a (tant eſt pleine d'honeur)
Que l'amour peint au cœur de ſon treſcher ſeigneur,
Ne ſcait que c'eſt cela que le viellart demande
Par tel office d'yeus, par humbleſſe ſi grande.
Le viellart deſpité que ſon aſpre tourment
N'eſt aſſés entendu par ce ſien truchement,

Languit,

Languit, pasme, se meurt, & cruël se souhaite
(Suspent sur son agir) vne triste defaite.
Hà ! faut il maintenant que ie sente surpris
D'vne dame d'honeur mes recourbés esprits ?
Et que beaucoup plus fort s'allume cette rage
Dedans moi que du tems de mon plus robuste age ?
Amour n'as tu pas fait eschange cette fois
Contre la palle mort de ton arc, & carquois ?
Puis qu'ore ie sen bien que tes brulantes fleches
Me font dedans le cœur cent mille, & mille breches:
Ne me donans repos qu'vn trauail assidu
Qu'vn amour sans amour d'esperance perdu.
Tu l'as fait pour certain : car me pensant abattre,
Ià proche du tombeau, fais dedans moi combattre
Cent pensemens diuers flottans sur mesme port,
Assiegeans sans espoir de chasteté le fort.
Amour repren en main tes foudroiantes armes,
Et redone à la mort le trait de ses alarmes :
Pensant de ta quadrelle eschauffer les humains,
Les ieunes meurtriras par tes sanglantes mains ?
Et la mort des hauts cieux sergente & messagere
Cuidant citer les gens eschauffera la terre.
Tu te vois mespriser, & ià ton long deuoir
Manifeste de soi n'a sceu s'aperceuoir
D'vn œil contrœilladant tiré de la pensée
De celle que tu ris, & que d'ame insensée
Adore dans ton cœur. Mais quoi ? tu n'es aussi
De l'age courtiseur, pour l'attraper ainsi.
La ieunesse desire en tous cas son semblable,
Beauté, l'age, l'amour, forte, grace traitable.

Cela defaut en toi, la beauté, la vigueur:
N'espere donq auoir que d'elle la rigueur.
Mais! tu te la promets tout en la mesme sorte
Que cil qu'au poing fermé son or aueq luy porte:
Et toutefois tu n'as receu vn seul accueil
D'elle pour satisfaire au moindre de ton vueil?
L'amour se veut gagner aueq humble requeste.
Oüi bien de celle la, qui la vertu deteste:
Aueq priere, & don on chasse la vertu.
Vn honeur enroché n'est iamais combatu.
L'honeur vacille bien, si de prés on l'espreuue.
L'essai puissant assés sur l'honeur ne se treuue.
Cognoissance n'en peus en te taisant tirer:
Le propos refusé me feroit desirer
Cent mors. Mais pourquoi donq souffre tu tel martire?
L'amour est sauoureus, que fait que ie souspire.
Aimer sans estre aimé semble vn mal inesgal.
Nostre penser flatteur souuent guarit ce mal.
C'est grand mal de souffrir, son n'a la iouïssance.
Le pleur, parmi le ris sert d'vne recompense.
Tout cela n'est assés, il faut au but venir.
L'home est vn demi dieu, qui peut là paruenir.
Si priée elle accorde à soulager ta peine
De mes maus tireroit la languissante aleine.
Et le ciel pour tel fait: Le ciel doit estre loin
De celuy, qui d'amour au cœur porte le soin.
Hà! que dis tu resueur: est ce la le saint pache
De ton Dieu aueq toi, à qui rien ne se cache?
Reiette arrier de toi cet amour insensé.
Plus ie tasche le vaincre, & plus me sen forcé.

Ne

Ne scais tu quelle peine est iointe à l'adultere?
On ne cognoit touiours toutes fautes sur terre.
Et toimesme tu fais d'un dur pierreus monceau
Gresler sur le paillard les deus mains d'un bourreau,
Le iuge peut trouuer, si d'un fait on l'accuse
Pour aueugler le peuple une subtile ruse.
Ne pense trop credule abuser de la loi,
Comme elle est pour le peuple, elle est mise pour toi.
Aduienne qu'en voudra mon cœur ne se peut taire,
Il ne peut moins qu'aimant receuoir son salaire.
Ainsi chacun à part ce couple de vieillars
Veut sonder de l'amour les perileus hazars :
Et ne scait pas un d'eus que Cupidon se rie
De son college autant en mesme resuerie.
Tous les iours sont Ieans en leurs legaus habits
Non tant pour proceder, que leurs vains appetis
Souler dessur Susanne, & doner une touche
Sur son tendre cristal d'un œil affreus, & louche.
Or ce pendant qu'ainsi de l'archerot mignon
Sont traitres, nul son mal reuele au compagnon.
Craignans de deceler l'un à l'autre la braise
Qu'amour leurs fait sentir dans sa chaude fournaise,
Et le desir qu'ils ont ioindre les bras aus bras,
Face à face coller aus amoureus appas,
Vn iour donq en faignans de reprendre la route
Du logis pour disner, le souci les reboute
Dedans ce plaisant lieu, non pour arboriser
Mais pour cercher le tems de l'amour appaiser.
Estonés de se voir de retour en mesme heure
Chacun de quelque doute en soimesme s'asseure

Dont l'vn pour en tirer du fait la verité,
L'adiure doucement par la societé,
Disant. Frere, si i'ai tout le tems de mon âge
Porté plus grand amour à ton mesme visage,
Si nos iours sont esgaus, & si Iuges commis
Pour le peuple appointer sommes tous deus admis,
Si mon desir poursuit, & si ie le sen croistre
De te faire plus fort ma volonté cognoistre;
Ie te prie à pareil me dire qui t'a meu
De reprendre chemin en ce lieu sans mon sceu.
Si ie ne m'asseuroi de toi comme vn Pilade,
Certes tu ne scaurois ce que me rend malade:
Mais t'aiant vn Thesée, & ami plus encor
Qu'vn non germain Pollux enuers son cher Castor,
Qu'vn Pythie à Damon, Euryale à son Nise,
La perte tu scauras de ma libre franchise.
Sache donq que depuis que la lampe des cieus
Eut estallé prodigue à mes funebres yeus
La bellesse d'Helcie. Ah! ami (que plus i'aime
Aprés celle qui m'est plus que la beauté mesme)
Dés ce tems m'amorça ie ne scai quel poison
M'estouffant le penser, la sagesse, raison :
Et n'ai plus grand repos, contentement, ni d'aise,
Que quand ce mal d'amour sur sa veuë s'appaise.
Maintenant que tu scais qui cause mon retour,
Ma vergongne, mon mal, mon souci, mon amour
Dy moi semblablement de qu'ell' soudaine bride,
Sans quelque affaire urgent tes pas ici reguide?
Hà! ciel qu'enten-ie donq, mais! qu'enten-ie de toi?
L'amour! l'amour de vrai me fait la mesme loi:

C'est

C'est l'amour pour certain, c'est l'amour de Suſanne
Que mon cœur plus que ſerf en l'ame courtiſane,
Et qui viuant ſans vie au pourtrait de ſon front,
Ses graces, & beautés mille alarmes me font:
N'aiant deuant les yeus que cette belle dame,
Que peut ſeule alleger les ardeurs de ma flame,
L'amour, l'honeur, la rage, incite, contraint, veut,
Baiſer, fuir, forcer, l'œil, ce fait, cors s'il peut.
Mais puis qu'vn mal commun en nos deus ſymboliſe,
Et que d'vn meſme feu l'amour nos cœurs attiſe
Il faut (mon frere ami) ce tourment amer-dous
Departir entre nous, ſans qu'aucun ſoit ialous:
Et eſgaus receuoir cet amoureus remede,
Si l'effet à l'amour hureuſement ſuccede:
Qui a veu le ſoldart plus voiſin d'vn effort
De l'hoſtile deſpoüille au cœur ietter le ſort
Aueq ſes compagnons, & deſià ſe promettre,
Auant le coup rué, le malheur qui fait naiſtre
Par vn contredeſtin ſur ſoimeſme malheur,
Plaie, empriſonement, rançonement, douleur:
Des viellars il voirra la foliante Idée
Sans effet, au plus haut de ſon comble guidée;
Voici pas vn beau pair d'amoureus tous nouueaus,
De Ganimedes gents, de plaiſans cortinaus:
Pour venir preſenter aus dames vn ſeruice,
En taſchant de ſoüiller le chaſte lit d'Vlyſſe?
Non r'amener vn Mars au lit d'vn tel Vulcan,
Mais Vulcans contrefaits dans la cauche d'vn an,
Quel erreur, ô ! viellars, qu'el erreur enuelope
Vos ſens trop mal raſſis vers cette Penelope

O iiij

Pour néant trauaillés, fermè est plus qu'vn rocher,
De son cœur ne sçauriés Ioacim arracher.
C'est luy sans compagnon, qui peut seulement rendre
Flechible, quand il veut, cette ieunesse tendre :
C'est Ioacim qui peut contenter son desir.
Sur sa bouche, ses yeus, sur son sein à plaisir.
Plus tot d'vn chesne viel, de qui le vert fueillage
Sur la cime d'vn mont se pert dans le nuage :
Et qui iusqu'aus enfers (tant affermi se sied)
Emporte entortillé les racines du pied,
Arracheriés le tronc, & ses veines de terre,
Auant que desnoüer le lien qui la serre.
Cessés viellars l'amour, l'amour amortissés,
Veillés sur les procés, les debats appaisés,
Cela vous sied fort mal : hé ! quelles resueries
Pour des homes chenus, & des testes fleuries ?
I'aimeroi mieus cent fois me perdre dans Thetis,
D'vn cheuestre estoufer tels vilains appetis,
Precipiter d'vn mont, ou d'vne forte lame
Me tirer le sang chaud du profond de mon ame
Que commettre vn tel fait, fort dangereus pour vous,
Messeant à vostre age, & ridicule à tous.
Cessés, cessés viellars, cessés que sur vos testes
Ne foudroient tantot les orageus tempestes :
Et que pensans ioüir, sans ioüissance auoir,
Faciés au lieu d'amour la haine conceuoir.
Mille rages sur vous, bornans vostre vieillesse
De douleur, de chagrin, de peine, de destresse.
Ah! amour grand trompeur, hé ! quel plaisir prens tu
De faire petiller ces homes sans vertu ?

Leur

Leur face descharnée, & du dos la courbure,
Leurs yeus embruinés, des temples l'enfonsure,
L'estomach refroidi, n'aians plus que le cuir
Sur leurs mains de hairons: & comment donq ioüir
Pourroient ces insensés d'une belle amoureuse,
S'ils n'ont plus que l'escorce, & la peau charongneuse?
Comment pourroient ceus ci, qui ne sont plus que vers
Gouster les mets frians du pipeur vniuers?
Mais quoi? c'est ton plaisir, tant te porte volage
De faire folier bien souuent le plus sage.
Ne fis tu rauasser sur le taint frais & beau
D'Archippe Sophocles ià voisin du tombeau?
Ne descochas tu pas vne sagette vite
Trauers le cœur de cil, qui d'vn compas legiste
Toute Athene regla, pour receuoir la loi
De Greciane belle, & viure dessous soi?
Qui fit que Cleobule vne maison eschelle
Ià proche de cent ans, pour sa voisine belle
Aller amouracher, & en tombant changer
Son amour à la mort, au lieu de s'alleger?
Mais quoi? cela n'est pas le profond de ta sonde:
Par toi tu fais armer tous les homes du monde.
Qui fit encorseler d'outrance le Gregeois
Contre le Phrygien, que l'empenné carquois
Pour mettre en feu, & sang la miserable terre,
Qui vient contre tout droit son hostesse conquerre?
Qui desceptra les rois Romains que ta fureur,
Pour les bannir du lieu d'vne extreme rigueur?
Quand allumant le cœur de Tarquin d'vne meche,
Tu fis en fils-de-Roi-forceur faire vne breche

P

Qu'au chaste sein cousta par violent effort
Deuant son Collatim une pudique mort.
Ne vit donq l'œil venteus du postillon Eoé
Sur Centaures armés enrager Pirithoé:
Lors que d'un rapt outré voulurent inhumains
Sa chere Hippodamie enleuer de ses mains?
Mais combien peu fallut que toute la Bôheme
Par toi ne rougit or dans le sang de soimesme:
Quand le fils d'Vdalrich espris de Iuttha
Amoureus la rauit: dont la lame bouça
Au poing d'Ottho second, qui pere pour l'outrage
Reparer, fit armer, le feu, le sang, la rage?
On vit lors les deus camps front à front se parquer
Et ià les bois branlans tous prests à se choquer:
Ne fut que celle la, qu'auoit semé les armes
Amollit le soldart au cristal de ses larmes.
Ou courons nous si long, ô! enfans de Salem:
Voiés que fit l'amour à l'Heuien Sichem,
Sinon luy vendre cher à paupiere sillée
L'embrassement forcé de Dina violée?
Las! que cousta l'effort à ceus de Beniamin,
Qui de l'home Leuite en passant son chemin
Presserent trop brutaus de volonté commune
De la femme le sein, tant qu'esclaira la Lune?
Et quoi? pensés vous donq, que la force de Dieu
Soit moindre maintenant qu'elle estoit en ce lieu?
Non certes. Ce seigneur est toujours en puissance
Telle qu'il à soulu: puis que mesme d'essence
N'augmente, ni descroist: ains toujours mesme, & tel,
Sur les cieus estoillés demeure l'Eternel.

Encor

Encor qu'eußiés ioüi de Suſanne feconde
Le plus ſecretement, & à l'inſceu du monde,
(Ce que ne ferés pas) ſi eſt-ce qu'on orroit
Plus tot parler le lieu, qui tel fait voileroit,
Que Dieu ne ſuſcitaſt des homes aus oreilles,
Pour annoncer par tout, ces damnables merueilles.
Le viellart ne croit rien de ce que l'honeur veut,
Il faut trouuer le lieu pour ſon amour s'il peut,
L'amour chaſſe l'honeur: l'honeur veut au contraire
Ces homes radotés d'vn tel acte diſtraire,
Et faire plus pour eus, que pour luy ils ne font:
Tant l'aueugle bandeau leur comprime le front.
Il n'eſt plus queſtion à l'aſſocié couple,
Qu'vn fauorable tems que ſon amour accouple.
Eus donq pour amortir leurs chaudes paſſions,
Comme au tems, & à l'heure ils ſeruent d'eſpions,
Entra dans le iardin cette dame guettée
Des viellars amoureus d'vne ame tranſportée:
Dont ces deus tout ſoudain ſe muſſerent couuers
Sous les arbres fueillus des berceaus tauiours vers
Du treſplaiſant verger: le lieu ou cette dame
Plus qu'au parterre beau ſoulacioit ſon ame.
Deus ſeruantes auoit plus bas que ſon coſté,
Et marchant empliſſoit le lieu de maieſté:
Iettant deçà, delà ſa clarteuſe lumiere,
Que lui ſoit comme vn raid de Phœbé la courriere.
Les viellars tous fieureus, la voiant tout à coups
Tremblent par tout le cors, des mains, & des genous,
Et friſſonant tous deus, tant la peur les agite,
Souhaitent le deſir ià proxt qui les incite.

P ij

Soudain reprennent cœur par leur extreme ardeur:
Mais la peur cette ardeur rechasse hors du cœur.
Qui a veu quelquefois, tout en la mesme guise,
En quants opinions l'home la se desguise,
Qui veut enuers quelqu'vn d'vn fait le requerir,
Ou la vertu, l'honeur semblent du tout mourir,
Et qui luy causera vn depart d'amitié,
S'il se trouue esconduit de luy sans null' pitié,
Or il reste suspent, & aueq vn clin d'œil
Condamne dedans luy son malhureus conseil:
Or l'amour, ou proufit que tirer il en pense
Fait redoner le pois plus fort à la balance,
Et approuuer le tout, le iuger bon, & fait
Qu'aueuglément conduit peu sage ne le tait.
Ces deus poures mussés en la sorte discourent
Sur-ce qu'en aduiendra, & aus doutes recourent:
Or des doutes ils font en l'inconstant cerueau
Des concludens tous vrais: vn doute tout nouueau
Ce consequent dessiege, & en sa mesme place
Grand resueur fait renaistre vne atomique face.
Il se resoud en fin de guéer le chemin
Et sa plaie guarir par son mesme venin:
Si qu'vn Telephe veut recourir au remede
Vers celle qui le blesse, & luy peut doner aide.
Mais les seruantes sont au lieu delicieus
Aueq elle, & l'amour ne veut auoir tant d'yeus:
Plus de quatre yeus ne veut receuoir ce folastre,
Quand il est question de Cythere combatre:
Toutefois compagnon il a d'vn mesme ennui
Aussi beau, si dispost, aussi plaisant que luy:

De

De l'age d'un vingt ans (si par l'arithmetique,
Quatre ou cinq fois autant à ce nombre on applique.)
Languissant ce pendant sur ce departement
Prent à grans traits des yeus tout son contentement,
Et à travers l'odeur de ce flairant ramage
Hume sans point cesser son celeste visage.
Viellars que n'avés vous maintenant dans les doigts
L'anneau eclipse-cors de Gige le Lydois :
Pour approcher de prés en ce cors invisible
De la dame, qui rend vostre cœur tant passible,
Et pour qui iour, & nuit (tant d'elle estes surpris)
Souspirent sans cesser vos langoureus espris?
Cet anneau en nuant le pied, teste, l'espaule
Fit iouïr ce pasteur de la belle Candaule :
Tant subtil maquereau au plus luisant du iour
Ce Gige conduisoit pour traiter de l'amour.
Le soleil eschauffant de sa celeste flame
La terre, convoita se baigner ceste dame :
Si qu'approchant du lieu du cristalin ruisseau
Commande mettre à nud son corsage plus beau.
Les deus filles soudain despouillent leur maistresse,
Qui au voile, à l'espingle, & qui les cheveus tresse,
Qui l'habit, le patin, & qui met tout devoir
De nuder au soleil ce qu'il desire voir :
Et qu'est ià tout honteus qu'une terrestre esgale
En lueur le clair taint de sa celeste bale.
Hà ! Muse qu'est-ceci, chere Muse quel cors
Vit iamais, ou la terre, ou les airs, ou les bords
D'un flotteus Ocean beauté si souveraine
Or qu'inhumain ait veu sur sa bouillante arene

P iiij

Androme de la belle enchaînée au rocher,
Pour ses monstres nourrir de sa douillette chair?
Quel cheueus d'or d'Ophir, sur la teste crespille!
Quel front miroir poli! quel ebene entortille,
A demi cerne l'œil! que donc aueq les cieus
Plus de lumiere ici, que de ses bessons d'yeus.
Les diamans flambans! quell' proportion belle
De son nez! que partit vne ioue gemelle:
Ou la rose, & le lys naissent, & mille fleurs,
Qui aus prodigues yeus bien souuent font douleurs!
Quell' l'eure de coral! quels rengs de perles fines
Demonstrent en riant ses plus mignardes mines!
Quel fin Musc odorant vient le ciel parfumer,
S'elle veut seulement sa parole animer!
Quel long col bien lissé! quelles plus belles pomes
Sur son sein albastrin, pour enchanter les homes!
Quels bras blans plus charnus! quelles plus belles mains!
Quel ventre rondelet! quels piliers plus humains,
Pour supporter ce cors, chef d'œuure de nature!
Hà! Muse done fin à cette pourtraiture:
Tu me fais transporter hors de mes sentimens,
Et pensant m'agréer, tu me dones tourmens.
Que si veus demonstrer telle beauté sur terre,
Priue moi des deus yeus, comme fut ton Homere:
Ou comme Itache fit, estoupe le conduit,
Qui m'enchante, mourant sous vn si plaisant bruit.
Ou estois tu alors, ou estois tu Helcie,
Quand ce docte pinceau tira par l'Italie
Des cinq cors nuds perfaits, le plus perfait encor
Pour rendre son tableau plus riche qu'vn tresor?

Certes

Certes tu suffisois (veu ton port delectable)
De combler de perfait toute seule sa table :
Et n'eust esté besoin, s'il t'eust eu à souhait,
Par dessus souhaiter quelque cors plus perfait.
Si ce docte Paphois, qui tailla dans l'yuoire,
L'image qui prit vie, eut receu tant de gloire,
Que d'auoir à ses yeus ce tien corsage nu
Pour patroner dessus : que fut il deuenu ?
De quel desir plus grand eust il fait sa requeste,
Pour doner sang au cors, une ame dans sa teste ?
D'estre Ægée au cent bras, un Argus au cent yeus
Pour blandir, pour œiller, il eust requis les cieus.
Hà ! viellars amoureus, ie vous, ie vous excuse,
Ie voi que ses cheueus sont d'une autre Meduse,
Qui de leur or brillant empierrent vos raisons,
Et versent à grands traits leurs amoureus poisons.
Hé ! comment series vous sans sentir dedans l'ame
De la fille des cieus une amoureuse flame :
Si les arbres du lieu de vegetans espris,
Sans raison, semblent tous de son amour surpris ?
Voiés qu'un chácun d'eus sa haute cime aualle
(Non pour venir fascher, comme un autre Tantale)
Ce cors trop pretieus : mais, sans se desguiser,
C'est pour l'œil, & la bouche, & son tetin baiser.
Ah ! cher cors sur tous cors bien le plus souhaitable,
Que ne te couure tu : puis que tu n'es traitable ?
Prens tu plaisir d'ainsi, d'un celeste pouuoir
Les homes tourmenter sans recompense auoir ?
Cache toi iusqu'au col dans l'onde cristaline
Sans albastrer à l'œil ta pomelle-tetine.

Hô ! ce sera bien pis : car ton cors transparent
Cet argenté ruisseau tout par tout esclairant,
Par sa reflexion nous fera les idées
De plusieurs cors diuins, par le soleil aidées
Apparoistre à nos yeux, ainsi que son raid chaud
S'imprime dans la nuë apparemment en haut,
Faisant par l'air courber cette grande ceinture,
Qui des flots abismeus asseure la nature.
La dame qui baignoit arrier' de tous ennuis,
Auant se despouiller fit verouïller les huis,
Ne pensant à rien moins, à la traitre surprise
Des infames paillars, qui trop longue remise
Ne font (après qu'elle eut enuoié pour querir
Ses filles oignemens, & huiles) de sortir.
Mais premier esperdus : las ! le deuons nous faire ?
A quoi le tems perdu, si nous le voulons taire ?
Et s'elle fait refus, à quoi viendra cela ?
Pour les doutes chasser Cupidon se voila.
S'elle agrée, & surpris, qu'ell' plus grande misere ?
Le tout se celera, crainte d'un vitupere.
S'elle crie au secours, qui sera plus confus ?
Sa perte ce sera, si elle en fait refus.
Allons, mon compagnon de volonté commune :
Puis que l'heure nous est maintenant oportune.
Les deshontés viellars de dessous les berceaus,
Sortent, & droit à elle arriuent sur les eaus :
Mais les voiant venir soudain toute honteuse
D'un fin lin s'emmantelle à la veuë ennuieuse :
A qui tous deus. L'amour qu'au cœur nous te portons
Fait ia que par longs iours ce poison nous goustons

Que

Que nous versa ton œil le plus serain du monde ;
Nous sentons ton amour, qui vivement nous sonde
Au plus profond de nous. Permets donq que ce iour
Entre tes bras cheris compense nostre amour :
Susanne efforce toi, sans que plus tu dilaie
De guarir maintenant nostre amoureuse plaie.
Tes seruantes ne sont de present en ce clos,
Qui puissent t'empescher de nous doner repos :
Nul home des vinans en ce lieu ne respire,
Que toi, & ces amans que ton bel œil martire :
Tous les huis sont fermés ; ne crains donq de doner
Vn prompt allegement, pour nos maus terminer.
Que si tu ne le fais, & ne nous est propice
Ce que monstre ton œil par vn sinistre indice.
Asseure toi de pis : car au lieu d'vn support,
Armerons contre toi vne sanglante mort.
Faisans entendre à tous qu'vne paillarde infame,
Aueq vn iouuenceau tu as souillé ton ame :
Et que t'auons trouuée en son couple charnel,
Contre les saints edits du voiant eternel :
Aiant fait retirer tout exprés tes seruantes,
Pour plus seure iouïr de tes amours meschantes.
Susanne à qui le cœur souspire tendrement,
Est ainsi que la Nef qu'vn Australe tourment,
Vn Subsolan venteus, vn morfondant Borée
Agite inconstamment dessus la mer irée :
Sans scauoir quel des vens se monstrera plus fort,
Pour son voile(vainqueur) ietter à quelque port.
Estant toute angoisseuse, & confite de larmes
(Voiant de ces meschans les funebres alarmes)

Dit. Si ie fai cela, condescendant à vous,
Iamais n'esuiterai du grand Dieu le courrous:
Et si mon chastete cors à vous ne s'abandone,
Menteurs accuserés l'innocente persone.
Mais il vaut mieus tomber en vos sanglantes mains,
Que d'offenser en rien les statuts souuerains.
Ce disant s'escria, pour fuir telle faute,
Tant que sceut le poulmon animer sa voix haute:
Les deus bouquins, vieillars rusés, et vitieus
De mesme du gosier font vn tonerre aus cieus:
Et soudain vers les huis à pieds hastés s'encourent,
Qu'a plein desüeroüillés fort traistrement ils ouurent.
Soudain accourent là les homes seruiteurs,
Seruantes, pour sçauoir quelles sont ses clameurs:
A qui les deus viellars. Enfans, ô! quel blaspheme
A commis auiourdhuy cette meschante femme!
Quel deshoneur plus grand peut l'home receuoir,
Que quand sa femme fait banqueroute au deuoir
Que quiert la chasteté? ah! infette bellesse,
Te moque tu ainsi d'vne sainte promesse?
Escoutés, escoutés: nous venons de trouuer
Aueq elle vn paillard, qui vient de se sauuer.
Les valets coulorés d'vne honte au visage,
Ne sceurent que respondre au controuué langage:
Tant seulement voians de leur dame les pleurs,
Portoient au fond du cœur d'icelle les douleurs.
La dame larmoiant, se voiant offensée,
Sans intermission tiroit de la pensée
Des sanglotans souspirs, que ses filles sentoient:
Pendant que d'yeus baignés leur maistresse vestoient.

Le

Le bruit mal non pareil, qui peureus prent sa source
Du vrai, ou mensonger : pour d'une vite course
Percer l'enfer, & l'onde, & d'un mouuement chaut
Se porter dedans l'air, voir dans le ciel plus haut,
Fut enfant de la terre, & germain d'Encelade :
Dont en l'ire des cieus elle accoucha malade.
C'est vn monstre qui tient aus enuirons du cors
Autant d'yeus esueillés, que de plume au dehors
Il se couure : & qui plus ? (ô choses nompareilles!)
Autant de langues a, & tout autant d'oreilles,
Et de bouches autant. Ainsi ce monstre-bruit
Par le milieu du ciel criart vole la nuit :
Durant le iour se sied sur la plus haute pente
Des toits, & grans palais, & villes espouuante
Nonce du vrai, & faus. Cet enfant du Cahos
De Susanne tantot fit auillir le los :
Et volant d'huis en huis de cette chaste belle
Vn mensonger heraut plublie la nouuelle.
Tout le monde estoné par ce porte-aileron,
Ne croit plus qu'il y ait dedans l'humain giron
Vn brin de chasteté : puis que la parangone
Auoit de tant mespris en sa belle persone :
Chacun pense à son fait, & sans se vanter troup
Craint de luy sans le dire vn tel infame coup.
Titan ià commençoit de sa perruque blonde
Esloigner les Islains qui uiuent sous le monde
Et Leucothoe auoir reparé de tapis
Le palais du Leuant, semés d'œillets, & lys :
Quand montant haut Phœbus pour voir la double teste
Du Mnemosyn coupeau de sa flame celeste,

Iettoit son œil doré sur les croissantes eaus
Du Phare, en allumant les Memphians tombeaus :
Et par tous les endroits de sa lampe brillante,
Remettoit le labeur dans la main vigilante,
Qu'on vit tantost venir le peuple du matin
Selon l'accoustumée au lieu de Ioacim.
Les deus viellars venus, qui respirent menace
D'un Thomirique cœur contre la chaste face,
Susanne tout soudain ils envoient querir :
Cuidans ces faus tesmoins de la faire mourir.
Helcie estant mandée aueq ses pere, & mere
Mari, enfans, parens, d'vne douleur amere
Attainte au fond du cœur se presente en ce lieu,
Inuoquant sans cesser le secours de son Dieu,
Si tot qu'elle vient là ces deus meurtrieres ames,
Qui brulent dans les os de ces celestes flames,
Commandent dessoüiller (luxurieus meschef!)
De cette grand' beauté le desirable chef :
Afin que par le raid de sa claire lumiere,
D'elle, sans son vouloir, cette grace derniere
Receussent de ses yeus, pour tout contentement,
De l'aigre-dous amour, & de leur chaud tourment.
Le peuple qui luy voit verser les grosses larmes,
Son beau sein panteler, qui reçoit mille alarmes
D'Atropos ià voisine, a recours à ses yeus,
Et pour sa deliurance importune les cieus.
Quand ces fils de l'enfer destoupent leur organe
(Fille d'vne Megere) encontre de Susanne.
Susanne tu sçais bien, que celuy qui estaint
(En violant sa foy) d'Hymen le brandon saint

Est

Est digne de la mort, & qu'il ne doit plus viure :
Si du ciel nous voulons les saintes loix ensuiure.
Maintenant que (peu chaste) as enfrainte la loi :
Sans te faire iuger, toimesme iuge toi.
Ce disans, les deus mains sur sa teste poserent,
Et ce faus-tesmoignage encontre deposerent.
Homes iuifs il faut tout amour delaisser,
Quand il est question de Dieu l'ire appaiser :
Lequel dedans nos cœurs vrai-scrutateur s'abisme,
Et desuoians du droit, par le droit nous reprime.
Ceci nous vous disons : pourautant que le pleur
De Susanne nous fait sentir mesme douleur,
Et qu'aimerions trop mieus de plus plaisant visage
Porter de la vertu, que du vice message :
Mais ne pouuans celer le malheur aduenu :
Il faut que le meffait à chacun soit cognu.
Ainsi qu'hier tous deus au iardin de plaisance
Pour le publique affaire entrions en conference,
Et seuls nous pourmenions : Susanne arriue la,
Deus seruantes aueq, & les huis verouilla :
Laquelle de ce lieu ses deus filles r'enuoie,
Pour faire à vn ieune home vne plus seure voie.
Soudain que ce gallant pour fournir à son vœu
Le talon eclipsé des deus filles a veu,
Il sort bien brusquement, & vient deuers Helcie,
Qui de bras amoureus estroitement le lie :
Et descouurant son sein, cet infame paillard
Aueq elle se couche, & de l'amour prent part,
Nous couuers des rideaus de la belle verdure,
Voians vn tel mespris contre toute droiture,

Q iij

Courusmes auſſi tot: pour ſurprendre de main
Sur le fait malheureus ce lubrique vilain.
Mais cet home plus fort, plein de verte ieuneſſe,
Surmonta le pouuoir de la foible vielleſſe,
Se deſcharpant de nous, gagne l'huis, & s'enfuit:
Voiant qu'au lieu de mains, nous recourions au bruit.
Or ne cognoiſſans pas l'home plein de difame,
L'auons voulu ſcauoir de l'adultere femme:
Ce qu'elle nous a teu. De l'acte vitieus
Nous ſommes les teſmoins enuers vous & les cieus.
Tout le peuple aſſemblé, qui triſtement ſouſpire,
Nonobſtant ſon regret la iugent au martire:
Puis que les anciens du peuple conducteurs,
Eſtoient d'vn crime tel teſmoins, & ſpectateurs:
Puis auſſi que de Dieu la loi ſans null'remiſe
Meurtriere lapidoit l'inceſte, & paillardiſe.
Voilà comment le peuple (or que plein de regret
De l'expoſer à mort) ſur elle donc arreſt.
Suſanne qui des yeus vn fleuue en leur preſence
Eſpuiſe, ſe ſentant pleine d'vne innocence,
Prent le ciel de ſon cœur pour aſſeuré teſmoin,
Qui tient l'œil ſur le iuſte à ſon plus grand beſoin:
S'eſcriant. O ſeigneur qui le firmament dore
De mille aſtres clarteus, & qui d'enhaut encore
De tes yeus perce-tout viens foüiller le profond
Des cœurs fauuiſagés: regarde ceus qui vont
Deſloiaus impoſteurs par leur propre malice
L'innocente conduire à l'horrible ſupplice!
Tu ſcais ſeigneur (vers toi n'eſt caché nul delit)
Si i'ai contre ton vueil enfangé le chalit

Tu

Tu vois du plus ſerain de ta chambre eſtoillée,
Si d'autre fus iamais que d'vn ſeul violée;
Qui le pouuoit de droit de copulation,
Selon meſme ton vueil, & exhortation !
Toutefois ſaint, ô ſaint ! tu vois le teſmoignage,
Qu'a doné contre moi la menſongere rage !
Las ! ie m'en vai mourir pleine de chaſteté
Par le caillou, boureau de la lubricité.
Seigneur permettras tu qu'vne telle infamie
Tienne ma loiauté pour iamais endormie ?
Non, ie ne crain la mort, ie ne crain ſon effort,
Le menſonge ie crain, le deshoneur, le tort :
Il faut que tôt, ou tard ſe plombe noſtre face,
Et que delà le Stix le nautonier nous paſſe.
Que ſi, pere piteus, qui repoſe la haut,
De ma iuſte douleur, & mes cris ne te chaut :
Et que vueille permettre à la bouche infidele
Mechamment triompher de ma chaſteté belle,
Me liurant à la mort : à tout le moins ſeigneur
Aprés le cors meurtri, reſueille mon honeur :
Et fay cognoiſtre à tous que la barbare bouche
N'a veu foüiller à l'œil ma plus pudique couche.
Toi mon cher Ioacim ! qui partage aueq moi
Le pleur, le deſconfort, la triſteſſe, l'eſmoi,
Approche toi de moi, que la bouche ie baiſe,
Qui fut mon ſeul repos, mon ſouuenir, mon aiſe :
Approche toi ſeigneur, approche toi d'ici,
Qu'encor vn coup ſur toi i'appaiſe mon ſouci :
Ce mien embraſſement reçois, ô ! treſcher home
De Suſanne ta femme auant que l'on l'aſſomme !

Q iiij

Ne crois pas de legier, mon seigneur ne crois pas
Que iamais le peché m'ait amorcé d'appas:
Et qu'atre que ie sois, qu'alors que l'Hymenée
Fit luire pour nos deus vne heureuse iournée!
Non, non ami, ie suis entiere deuant Dieu,
Ie n'ai cheri que toi par ce terrestre lieu!
Mon lit est sans peché, ma conscience bone,
Ie n'offensai iamais ta loiale persone!
Que si ces deus viellars m'accusent deuant tous!
Cela ne leur prouient que d'vn aigre courrous,
Seul enfant du refus de l'infame requeste
Qu'ils faisoient, pour souiller mon renom plus honeste.
Dieu m'est tesmoin de ce, Dieu le voit, Dieu le sçait,
Que ie suis impoluë enuers toi de ce fait :
Ore que par iceus, de souspirante aleine
Me faille sans forfait endurer vne peine.
A Dieu cher Ioacim, à Dieu mon ami cher:
Fay que ma loiauté pour iamais desrocher
Ne se puisse de toi, & que touiours plus forte
Sente, en me regrettant, l'amour que ie te porte.
Vous mes plus chers enfans, l'appui de mes vieus iours,
Mes mignons, mes soulas, mes iouets, mes amours,
Resteres orfelins de vostre douce mere,
Accompagnans aus pleurs sans cesse vostre pere.
Las! quel plus grand regret puis-ie porte au cœur,
Que de quitter si tot cette ieune douceur?
Et sans le meriter que Clothon me desvuide
Trop tot vos passetems, qu'estoient la seule bride
Des ennuis mesnagers : çà chers enfans baisés,
Celle que vous cherit, & qu'ausi cherissés

Combien

Combien de fois aués, pendus à la mamelle
Flatté d'un cœur mignard vostre nourrisse belle :
Or d'un ris gratieus, or d'un doigt patinant
Vostre sein amoureus, cent plaisirs luy donant ?
Combien le dous iargon de la debile langue,
N'articulant encor la voix de sa harangue?
Las ! chers enfans ie perd maintenant le support
Que deuois esperer de vous sans cette mort.
Mais puis qu'il plait au ciel qu'au malheur ie succombe,
Et que voisine sois de ma cruelle tombe,
Sans coulpe de ce fait : ie le requiers au moin,
Que de ma chasteté vers tous me soit tesmoin :
Afin que les menteurs, qui mon clair renom blessent,
Eternel deshoneur en ma mort ne vous laissent :
Et qu'ils ne gastent point de leur sanglant poison
De vostre pere aimé l'honorable maison.
Or à Dieu mes enfans, mettes la souuenance
Sur le siege du cœur, de l'iniuste souffrance :
Et vous en souuenant ! qu'un chacun à part soi
Se parforce ici bas de viure comme moi.
Vous pere, & mere aussi, qui de sainte droiture
Aués guidé ci bas ma ieune nourriture,
N'estimés pas de moi, que comme vaines eaus,
I'ai laissé desriuer les leçons des berceaus :
Et que l'honeur de Dieu, son vouloir, sa doctrine,
Soit iamais eschapé de ma chaste poitrine.
Non mes chers geniteurs : ie suis certes du reng
De celles qu'ici bas ne dementent leur sang :
Et qu'aimeroient trop mieus d'une perçante lame,
Plus tot que de faillir, du cors exiler l'ame.

R

J'ai vescu selon vous, & de mes enseigneurs
Pas à pas i'ai suiui les vertus, les honeurs
Les fames, les bontés, les amours coniugales,
Et sur tout du grand Dieu les saintes decretales:
Afin qu'en ce faisant ne forlignasse point
De vostre enseignement, & du precepte enioint.
Maintenant que deuroi vostre blanche viellesse
En tous faits secourir, il faut que ie vous laisse:
Et que sans meriter ie me sente rauir
(Pour des cruels bourreaus le courage assouuir)
Le cors aueq l'honeur. Car de la troupe toute
Pourra rester aucun, que de moi n'ait vn doute:
Voiant ces anciens du peuple les premiers,
D'vn tel fait malheureurs les tesmoins, & couriers?
Voi! qui croira iamais qu'vn desdain les surmonte,
Pour me liurer à mort pleine de telle honte?
Qui pensera iamais que ceus que Ioacim
Familiers receuoit luy brassent tel venin?
Persone ne sera. Mais las! ie me confie
Que Dieu reuelera la chasteté d'Helcie:
Et que mon clair renom, en despit de la mort,
Chastement paroistra plus vigoreus & fort.
Vous perdés, me perdant, tout le deuoir seruile,
Que doit à ses parens la charitable fille:
Certes chers geniteurs, ce m'est peine de voir
Que la mort enuers vous me robe ce deuoir.
Mais puis que ne scaurois autrement vous complaire,
Soulager vos vieus iours, ni le seruice faire
Que ma ieunesse doit! prenés la volonté,
Que n'a iamais esté que pleine de bonté.

Or

Or à Dieu prestés moi le larmoiant visage,
Que de ma pieté ie vous laisse le gage.
Vous mes parens aussi, qui de tristesse pleins,
Attiedés de vos pleurs vos pan-pantelans seins,
Qui sentés aueq moi de mort la violence,
Qui me cache vos yeus, & oste la presence
De vous mes fauoris : essuiés vostre pleur,
De vos cœurs estraignés la gonflante douleur:
Vostre mal angoisseus redouble mon angoisse,
Et plus fort au dedans mon poure cœur oppresse.
Non, non ne doutés pas que i'efface le los,
Qui d'un honeur fameus empenne vostre dos :
Ne craignés m'aduoüer pour vostre humble parente,
Si i'ai d'un cœur loial satisfait à la rente
Qu'on doit à la vertu : leur deposition
Ne sent rien qu'une haine, une prodition,
Vn' rancueur, une rage, une ame enfelonée
Contre ma chasteté, sur l'aile abandonée
D'un trop mensonger bruit, qui peut estre douter
Vous fait, de ce, que nul ne me peut onq oster
Que l'honeur d'un mari. Mais las! trop ie demeure,
On me rauit de vous pour terminer mon heure.
Ie vous requiers par tout ce mien l'armoiant dueil,
Que comme chers parens n'abandoniés de l'œil
Mes petis enfançons, ni mon mari leur pere :
Duquel certes ie crain, pour l'extreme misere,
Qui pour moi le bourrelle. Aussi souuenés vous
De mes chers geniteurs, qui meurent à tous coups:
Voians la palle mort, & l'honeur qui chancelle
M'engloutir au seul bruit d'une fausse nouuelle.

R ij

Les boureaus impiteus, sanglans, & inhumains
Encheuestrent son col, & luy serrent les mains,
Et les sergens armés marchoient droit au supplice
Pour la pierre rougir dedans son malefice:
Quand Susanne plourant plus fort qu'au parauant
Se iette de genous du costé du Leuant:
Disant. Soleil qui vois de ta flambe celeste
La ruine, la mort, la prochaine tempeste
De l'innocente femme: as tu quelque souci,
D'endurer que le coup me precipite ainsi?
Si aus pecheurs tu fais grace, & misericorde:
Las! de moi maintenant pourquoi ne te recorde?
Comment puniras tu l'home plus vitieus:
Si des iustes tu fais ensommeiller les yeus
Par l'assommant boureau? hà! hà! Dieu te souuienne
Qu'innocente ie suis deuant la face tienne:
Il est tems, ou iamais de vouloir secourir
Celle, qui sent desià sa paupiere couurir.
Quoi! seigneur ie ne voi ton transmis sur la place,
Qu'apporte messager les lettres de ma grace?
Veus tu donq lapider ci, si cruellement
Le sein, qui n'a vescu que trop pudiquement?
Done moi donq seigneur, durant cette souffrance
Bouche pour t'honorer, un cœur de patience:
Afin que le tourment ne m'esloigne de toi,
Faisant languir le cors, qui regorge d'esmoi.
Le peuple tout esmeu de si piteuse chose,
Ne tient l'huis verouillé, ni la fenestre close:
Ains sur la condamnée il iettoit son regard,
Et des yeus, & du cors la suiuoit toute part:

A qui

A qui Susanne. O peuple, escoute ie desire
Que sache purement, que ie n'ai ce martire
Par delit merité : ains que deus vieus menteurs
De mon cors, mon honeur, sont les seuls destructeurs :
Me liurans à la mort par vne ire conceuë
D'vn refus le boureau de ma pudique veuë.
Iettés dames, iettés de vos yeus vn ruisseau,
Vous, qui chastes portés sur vos cœurs le rameau
D'vn eternel honeur : voiés comment l'on traite
Celles, qui la vertu sur le sein ont pourtraite :
Et qu'au lieu de faueur, bon traitement, support,
On done pour l'honeur, vn diffame, la mort!
Marrie ie seroi que les chastes de Chie,
Surpassassent de los la langoureuse Helcie!
Filles approchés vous, vous encor qui viués
Sur cette fresle terre, & mon honeur suiués!
A ses pleurs, à ses cris, tout le peuple elle inuite,
D'accompagner son pleur, qui boüillamment l'excite :
Et du cœur, & des yeus ont vers le ciel recours,
Qui iamais ne denie aus iustes son secours.
Importuné qu'il est par tant, & tant d'alarmes,
De regrets, de sanglots, tant de dueil, tant de larmes,
Et proche de la mort ià l'innocente voit!
Vne iuste douleur sur son throne conçoit.
Son esprit embrasé d'vne diuine essence
Simple, vn, esgal au pere en bonté, en puissance
Il appelle, & luy dit. Toi qui d'vn grand pouuoir
Dedans six iours bastis tout ce que l'on peut voir
Par le bas vniuers : & qui desbridas londe
Sur le peuple meschant, pour noier tout le monde :

Qui l'ouurage deſſis, qui voiſinoit les cieus:
Qui tout vois tout par tout de tes eſclairans yeus:
Qui des homes meſchans le courage examine:
Qui les iuſtes ſouſtiens, & peruers extermine,
Ne vois tu maintenant, verbe, eſprit, coëgal
A mon ſceptre eternel, l'iniuſtice, le mal
La priere, les cris que tout ce peuple t'offre,
Pour la douleur qu'il ſent de la iuſte qui ſouffre?
Dieu puiſſant, touiours bon, eſprit de verité
Deliure des bourreaus, pleins d'inhumanité
Cette femme eſplorée, & n'attens que la pierre
Soit du fidele cœur l'eſcachante meurtriere.
Cet eſprit couroné de cent mille brandons,
Qui du Roi des hauts cieus ſont les ſouuerains dons,
Et (ſi tot qu'il luy plait) l'vn d'iceus l'home change,
Le fait ſaint, & diuin, & rend ſemblable à l'ange:
Vn de ſes flambans raids vers le bas tranſporta,
Et dedans le cerueau d'vn enfant le ietta.
Daniel qui receut cette diuine flame,
Sent bruler ſon eſprit, deifier ſon ame:
Et prophete-ſauueur, comme vn ſoufle de vent
Vient du peuple meurtrier ſe planter au deuant,
Lequel en ſ'eſcriant d'vne voix forte & haute:
Dit. Peuple il n'y a point en Suſanne de faute:
De ſon ſang innocent ie ſuis. Comment! ſi fols
Croiés vous des viellars les haines, & les dols?
Qui vous fait ſans peſer autrement la droiture
Condamner à la mrrt la chaſte creature?
N'eſtes vous pas recors qu'aus yeus de l'eternel
Rien n'eſt ci bas caché? toutefois d'Iſraël

La fille vous iugés, sur qui les cieus desbandent
Leur pitié, & de vous la iustice demandent?
Retournés vitement, & refaites assis
Droiturier iugement: puis qu'en estes requis.
Comment! qui sera seur de la main plus inique:
S'on croit à ce tesmoin qu'une passion pique?
Et qui partie, & iuge en vn faussaire droit
Mascher le cœur du iuste aueq les dents voudroit?
Ne cognoissés vous pas au frauduleus visage,
Que contre elle ont porté desloial tesmoinage?
Le peuple l'escoutant grandement s'estona
Et vers le tribunal soudain s'en retourna:
A qui les deus viellars. De quelle voix hardie,
Quelle impudence à toi, de quelle maladie
Est saisi ton cerueau: pour ainsi empescher
De iustice le cours, & le grand Dieu fascher?
Qui te transporte ainsi, pour vouloir entreprendre
Sur les iuges du peuple en ton age plus tendre?
Tu és encor sans poil, tu n'es encor que lait:
Et toute fois tu veus iuger d'vn si grand fait?
Te vas tu abismer aus profondes cachettés,
Pour sçauoir quelles sont les choses plus secrettes?
Hà! tu nous fais menteurs: tu veus autant sçauoir
Que les cieus, à qui seuls est ce sacré pouuoir,
Les secrets plus humains iusqu'au fond recognoistre.
Nous pense tu aus yeus quelque empeschement mettre?
Et comme le songeur, qui rauasse en son lit
Prent le faus pour le vrai, que l'infame delit
Qu'a la femme imposons (qui nous est trop notoire)
Soit vn fait controuué vainement illusoire?

R iiij

Nous l'auons veu des yeus : à cela n'est besoin,
Puis que nous sommes deus cercher vn tiers tesmoin.
Et toi ! petit enfant, ce fait tu nous arguë,
Tu veus dire Susanne en soimesme impolluë ?
Que si des anciens Dieu t'a doné l'estat,
Sieds toi auprés de nous, & finis ce debat :
Monstre comment elle est de ce crime deliure
Que voulons deuant tous, comme tesmoins poursuiure.
Daniel qui poussé d'vn esprit droiturier,
Dit au peuple tout haut. Separés moi arrier'
L'vn de l'autre ceus ci : puis l'vn il en appelle :
A qui deuant chacun. O race plus rebelle
Qui nourris ton penser d'vn corrodent venin,
Plus alterée au sang, que la main d'vn Caïn :
Plus lubrique cent fois est ta charongne d'home,
Que ceus que l'eternel foudroia dans Sodome :
Tu luctes contre Dieu au fond de ton giron
Plus qu'vn Chore, Dathan, bien plus qu'vn Abiron :
Bien plus preuaricant tu és en tes menées,
Qu'vn Ophni malheureus, & son frere Phinées.
Trop longtems ici bas par tour & par retour
Ont esclairé tes yeus les lampes du beau iour :
Sans desempoisoner ton fiel de l'amertume,
Qui de rage & fureur vers le iuste t'allume.
Maintenant sont venus tes pechés tas à tas,
Pour te combler d'ennuis, & te ruer en bas :
Faisans de tous tes faits recerche bien fort ample
Deuant le peuple Hebrieu, qu'esbahi te contemple
Menteur, meurtrier, meschant, & qui n'as dedans toi
Souuenance de Dieu, ni de sa sainte loi.

Combien

Combien as tu doné de sentences iniustes
Par le don rauissant la droiture des iustes?
Quantefois opprimé les homes innocens,
Par l'ire, la faueur, par amis, par presens;
Donant le gain au tort, & refait de despence
Le mettre hors de court pour iuger l'innocence?
Ore que le seigneur commande tout exprés
Qu'à l'equité sur tout on regarde de prés.
Mais combien plus cruel as exercé les glaiues,
Pour peupler le païs d'orphelins, & de vefues?
Encor le voions nous : puis qu'auiourdhuy du reng
(Tant tu as faim de chair, tant tu as soif de sang)
Cette femme accointois, que Dieu, comme vn bon pere,
Veut plus benin que toi retirer de misere.
S'il est donques ainsi que tu as veu des yeus
Cette femme pecher contre la loi des cieus,
Et que de tant se soit malheureuse oubliée,
Que d'estre induëment aus bras d'autre liée :
Dy nous dessous quel arbre, en quel coin, quelle part
Aueq elle accouplé tu as veu le paillard?
Le viellart esperdu change autant de visage
Que le poulpe voleur sur le bord d'vn riuage;
Et sentant ià de Dieu le iugement certain
Au peché variant ne respond si soudain :
Begaiant toutefois à ce iuge replique,
Sous les fueillages vers paillardoient d'vn Lentisque.
Tu as menti viellart, tu as de vrai menti,
Ton propos contre toi seur tesmoin est sorti :
Car tu vois à tes yeus du souuerain le nonce,
Qui iuste confondra deuant tous ta responce.

S

Et qui grand meſſager de cet eternel Dieu
Te coupera le cors à trauers ſon milieu.
A part retirés lé: car ie veus ouïr l'autre,
Et ſon faus teſmoigner de ſa bouche cognoiſtre.
Miſerable viellart race de Chanaan,
Non certes de Iuda, ni du ſein d'Abraham,
Qui as banni de toi par vne conuoitiſe
L'honeur plus renomé d'vne ſainte franchiſe:
Laiſſant hameçoner miſerable ton cœur,
Par le trait de beauté, par l'honeſte douceur.
Ne pouuois tu pas bien ſur ſa chaſteté lire,
Qu'à toimeſme donois pour neant vn martire?
Vous faiſiés le ſemblable aus filles d'Iſraël,
Qui contraintes eſtoient d'accouplement charnel
Vos faces embraſſer: mais de Iuda la fille
Perle de chaſteté, Phœnix de toute ville
N'a ſouffert attoucher vos cors plus charongneus:
Tant ſon Dieu, & le los font ſon œil vergoigneus.
Or donq ſi tu as veu de cette belle femme,
Comme tu le depoſe, vn acte ſi diffame:
Aſſigne moi la part, ſous quel arbre, en quel coin,
Pour rendre ton parler fidele d'vn teſmoin?
Sous vn Eouſe eſtoient. O viellart tu te plonge
Pour te faire mourir dans vn trop lourd menſonge.
Oſe tu bien mentir deuant le meſſager
Du Seigneur tout puiſſant, pour ta teſte engager
A la cruelle mort, qui deſià ſe prepare
D'oſter le ſouuenir d'vne ame ſi barbare?
Ià le glaiue trenchant deſgaine du fourreau,
Et met la pierre en main de l'inhumain bourreau

Pour

Pour vous froisser de coups : puis qu'il est tout notoire
Qu'ensemble repugnés par dit contraditoire.
Vous sçaués quel de Dieu est sur ce le decret,
Quel sur le faus-tesmoin l'ineuitable arrest :
Et qu'il faut que celuy mesme tourment subisse,
Qu'au iuste preparoit de couuerte malice.
Il vous faut supporter patiemment la mort :
Puis qu'aués deposé sur la pudique à tort.
Sus, faites le deuoir que les liens on oste
Des chastes bras d'Helcie, & qu'on me les garrotte
Pour les supplicier, selon que le courrous
Du grand Dieu sur cela le demande de vous.
Susanne qui se voit du tourment deliurée
Ressemble à celuy la, qui durant la soirée
D'vn sommeil assommé tout le long de son lit
Songes sur songes met pris-sus-mis sans respit.
Tantot luy semble aduis que la maçonerie
D'vn bastiment croulant vient de forcenerie
Tous ses membres briser : or il luy est aduis
Qu'en parlant à quelqu'vn entrebaille vn grand huis
D'vn tremblement de terre, & au plus bas l'emporte
Des manoirs de Charon : ou bien en autre sorte
Qu'vn pont craquant dessous ses pieds soudain se rompt
Et l'enuoie aual l'eau sans quelque secours prompt
Ou plongé, replongé, ce pendant qu'il s'abbreuue,
Aucun home viuant secourable ne treuue.
En ce point tourmenté tout le long de la nuit,
Que le silence dous emprisone le bruit,
S'eschauffe en ses langueurs, & le mal qu'il endure
L'esueille pour bannir de soi la peine dure.

S ij

Si tôt n'a deſſillé la paupiere des yeus,
Qu'encor tout en ſueur il rendra grace aux cieus
Que cela n'eſt qu'un ſonge : ore que pantelante
De la peur, & d'effroi ſoit ſon ame tremblante.
Ou comme le marchant tout changé de palleur
Par les bois ſe voiant dans la main d'un voleur,
N'attent plus que la mort, perte de ſa richeſſe
Qui cauſe ſon malheur, & ſa vie pourchaſſe :
Mais auant que finir ce ſien meurtrier exploit
Si le ciel guide là quelque gent que ce ſoit :
Mon marchant eſt ſauué, ce beau voleur ſe ſauue
Plus vite dans le bois qu'un daim, ou beſte fauue.
Hô ! craintif voiager ie te pry conte moi,
Si la mort en la vie, en ſeureté l'effroi
Eſt changé maintenant ? & ſi as dequoi rendre
Louanges au grand Dieu, qui t'a voulu defendre ?
Hé ? qui peut ſonger plus d'aiſe, & contentement
A celle qui ſe voit deliurer de tourment ?
Les viellars cependant marchent droit au ſupplice :
Ou aians deuant tous cognu leur malefice :
Requis au Dieu d'enhaut de tenir l'œil caché
Sur leur faute trop grande, & pleine de peché ;
Sentent les coups greſler de la peſante pierre
Que meurtrit ſanglamment leur ridé charongniere.
Aus deus cors aſſommés erigent un tombeau
De caillous ramaſſés : & pour fait ſi nouueau
Y dreſſent un perron, qui contient en ſubſtance
L'enormité du fait, & leur iuſte ſouffrance.
Suſanne, Ioacim, pere, mere, parens
De remercier Dieu ſans ceſſe deſirans,

Qui

Qui comme tout puiſſant, par vn certain miracle,
De ſa mort empeſchée eſtoit le ſeul obſtacle:
Dont marians leurs voix bien ſaintement au cœur
Chantent vn beau cantique à ce grand defenſeur.

Tu as eſté Seigneur, noſtre retraite,
Et ſeul recours par ta bonté tresgrande,
Tu as rompu la deſloiale bande,
Qu'auoit maligne à tort ſa langue traite :
Pour butiner d'vn violent effort
L'honeur plus cher, & me liurer à mort.

A leur mesfait la iuſte recompenſe
O! Seigneur grand, tout acoup as liurée,
Et du tourment Suſanne deliurée,
Deuant tes cieus pleine d'vne innocence :
Pour te monſtrer vers les tiens en ce lieu
Touiours tresfort, & ſecourable Dieu.

Leurs cors meurtris, qui dedans le ſang bagnent
Encor tout chaud, ont receu leur ſalaire
Par ton ſaint bras, tant tu és debonaire :
Et les caillous qui deſſur eus montagnent,
Sepulchre ſont de ces deus impoſteurs,
Deus faus teſmoins, periures, & menteurs.

Las! las! grand Dieu que l'ombre de ton aile
Eſt ſeure à ceus, qui deuers toi s'addreſſent,
Iamais ici les maus ne les oppreſſent,
S'ils ſont couuers de ta grande rondelle :

S iij

Car nul trenchant, nul iauelot, ou dard
Ne la scauroient percer de part en part.

Assés souuent la race Abrahamide,
Qu'hors de l'Egypte aueq force as guidée,
Et au desert par quarante ans aidée,
A eu ta main pour vne seure guide,
Pour vn rempart, vne bastille, vn clos,
Qui la faisoit sommeiller en repos.

Si tot qu'elle est de nation estrange
Inquietée accourt deuers ton throne :
Vn fort Barac, & Debore luy doné,
Qui de Sisare emporte la loüange,
Hachant son camp par ton aide des cieus,
Qu'à l'ennemi ferme les mortels yeus.

Qu'a fait Aod, Gedeon, encor Iephte,
Contre vn Eglon, Madian, l'Ammonite
(Qui sur ta gent outrageus se despite)
Que luy froisser & le dos, & la teste?
Certes Seigneur de tes cieus eternels
Enuoie aus tiens tels vaillans colonels.

L'home qui craint d'offenser ta parole,
Et qui touiours d'vne attentiue oreille
De t'obeir humblement s'appareille,
Sur luy tes yeus tiens du celeste pole :
Prenant de luy en tout tems vn tel soin,
Qu'il ne se voit delaisser au besoin.

Ce

Ce saint-voiant qu'en Beth-el à la table
Mange, & s'assied encontre l'ordonance
Enjointe à luy de ta sainte puissance,
Est deschiré d'un lion effroiable:
Et seulement pour auoir mesprisé
Ton saint edit, dont l'auois aduisé.

Mais l'home saint ainsi qu'un Elisée
Peut diuiser d'un grand fleuue la source
Peut des forests faire descendre l'Ource,
Pour deuorer la parole insensée:
Et peut encor païer le crediteur
D'huile croissante aus vaisseaus du detteur.

Treshureus est celuy qu'en toi se fie,
Et pour iamais son support te reclame,
Tu guide droit le chemin de son ame.
Comme à l'ormeau la vigne ici s'allie
Pour son appui: ainsi tu tens les bras
A celuy là qui t'inuoque çà bas.

Si de Ionas la desobeissance
Fit l'engloutir de la grande baleine:
Criant vers toi, le iettas sur la plaine,
Tant te monstras un Dieu plein de clemence.
Certes en mains as touiours le secours
Prest pour celuy qui a vers toi recours.

Iudith le sçait, de qui les tendres larmes
Furent le coup, le corselet, l'espée:

S iiij

Dont Holoferne eut la teste coupée,
Dont le soldart perdit courage & armes:
Et dont on vit de par ta deité

Florir la paix sur cette humble cité.
Qui peut scauoir vn tel aide, ou mieus dire
Que moi Seigneur, qui de benigne grace
As retiré ma langoureuse face
Du coup meurtrier, de la sanglante pierre:
A fin qu'a toi chante dés le matin
Iusques au soir Susanne, & Ioacim.

Reçois Seigneur de nostre cœur l'offrande
Que nous t'offrons, comme tes creatures,
Aus iustes fais equitables droitures:
Mais des peruers la vengeance demande.
Chantons, chantons à ce saint touiours fort,
Dés siens l'appui, le bouclier, & support.

SIC VIRTVS SYDERA SCANDIT.

ODE DE DIDIER ORIET,

Au seigneur Richart Chauenel, Lorrain Portuois, son meilleur allié.

E suis trõpé si les cieus
Des humains trop sou-
   cieus,
N'ont au dos planté des ailes
Du mille-fameus renom,
Qui fait haut bondir le nom
Sur les gloires immortelles :
Pour en despit de Charon
Repasser de l'Acheron
Le nom repassant riuage :
Et sans iamais plus perir
Mourant faire viure l'age
D'vn nom qui ne peut mourir.

Chacun se bastit vn fort
Pour se parer de l'effort
De l'Achese messagere
De Pluton le refrongné,
A qui comme desdaigné
Pend le gage de la terre.
L'vn s'amassera tresor
De l'Inde plus riche d'or,
Afin qu'il l'immortalise :
L'autre bastit des palais,
Pensant estre la franchise
D'vn plus asseuré iamais.

On voirra dessur la mer
L'auare marchant ramer,
Et faire d'vn cœur offrande
A l'ondoiante Thetis,
De ses plus vains appetis,
Qu'ainsi de luy la demande :
L'autre par terres, & bois

Submet le col aus abbois
D'vne bande mal sanée :
Cuidant par ces biens pipeurs
Respendre sa renomée,
Qui le conduit aus voleurs.

Ce n'est là mon Chauenel,
Que le nom est eternel
Dedans le siege du monde :
Vn dissipeur heritier
Se fait du bien corratier :
Vn foudre palais desgonde.
Le renom fils de Pallas
Iamais n'esloigne le pas
De cil qui sur luy le porte,
Vn accessoire ce n'est
Inconstant qui vient, & sorte :
Ce bien au cerueau se met.

C'est sur ce cheual volant,
Qui de l'ongle va frapant
D'Helicon la dure roche,
Pour l'engrosser du ruisseau
D'Hippocrene aus Muses beau,
Qu'il faut que l'home s'approche :
C'est sur Hyampe le mont
L'vn des deus coupeaus qui vont
Baiser les cieus, qu'il faut mettre
Son plus studieus souci,
S'aprés mort l'on veut renaistre
En ce monde bas ici.

Ce sage Prienéen
Ne tira autre moien
Pour plus contenter son ame
         T

(Ores qu'vn chacun sauuoit
Tout le plus cher qu'il auoit)
De la plus brillante flame.
Ie me contente auec luy
Du peu que i'ai auiourdhuy:
Puis que Pierie encore,
D'vne main aus abandons
Du bien qui l'esprit nous dore
Liberale me fait dons.

Ie suis fasché contre toi
Que le bien t'attire à soi
Regorgeant en abondance,
Et que tiens sur ce soleil
Plus que sur l'estude l'œil
(Bien sujet à decadence.)
Les Muses t'accuseront,
Et ingrat te nomeront,
A bon droit : si tu refuse
De rendre en signe d'vn prix
A ta chere Euterpe Muse
Tout ce que d'elle as apris.

Cent mille plumes voler
Vois iournellement par lair
Moins facondes que la tienne :
Pourquoi donques caches tu
Ce prix qui n'est combatu
De la vieillesse ancienne ?
Aus pieds de la deité
De toute immortalité
Appens ta belle memoire :
Le tems point ne destruira
Par trop plus forte victoire,
Ce que l'esprit bastira.

Souuien toi de ton Bartas,
Qui ne voirra le trespas
Par son plus diuin ouurage,
Ià fait enfant des hauts cieus,
Pour admirer de mille yeus
Ce sien non humain courage.
Son plus angelique vœu
Va iusque dedans le feu

Du Soleil : & puis sa braise
Tout au profond du giron
De l'Ocean il appaise
Sans nef vogant d'aviron.

Arboriste d'vne main
De terre foüille le sein :
Et comme vn trait sa parole.
Contant de l'air les oiseaus,
Tempestes, gresles, ruisseaus,
S'en vient d'vn à l'autre pole :
Pour annoncer tout par tout
Ce que tient de bout en bout
Cette grande boule ronde :
Pour se souuenir plus fort
De l'autheur de tout ce monde,
Qui par sang vainquit la mort.

Hà ! mon Bartas que le ciel
Ne seucre ma bouche au miel,
Qui de tes saints vers distille :
Second te serois au lieu,
Pour annoncer de ce Dieu
Les merueilles à la fille.
De ton los æmulateur
Ie chanteroi cet autheur,
Qui de soi assés se chante,
Aueq vn son si hautain
Que la troupe plus meschante
Cognoistroit ce souuerain.

Reçois donq mon Chauenel
Ce petit gage eternel
Que de bon cœur ie te done :
Chauenel escoute moi,
De paresse esueille toi
Et le pareil me redone :
Redone aussi à ton nom
Par vn immortel renom,
Ce que ton or ne peut faire.
Par ainsi riche, & sçauant
Pourras au monde complaire
Contre l'orage du vent.

ODE

ODE DE DIDIER ORIET,

Au seigneur Iean Raillard, Lorrain Spinalois, de present habitué à sainte Marie aus Mines.

L'AMOVR nasquit de la concorde
Des quatre freres du Chaos,
Après que sous vn dous repos
Loing d'eus exila la discorde:
Le reuestant d'vne aile vite,
D'vn pied feutré, d'agile cors,
Inuisible à l'œil de dehors,
Petit Dieu qui les cœurs excite.

Cet enfant receut pour doüaire,
Les doüaires des plus hauts cieus,
Pour sorcier endormir nos yeus
De celuy qu'il nous fait cōplaire:
Afin que par sa sainte flame
(Lieutenant des astres commis)
Deus sujets face grans amis
De mesme au profōd de leur ame.

Il vole sans repos au monde,
Et nous coule vn charme plaisant
Dans le cœur son germe laissant,
Pour rēdre vne ame à nous seconde:
Et faire qu'ici bas l'on aime, (de
Sans sçauoir les causes pourquoi
D'amour sous la plaisante loi
Vn home biē plus que soimesme.

Mō cher Raillard sa douce amor-
Aussi bien que moi as senti: (ce,
Quand iougant au mesme parti
M'a fait or esprouuer sa force:
Pour te promettre vne amitié
Que le tems ne pourra bouler,
Ni le destin autre rouler
Sous son inclemente pitié.

De Bartas la docte semaine
Tu m'as doné, que i'aime plus
Que du Peru tout le surplus,
Ni tout l'or que Pactole traine:
Et sa Iudith or bataillante
Aueque, qui d'vn beau pourtrait
Ce camp Assyrien desfait,
En la force de Dieu vaillante.

Mon Raillard pour la souuenāce
De ces deus liures, mon tresor,
Tu n'as de moi receu encor
Don mutuël en recompense:
Mais en l'honeur de ta largesse
Ie done à l'immortalité
Ce present qui sera gousté
Par l'Ode mienne chanteresse.

FIN.

T ij

www.ingramcontent.com/pod-product-compliance
Lightning Source LLC
Chambersburg PA
CBHW071131160426
43196CB00011B/1863